BERUFLICHES GYMNASIUM 2014
Abitur-Prüfungsaufgaben mit Lösungen

Mathematik
Fachbereich Wirtschaft und Verwaltung
Grund- und Leistungskurs
Nordrhein-Westfalen
2012–2013

STARK

ISBN 978-3-8490-0494-1

© 2013 by Stark Verlagsgesellschaft mbH & Co. KG
5. neu bearbeitete und ergänzte Auflage
www.stark-verlag.de

Das Werk und alle seine Bestandteile sind urheberrechtlich geschützt. Jede vollständige oder teilweise Vervielfältigung, Verbreitung und Veröffentlichung bedarf der ausdrücklichen Genehmigung des Verlages.

Inhalt

Vorwort
Stichwortverzeichnis

Hinweise und Tipps zum Abitur 2014

1	Ablauf der Prüfung	I
2	Inhalte und Schwerpunktthemen 2014	II
3	Leistungsanforderung und Bewertung	V
4	Operatoren	VII
5	Methodische Hinweise und allgemeine Tipps zur schriftlichen Prüfung	XI
6	Zulassung eines grafikfähigen Taschenrechners (GTR) als Hilfsmittel	XII
7	Hinweise zum Lösen mit dem CAS	XIII

Abiturähnliche Übungsaufgaben

Analysis

Übungsaufgabe 1:	Edelstahlgefäße	1
Übungsaufgabe 2:	Fahrräder	7
Übungsaufgabe 3:	Elektrogitarren	12
Übungsaufgabe 4:	Navigationssysteme	18
Übungsaufgabe 5:	Zaunelemente	26
Übungsaufgabe 6:	Sekundenkleber	33
Übungsaufgabe 7:	Sicherheitsrahmen	38
Übungsaufgabe 8:	Vergnügungspark (CAS)	45

Lineare Algebra

Übungsaufgabe 1:	Schrauben	50
Übungsaufgabe 2:	Lago	57
Übungsaufgabe 3:	Fertiggaragen	63
Übungsaufgabe 4:	Möbelfabrik	69
Übungsaufgabe 5:	Abteilungsverflechtung	74
Übungsaufgabe 6:	Betriebsverflechtung	79

Stochastik
Übungsaufgabe 1: Koffer 85
Übungsaufgabe 2: Nakio 91
Übungsaufgabe 3: Steuerelemente 98
Übungsaufgabe 4: Verwaltungsberufsgenossenschaft 104

CAS-Abitur
Übungsaufgabe 1: Lineare Algebra 108
Übungsaufgabe 2: Stochastik 112
Übungsaufgabe 3: Analysis 119

Zentrale Abitur-Prüfungsaufgaben

Abiturprüfung Grundkurs 2012
Aufgabensatz 1 (ohne CAS):
Aufgabe 1: Lineare Algebra .... GK 2012-1
Aufgabe 2: Analysis .... GK 2012-8
Aufgabe 3: Stochastik .... GK 2012-15

Aufgabensatz 2 (mit CAS):
Aufgabe 1: Analysis .... GK 2012-20
Aufgabe 2: Lineare Algebra .... GK 2012-26
Aufgabe 3: Stochastik .... GK 2012-32

Abiturprüfung Leistungskurs 2012
Aufgabensatz 1 (ohne CAS):
Aufgabe 1: Analysis .... LK 2012-1
Aufgabe 2: Lineare Algebra .... LK 2012-8
Aufgabe 3: Stochastik .... LK 2012-14

Aufgabensatz 2 (mit CAS):
Aufgabe 1: Analysis .... LK 2012-20
Aufgabe 2: Lineare Algebra .... LK 2012-27
Aufgabe 3: Stochastik .... LK 2012-34

Abiturprüfung Grundkurs 2013
Aufgabensatz 1 (ohne CAS):
Aufgabe 1: Analysis .... GK 2013-1
Aufgabe 2: Stochastik .... GK 2013-6
Aufgabe 3: Lineare Algebra .... GK 2013-11

Aufgabensatz 2 (mit CAS):
Aufgabe 1: Lineare Algebra .... GK 2013-17
Aufgabe 2: Analysis .... GK 2013-23
Aufgabe 3: Stochastik .... GK 2013-30

Abiturprüfung Leistungskurs 2013

Aufgabensatz 1 (ohne CAS):
Aufgabe 1: Analysis .... LK 2013-1
Aufgabe 2: Lineare Algebra .... LK 2013-6
Aufgabe 3: Stochastik .... LK 2013-12

Aufgabensatz 2 (mit CAS):
Aufgabe 1: Analysis .... LK 2013-17
Aufgabe 2: Lineare Algebra .... LK 2013-23
Aufgabe 3: Stochastik .... LK 2013-30

 Sitzen alle mathematischen Begriffe? Unter www.stark-verlag.de/mathematik-glossar/ finden Sie ein kostenloses Glossar zum schnellen Nachschlagen aller wichtigen Definitionen mitsamt hilfreicher Abbildungen und Erläuterungen.

Jeweils zu Beginn des neuen Schuljahres erscheinen die neuen Ausgaben der Abiturprüfungsaufgaben mit Lösungen.

Autoren der Übungsaufgaben und Lösungen der Abituraufgaben:

bis 2012: Andreas Höing (Paul-Spiegel-Berufskolleg, Dorsten)
          Hubertus Schulte Huxel (Paul-Spiegel-Berufskolleg, Dorsten)
ab 2013: Redaktion

Vorwort

Liebe Schülerin, lieber Schüler,

Sie haben Mathematik als Grund- oder Leistungskurs gewählt und planen, in diesem Fach Ihr Abitur im Fachbereich Wirtschaft und Verwaltung an einem Beruflichen Gymnasium in NRW abzulegen. Dieses Buch hilft Ihnen, sich gezielt und effektiv auf die zentralen Abschlussprüfungen in Grund- und Leistungskurs vorzubereiten:
- Im ersten Teil finden Sie zahlreiche **Informationen zum Abitur**, deren Kenntnisse für die gezielte Vorbereitung hilfreich und wichtig sind. Dazu gehören die **Hinweise zum Ablauf der Prüfung** und der **Bewertung**, vor allem aber die **Schwerpunktthemen für 2014** und die inhaltlichen Tipps.
Sollten nach Erscheinen dieses Bandes noch wichtige Änderungen im Abitur 2014 vom Ministerium für Schule und Weiterbildung des Landes Nordrhein-Westfalen bekannt gegeben werden, finden Sie aktuelle Informationen dazu im Internet unter: www.stark-verlag.de/info.asp?zentrale-pruefung-aktuell
- Im Aufgabenteil finden sich die **Übungsaufgaben** für den **Grund- und Leistungskurs**, wobei einzelne Teilaufgaben primär für den Leistungskurs gedacht sind. Die Aufgaben sind auf den Stil und die Form der Prüfungsaufgaben abgestimmt. Der Schwierigkeitsgrad entspricht dem der Prüfungsaufgaben.
- Neben Aufgaben zur gezielten Einübung der drei Sachgebiete Analysis, Lineare Algebra und Stochastik gibt es einen Aufgabensatz speziell für das **CAS-Abitur**. Dieser besteht, genau wie die zentrale Prüfung, aus drei unabhängig voneinander lösbaren Aufgaben, für jedes Sachgebiet eine.
- Die Aufgaben bereiten darüber hinaus auf die gesamte Qualifikationsphase des Abiturs vor, da die Lehrer sich schon frühzeitig bei den Klausur- und Übungsaufgaben an den Abschlussbedingungen orientieren werden.
- Zusätzlich finden Sie in diesem Band die vollständigen **Original-Abituraufgaben der Jahre 2012 und 2013** sowie deren Lösungen. Damit können Sie sich ein genaueres Bild davon machen, wie die Prüfungen bisher ausgesehen haben.
- Sämtliche Aufgaben im Buch enthalten **vollständige, kommentierte Lösungsvorschläge** und **separate Tipps zum Lösungsansatz**, die das selbständige Lösen der Aufgaben erleichtern. Teilweise fließen Hintergrundinformationen ein, die für das jeweilige Verständnis der Anwendungssituation hilfreich sind. In jedem Fall sollten Sie die Tipps und Hinweise zu einer Aufgabe nach der Bearbeitung abschließend durchdenken.

Wir wünschen Ihnen viel Erfolg bei der Abiturprüfung!
Die Redaktion

Stichwortverzeichnis

I. Analysis

Ableitungsfunktion	4, 9, 14, 21, 28, 41, 48
Ableitungsregel	19, 34
Absatz	16, 18 f., 33 f., 36 f., 40 f., 43, 119; GK 2012-10; LK 2013-1, 17
Angebot	1, 10, 16, 19, 23, 33 ff.; LK 2012-21; GK 2013-23
Betriebsminimum	7 f., 10, 13, 26 f.
Betriebsoptimum	2, 5, 7, 10, 26 f., 29 f., 40, 122; GK 2012-20
Deckung	1, 5 f., 16, 42
Definitionsbereich	1
degressiv	7 ff., 14, 28, 40
Differenzierbarkeit	120
Erlöse	2, 5, 27, 31, 39 f., 44
Ertragsgesetz	1 ff., 15, 26 ff., 42, 120; GK 2012-8 f.; LK 2012-20
Exponentialfunktion	12, 18, 33, 45
Extremum	3, 9, 19, 26 ff., 39, 48
ganzrationale Funktion	1, 7, 12, 26, 38, 45; GK 2012-8, 20; LK 2012-1, 20
Gewinn	1 f., 5, 7, 16, 19, 26 f., 31, 38, 40 ff.; LK 2012-1
Gewinngrenze, -schwelle, -zone	26, 30 f., 39 f., 44; GK 2012-20
gewinnmaximale Ausbringungsmenge	26; GK 2012-20; LK 2012-1
Gleichgewichtsmenge	4; LK 2012-21
Grenzgewinn	GK 2013-2
Grenzkosten	1, 5, 7, 9, 13, 26, 29, 31; GK 2012-8, 20; LK 2012-21; GK 2013-1
Grenzwert	19, 22
Integral	1, 6, 9, 20, 23, 33 f., 36 f., 48, 120, 124; LK 2012-2
Kapazitätsgrenze	1, 12, 26, 38; GK 2012-20
Kettenregel	21 f.

Konsumentenrente	19, 33; GK 2013-23
Kosten	1, 7, 12, 26, 38, 119; GK 2012-20; LK 2012-20; GK 2013-1
Krümmung	2, 8, 28, 121; LK 2012-1
Kurvenschar	33, 46
kurzfristige Preisuntergrenze	10, 12, 26, 39; LK 2012-2, 21; GK 2013-1
langfristige Preisuntergrenze	6, 8, 12, 26, 39; GK 2012-20; LK 2012-2, 21
langfristiges Verhalten	19; LK 2013-2
Marktgleichgewicht	1, 18, 33
Maximum/Minimum	1, 7, 11, 15, 18, 25, 26, 33, 38 f., 45 f., 119; GK 2012-8, 20; LK 2012-1, 21
Monotonie	2, 9, 20, 27, 34, 48, 121; LK 2012-21; GK 2013-23; LK 2013-2
Nachfrage	1, 12, 18, 33; LK 2012-21; GK 2013-23
Newtonverfahren	20, 24, 30, 40, 43
ökonomische Bedeutung	12, 38; GK 2012-8; LK 2012-21
Parameter	1, 33, 46, 120; LK 2012-1, 21
partielle Integration	20, 24, 34, 36
Polynomdivision	30; LK 2012-4
Preisabsatzfunktion	23, 40; LK 2012-2
Produktregel	19, 34
Produzentenrente	34; GK 2013-23
progressiv	1, 7, 14, 40
Sättigungsmenge	17, 34, 124
Scheitelpunkt	2
Steigung	9
Stetigkeit	120; LK 2013-18
Stückkosten	9, 119; LK 2012-1, 21
stückweise definierte Funktion	LK 2013-18
Umsatz (siehe auch Erlös)	16
Verpackungsoptimierung	26
vollständige Konkurrenz	31
Wendepunkt	3, 7, 12, 19, 26, 38, 45, 120; GK 2012-20; LK 2012-21
Wirtschaftlichkeit	39

II. Lineare Algebra

Deckungsbeitrag	50, GK 2012-1 f., 26
Diagonalform	62, 110
Einheitsmatrix	62
Einschränkung	GK 2012-26; LK 2012-28
Engpass	siehe Einschränkung
Erlös	52, 80
Fixkosten	LK 2012-9
Gauß-Algorithmus	55, 61
Gegenbeispiel	55, 68
Gesamtdeckungsbeitrag	LK 2012-28
Gleichungssystem	54 f., 61, 64, 68, 83, 109; LK 2012-9
Gozintograph	63, 79; GK 2013-11
Input-Output-Tabelle	LK 2013-6, 23
inverse Matrix	58, 74, 77, 79; LK 2012-27; GK 2013-11
Koeffizientenmatrix	68, 110; LK 2012-9
Konsum	74 f. ; LK 2013-7, 24
Kosten	50, 57, 63, 80
Kostenvektor	58, 67
Leontief-Modell	74, 79; LK 2013-6, 23
lineare Optimierung	69; GK 2012-1, 26
Lösungsbereich/-raum	71 ff., 111; GK 2012-2, 26
Lösungsvektor	50, 57, 63; LK 2012-27
Materialfluss	57; LK 2012-8, 27
Matrix	50 f., 57, 63; LK 2012-27
Maximum/Minimum	61, 80; GK 2012-1, 26; LK 2012-28
Nachfrage	58, 74, 79
Näherungslösung	LK 2012-9
Nichtnegativitätsbedingungen	72; GK 2012-1; LK 2012-9
Optimierung	GK 2012-1; LK 2012-9, 28
Parameter	58, 108; LK 2012-8, 27
Pivotelement, -spalte, -zeile	LK 2012-9
Planungspolygon/-vieleck	siehe Lösungsbereich/-raum
Produktion(sprozess)	50, 57, 64, 79
Produktionsvektor	75, 80; LK 2013-6
Rang	55, 64; LK 2012-9, 27
Restbestand	57; LK 2012-9, 28; GK 2013-18
Restkapazität	GK 2012-27; LK 2012-9, 18

Restriktionen	72; GK 2012-2; LK 2012-9
Rohstoff-Endproduktmatrix	65; GK 2013-11
Rohstoff-Zwischenproduktmatrix	65; LK 2012-9, 27; GK 2013-11
Simplexalgorithmus/-methode	GK 2012-2, 26; LK 2012-9, 28
Stückdeckungsbeitrag	GK 2012-1, 26; LK 2012-8
Stückzahlen, -listen	50, 60
Technologiematrix	74, 79; LK 2013-6
Transportmatrix	51; GK 2013-18
Ungleichungssystem	69
Variable	54, 59 f., 68
Vektor	58, 75, 80, 111
Verflechtung(sdiagramm)	50, 74
Verhältnis	64, 108; LK 2012-28
Zielfunktion	69, 72; GK 2012-6; LK 2012-9
Zwischenprodukt	63; LK 2012-27
Zwischenprodukt-Endproduktmatrix	66

III. Stochastik

Ablehnungsbereich	96, 103
Annahmebereich	103, 107
Baumdiagramm	86, 88, 95, 101, 115; GK 2012-16, 32; LK 2012-15
bedingte Wahrscheinlichkeit	GK 2012-16
Bernoulli-Experiment	99, 104, 112
Binomialverteilung	87, 92, 97, 99 f., 106, 114; GK 2012-15, 32; LK 2012-34 f. ; GK 2013-6
Entscheidungsregel	92, 100, 103, 113; GK 2012-15, 33; LK 2012-15, 34
Ereignis	91 f., 98, 107; GK 2012-32; LK 2012-14, 34
Erwartungswert	87, 91, 102, 113; LK 2012-14; GK 2013-6, 31; LK 2013-12, 30
Fehler 1. Art/2. Art	103, 113; GK 2012-16, 33
Gegenereignis	93, 107; GK 2013-33
Gewinn	85, 91, 112; LK 2013-12, 30
Grundgesamtheit	87, 106
Histogramm	LK 2012-34
Hypothesentest	100, 105; GK 2012-15, 33; LK 2012-15, 34

Irrtumswahrscheinlichkeit	85, 92, 113; GK 2012-15; LK 2012-34
Kosten	85, 91
kumulierte Binomialverteilung	102, 113
Laplace-Bedingung	97, 100
Laplace-Versuch	87
Laplace-Wahrscheinlichkeit	94
linksseitiger Test	93
Moivre-Laplace	88, 93; LK 2012-15
Nullhypothese	87, 107; GK 2012-33
Pfade	104, 111
Produktion	107, 113
Qualitätsanalyse	85; LK 2012-14
Qualitätskontrolle/-prüfung	LK 2012-14; GK 2013-6; LK 2013-13
rechtsseitiger Test	103, 117, 121
Reihenfolge	86
Sigma-Umgebung	97; LK 2012-15
Signifikanzniveau	87, 96, 103, 107, 113; GK 2012-33; LK 2012-15, 34
Signifikanztest	GK 2012-15; LK 2013-13, 31
Standardabweichung	92; GK 2013-6, 31
Stichprobe	85, 92 f., 98 f.; GK 2012-33; LK 2012-14
Summenfunktion	siehe kumulierte Binomialverteilung
Urnenmodell	85; GK 2013-6
Varianz	97
Vierfeldertafel	GK 2012-16
Wahrscheinlichkeit	85, 91 f., 98 f., 104; GK 2012-32; LK 2012-14, 34
Ziehen ohne Zurücklegen	87
Zufallsgröße, -variable	89, 96, 102, 106; GK 2012-32; LK 2012-34

Hinweise und Tipps zum Abitur 2014

1 Ablauf der Prüfung

Die zentrale schriftliche Abiturprüfung
An den Beruflichen Gymnasien in NRW werden seit dem Schuljahr 2007/08 zentrale Abiturprüfungen sukzessive eingeführt. Im Leistungskurs Mathematik wird die Abschlussklausur seit dem Schuljahr 2008/09 und im Grundkurs seit 2009/10 zentral gestellt. Die Aufgaben werden im Auftrag des Ministeriums für Schule und Weiterbildung von einer Fachkommission erstellt, die als Grundlage hierfür Aufgabenvorschläge ausgewählter Mathematiklehrer nutzt. Diese richten sich nach den für das jeweilige Jahr gültigen inhaltlichen Schwerpunkten (siehe 2), die während der Qualifikationsphase (12. und 13. Klasse) erarbeitet werden. Durch die Schwerpunktsetzung soll gesichert sein, dass alle Schülerinnen und Schüler über die gleichen inhaltlichen Voraussetzungen verfügen.

Aufbau der Prüfungsaufgaben
Für die Abiturprüfung 2014 im Fachbereich Wirtschaft und Verwaltung erhält die Schule insgesamt zwei Aufgabensätze mit je drei Aufgaben, wobei von den beiden Aufgabensätzen die Fachlehrerin/der Fachlehrer einen Aufgabensatz zur Bearbeitung auswählt, entweder den CAS-Aufgabensatz (Computer-Algebra-System) oder den Nicht-CAS-Aufgabensatz. Im Falle von CAS werden die Schülerinnen und Schüler darauf in der Qualifikationsphase vorbereitet.
Sowohl im Grund- als auch im Leistungskurs erhält ein Schüler also **drei unabhängig voneinander lösbare Aufgaben**, die allesamt gelöst werden müssen. Der Schüler hat keine Auswahlmöglichkeit.

Durchführung der Abschlussklausur
Die Schülerinnen und Schüler erhalten drei voneinander unabhängig lösbare Aufgaben und haben **180 Minuten (Grundkurs)** bzw. **255 Minuten (Leistungskurs)** Zeit, die Aufgaben zu lösen. Eine zusätzliche Einlesezeit könnte in der Aufgabenstellung vorgegeben sein.

Zugelassene Hilfsmittel
- wissenschaftlicher Taschenrechner (ohne oder mit Grafikfähigkeit)
  Die Aufgabenstellungen für die Bearbeitung mit einem Taschenrechner ohne CAS werden so gestaltet, dass die Benutzung eines grafikfähigen Taschenrechners keine nennenswerten Vorteile ergibt oder bei der Bewertung berücksichtigt wird (vgl. Abschnitt 6 auf Seite XII).
- gedruckte Formelsammlungen der Schulbuchverlage (ohne Beispielaufgaben)

- tabellierte kumulierte Binomialverteilung und Normalverteilung
 (wird als Anhang zu den Aufgaben gestellt)

Im Falle von CAS sollte dieses mindestens folgende Funktionen umfassen:

- algebraische Ausdrücke vereinfachen und vergleichen
- Gleichungen symbolisch und numerisch lösen
- lineare Gleichungssysteme lösen und Matrizenberechnungen durchführen
- Funktionen symbolisch und numerisch differenzieren und integrieren
- Funktionen und Daten zweidimensional grafisch darstellen
- Werte der Binomialverteilung und Normalverteilung bestimmen

2 Inhalte und Schwerpunktthemen 2014

Die inhaltlichen **Schwerpunkte für den Grundkurs Mathematik** in der Abiturprüfung 2014 sind in der Tabelle angeführt. Zu den Schwerpunkten werden Übungsaufgaben und Original-Abituraufgaben aufgelistet, die Beispiele enthalten, wobei die angeführten LK-Aufgaben teilweise über das Grundkursniveau hinausgehen.

Schwerpunkte für den GK Mathematik im Abitur 2014	Beispiele

Analysis
• Ganzrationale Funktionen
  – globale und lokale Eigenschaften
  – Herleitung von Funktionsgleichungen aus vorgegebenen Bedingungen
  – Integration
• Exponentialfunktionen
  – Funktionen vom Typ $f(x) = p(x) \cdot e^{\lambda \cdot x}$ mit $\lambda \in \mathbb{R}$ und p ganzrational
  – Funktionen vom Typ $f(x) = p(x) \cdot e^{q(x)}$ mit p, q ganzrational (nur für den CAS-Aufgabensatz)
  – globale und lokale Eigenschaften
  – Integration (nur für den CAS-Aufgabensatz)
• Ökonomische Anwendungen
  – Modell der vollständigen Konkurrenz
  – Produktlebenszyklus
  – Deckungsbeitrag
	Übungsaufgaben 1–3, 5, 7, 8;
	GK 13 (ohne CAS): 1.1;
	GK 13 (mit CAS): 2.3;
	LK 13 (ohne CAS): 1.1
	Übungsaufgaben 3, 4, 6, 8;
	LK 12 (ohne CAS): 1.4;
	LK 12 (mit CAS): 1.5;
	LK 13 (ohne CAS): 1.6
	
	Übungsaufgaben 1–3, 5;
	GK 13 (ohne CAS): 1

Stochastik • Gegenereignis, Vereinigung, Durchschnitt und Differenz von Ereignissen und deren Wahrscheinlichkeiten • bedingte Wahrscheinlichkeit • Wahrscheinlichkeitsverteilung (u. a. Binomialverteilung) inkl. Erwartungswert und Standardabweichung	Übungsaufgaben 1–4 GK 13 (ohne CAS): 2.3; GK 13 (mit CAS): 3.3 GK 12 (ohne CAS): 3.3 GK 13 (ohne CAS): 2.2; GK 13 (mit CAS): 3.4

Lineare Algebra/Analytische Geometrie
• Lineare Gleichungssysteme
  – Lösen homogener und inhomogener linearer Gleichungssysteme
  – Lösungskriterien
  – Lösung linearer Matrizengleichungen mithilfe der Inversen
• Lineare Optimierungsprobleme
  – grafische Lösungsverfahren ökonomischer Maximierungsprobleme
• Ökonomische Anwendungen
  – innerbetriebliche Verflechtungen (mehrstufige Produktionsprozesse)
	Übungsaufgaben 1–4
	
	LK 12 (ohne CAS): 2.2
	GK 13 (ohne CAS): 3.2
	
	GK 12 (ohne CAS): 1.1;
	GK 12 (mit CAS): 2.1
	
	GK 13 (ohne CAS): 3;
	GK 13 (mit CAS): 1

Anmerkungen zu den Themenschwerpunkten unter Berücksichtigung des GK-Lehrplans:

Analysis (GK):
- keine gebrochenrationalen Funktionen
- kein Newtonverfahren
- Betriebsoptimum nur grafisch oder mit CAS

Stochastik (GK):
- keine Urnenmodelle und kein Hypothesentest

Lineare Algebra/Analytische Geometrie (GK):
- lineare Optimierung nur grafisch, kein Simplexalgorithmus

Die inhaltlichen **Schwerpunkte für den Leistungskurs Mathematik** in der Abiturprüfung 2014 sind in der Tabelle angeführt. Zu diesen Inhalten werden Übungsaufgaben oder Original-Abituraufgaben aufgelistet, die Beispiele enthalten.

Schwerpunkte für den LK Mathematik im Abitur 2014	Beispiele

Analysis
• Ganzrationale Funktionen
  – Herleitung von Funktionsgleichungen aus vorgegebenen Bedingungen
  – Extrem- und Wendepunkte
  – Extremwertaufgaben
  – Integralrechnung
  – Kurvenscharen mit Fallunterscheidung
	Übungsaufgaben 1–3, 5, 7, 8;
	LK 13 (ohne CAS): 1.1;
	LK 13 (ohne CAS): 1.4;
	LK 13 (mit CAS): 1.4;
	LK 13 (ohne CAS): 1.5;
	LK 13 (mit CAS): 1.3

• Exponentialfunktionen – Funktionen vom Typ $f(x) = p(x) \cdot e^{q(x)}$ mit p, q ganzrationale Funktionen, auch mit Parametern – Asymptotisches Verhalten – Extrem- und Wendepunkte – Kurvenscharen mit Fallunterscheidung • Ökonomische Anwendungen – Marktpreistheorie / Produzenten- / Konsumentenrente – Modell der vollständigen Konkurrenz – Absatz- / Umsatzentwicklung – Optimierungsprobleme (Extremwertaufgaben) • Ergänzungen für CAS – Differenzierbarkeit und Stetigkeit – Stückweise definierte Funktionen – Integralrechnung bei Exponentialfunktionen	Übungsaufgaben 3, 4, 6, 8; LK 13 (ohne CAS): 1.6; LK 13 (mit CAS): 1.5 Übungsaufgaben 1–8 LK 13 (ohne CAS): 1 GK 13 (mit CAS): 2.5 Übungsaufgabe für das CAS-Abitur; LK 13 (mit CAS): 1.5

Lineare Algebra / Analytische Geometrie
Der gesamte Themenbereich kann auch die Verwendung von Parametern enthalten.
• Gauß-Algorithmus
• Matrizenverknüpfungen und Matrizengleichungen
• homogene und inhomogene Gleichungssysteme
• Ökonomische Anwendungen
– volkswirtschaftliche Anwendung im Leontief-Modell
  ∘ Modell mit höchstens drei Sektoren erstellen
  ∘ situationsbedingte Berechnungen von Produktions- und Konsummengen durch Umformungen von Matrizengleichungen
  ∘ Leontiefinverse
  ∘ Produktions- oder Konsumvektor
  ∘ vorgegebene Stückzahlverhältnisse
 	
– Betriebswirtschaftliche Anwendungen auf innerbetriebliche Verflechtungen
  ∘ zweistufige Produktionsprozesse
	
	Übungsaufgaben 1, 2
	LK 12 (ohne CAS): 2.2.1
	
	Übungsaufgaben 5, 6;
	LK 13 (ohne CAS): 2;
	LK 13 (ohne CAS): 2.4
	
	LK 13 (ohne CAS): 2.3
	LK 13 (mit CAS): 2.3
	LK 13 (ohne CAS): 2.4;
	LK 13 (mit CAS): 2.4
	Übungsaufgaben 1–4;
	GK 13 (ohne CAS): 3;
	GK 13 (mit CAS): 1

Stochastik • Erwartungswert von Zufallsvariablen • Binomialverteilung – Bernoulli-Versuch und Binomialverteilungen – Erwartungswert und Varianz der Binomialverteilung – Summenfunktion der Binomialverteilung • Näherungsformel von Moivre-Laplace • Einseitige Hypothesentests	Übungsaufgaben 1–4 LK 13 (ohne CAS): 3.2 LK 13 (ohne CAS): 3.1 LK 13 (ohne CAS): 3.2.1 LK 13 (ohne CAS): 3.3 LK 13 (ohne CAS): 3.4

• Ökonomische Anwendungen – Kostenabwägungen, Qualitätsprüfungen, Prüfen von Produktionsprozessen	LK 13 (ohne CAS): 3.4; LK 13 (mit CAS): 3.4

Bemerkungen:

Analysis (LK):

- keine gebrochenrationalen Funktionen (Betriebsoptimum nur grafisch, tabellarisch)

Lineare Algebra/Analytische Geometrie (LK):

- keine lineare Optimierung, kein Simplex-Verfahren
- Rechnen mit Parametern, also Maximum-/Minimumaufgabe möglich. In diesem Zusammenhang sollte man in der Lage sein, eine ganzrationale Funktion analysieren zu können.

Stochastik (LK):

- kombinatorische Grundkenntnisse notwendig
- keine bedingte Wahrscheinlichkeit
- Normalverteilung nur in der Anwendung bei Moivre-Laplace

Ergänzung für CAS (LK):

- Stetigkeit bei stückweise definierter Funktion nachweisen können (z. B. bei Kosten-, Absatz-, Nachfragefunktion)

3 Leistungsanforderung und Bewertung

Die Leistungsanforderungen zu den Aufgaben werden von der Aufgabenkommission in Form eines Erwartungshorizontes vorgegeben. Darin sind Teilleistungen ausgewiesen, die die mit der jeweiligen Aufgabe verbundenen Anforderungen aufschlüsseln. Eine Übersicht über die Anforderungsbereiche liefern die Seiten 11 bis 13 der von der Kultusministerkonferenz (KMK) beschlossenen „Einheitlichen Prüfungsanforderungen in der Abiturprüfung" (EPA), die z. B. über die Internetseite www.standardsicherung.nrw.de/abitur-bk/fach.php?fach=18 (bzw. fach=43) abgerufen werden können. Das Schwergewicht der zu erbringenden Prüfungsleistung liegt mit ca. 40 % im Anforderungsbereich II und mit jeweils ca. 30 % in den Anforderungsbereichen I und III. Dieses Bewertungsschema ist die Grundlage der Bewertung, wobei sinnvolle, abweichende Lösungen entsprechend zu bewerten sind. Die Höchstpunktzahl kann nicht überschritten werden. Es werden nur ganze Punkte vergeben.

Im Leistungskurs werden jeder der drei Aufgaben 45 Punkte zugeordnet, sodass von einer Bearbeitungszeit von etwa 85 Minuten je Aufgabe ausgegangen wird. 15 Punkte werden aufgabenübergreifend für die Darstellungsleistung vergeben, womit 150 Punkte maximal erreichbar sind.

Im Grundkurs werden jeder der drei Aufgaben 45 Punkte zugeordnet. Es wird von einer Bearbeitungszeit von etwa 60 Minuten je Aufgabe ausgegangen. 15 Punkte werden aufgabenübergreifend für die Darstellungsleistung vergeben, womit 150 Punkte maximal erreichbar sind.

Notenfindung:

Note	Punkte	erreichte Punktzahl (GK und LK)	ab Prozent (GK und LK)
sehr gut plus	15	150 – 143	95 %
sehr gut	14	142 – 135	90 %
sehr gut minus	13	134 – 128	85 %
gut plus	12	127 – 120	80 %
gut	11	119 – 113	75 %
gut minus	10	112 – 105	70 %
befriedigend plus	9	104 – 98	65 %
befriedigend	8	97 – 90	60 %
befriedigend minus	7	89 – 83	55 %
ausreichend plus	6	82 – 75	50 %
ausreichend	5	74 – 68	45 %
ausreichend minus	4	67 – 59	39 %
mangelhaft plus	3	58 – 50	33 %
mangelhaft	2	49 – 41	27 %
mangelhaft minus	1	40 – 30	20 %
ungenügend	0	29 – 0	0 %

Kriterien und Punkte für die **Darstellungsleistung** (aufgabenübergreifend):

Lösungsqualität	GK/LK
Strukturierte Darstellung und Beschreibung des Lösungsweges – sachlogische Gliederung der Lösung (ein „roter Faden" ist erkennbar) – nachvollziehbare und stringente Darstellung des Lösungsweges – sinnvolles und angemessenes Einbeziehen von Bild- oder Textquellen sowie sonstige Materialien zur Erläuterung des Lösungsweges	4
Qualität der äußeren Form und Einhaltung formaler Regeln – übersichtliche und gut lesbare Darstellung der Inhalte bzw. Ergebnisse – angemessene Berücksichtigung formaler Darstellungsregeln bei der Lösung	4
Verwendung von Fachsprache und Fachsymbolik – problemgerechte Verwendung der Fachbegriffe – sachgerechter Einsatz der fachlichen Symbole, Formeln, Maßeinheiten	4

Qualität der Zeichnungen, Grafiken und Tabellen – übersichtliche, normgerechte und bildlich korrekte Darstellung der Zeichnungen, Grafiken u. ä. – den Anforderungen des Faches entsprechende Anfertigung von Zeichnungen, Grafiken u. ä.	3
Summe Darstellungsleistung	15

Die Aufgabenteile sind prinzipiell so gestellt, dass sie unabhängig voneinander gelöst werden können (Folgefehlerproblematik). Auf der 3. Ebene (z. B. 1.2.3) können die Aufgabenteile voneinander abhängig sein und sich auf Ergebnisse innerhalb der Ebene beziehen. Zwischenergebnisse, die in nachfolgenden Teilaufgaben benötigt werden, müssen angegeben werden.

Die unterschiedlichen Anforderungsebenen von Grund- und Leistungskursen müssen zum Beispiel durch den Umfang der zu bearbeitenden Materialien, die Komplexität der Aufgabenstellung oder die zur Bearbeitung der Aufgaben erforderlichen Vorkenntnisse deutlich erkennbar sein.

Jede Arbeit wird zunächst vom Fachlehrer, dann von einer zweiten Fachlehrkraft korrigiert. Die Korrekturen schließen jeweils mit einem Notenvorschlag ab. Bei weniger als vier Notenpunkten Differenz wird die Note aus dem arithmetischen Mittel (gerundet) der in der Klausur erzielten Bewertungspunkte ermittelt. Bei Abweichungen um vier oder mehr Notenpunkte beauftragt die zuständige Bezirksregierung einen Drittkorrektor.

4 Operatoren

Bei der Formulierung der Aufgaben werden **Operatoren** verwendet, die sicherstellen sollen, dass alle Schüler und Lehrer unter einer bestimmten Aufgabenstellung das Gleiche verstehen. Damit Sie die Aufgabenstellungen korrekt erfassen können, ist es sehr zu empfehlen, sich mit diesen Operatoren auseinanderzusetzen. Die Operatoren sind in verschiedene Anforderungsbereiche untergliedert, die den Schwierigkeitsgrad der Aufgabe wiedergeben. Im Folgenden finden Sie eine vollständige Liste dieser Operatoren:

Operatoren	Anforderungsbereich	Erläuterung	Beispiele
analysieren	II – III	Sachverhalte, Probleme, Fragestellungen genauer untersuchen und strukturieren	LK 2013 mit CAS, Aufgaben 1.3 und 2.5.1; Analysis, Übungsaufgabe 2 e

Operatoren	Anforde-rungs-bereich	Erläuterung	Beispiele
angeben, nennen	I – II	Objekte, Sachverhalte, Begriffe, Daten ohne nähere Erläuterungen, Begründungen und ohne Darstellung von Lösungsansätzen oder Lösungswegen aufzählen	GK 2013 ohne CAS, Aufgabe 2.1.1; Analysis, Übungsaufgabe 2 a
anwenden	I – II	Einen bekannten Sachverhalt, eine bekannte Methode auf eine neue Problemstellung beziehen	Wenden Sie das Gauß-Verfahren an.
aufstellen, bilden	I – II	Daten nutzen, um sie in einem mathematischen Modell darzustellen	GK 2012 ohne CAS, Aufgabe 2.1.2
begründen	II – III	Sachverhalte auf Gesetzmäßigkeiten bzw. kausale Zusammenhänge zurückführen – hierbei sind Regeln und mathematische Beziehungen zu nutzen	GK 2013 ohne CAS, Aufgaben 2.2.1 und 3.2.1; Analysis, Übungsaufgaben 4 d, 5 a
berechnen	I – II	Ergebnisse von einem Ansatz ausgehend durch Rechenoperationen gewinnen	GK 2013 ohne CAS, Aufgabe 1.2.1
beschreiben	I – II	Strukturen, Sachverhalte, Verfahren unter Verwendung der Fachsprache angemessen wiedergeben	LK 2013 ohne CAS, Aufgaben 1.2.1 und 2.5.1
bestätigen	I – II	Aussagen oder Sachverhalte mathematisch verifizieren	GK 2013 mit CAS, Aufgabe 3.1
bestimmen, ermitteln	II – III	Zusammenhänge bzw. Lösungswege finden und die Ergebnisse formulieren	GK 2013 ohne CAS, Aufgaben 1.4.2, 2.4 und 3.3.1
beurteilen, Stellung nehmen	II – III	Zu einem Sachverhalt ein eigenständiges Urteil unter Verwendung von Fachwissen und Fachmethoden formulieren und begründen	GK 2012 ohne CAS, Aufgaben 2.3.1 und 3.2.3; Analysis, Übungsaufgabe 7 f

Operatoren	Anforderungsbereich	Erläuterung	Beispiele
bewerten, deuten	I – II	Die Ergebnisse einer mathematischen Überlegung rückübersetzen auf das ursprüngliche Problem. Umdeuten in eine andere Sichtweise	GK 2013 ohne CAS, Aufgabe 3.1.2; Analysis, Übungsaufgabe 2 f
beweisen, widerlegen, nachweisen	II – III	Beweise im mathematischen Sinne unter Verwendung von bekannten mathematischen Sätzen, logischen Schlüssen und Äquivalenzumformungen, ggf. unter Verwendung von Gegenbeispielen und Analogien, führen	GK 2012 ohne CAS, Aufgabe 2.2.2; Lineare Algebra, Übungsaufgabe 1 e
definieren	II – III	Kontextabhängige eigenständige Begriffe bzw. Darstellungen festlegen	Definieren Sie zum Sachverhalt eine geeignete Funktion.
dokumentieren, darstellen	I – II	Gedankengang bzw. Herleitung der Problemlösung darlegen	Dokumentieren Sie Ihren Lösungsweg.
entscheiden	II – III	Sich bei Alternativen eindeutig und begründet auf eine Möglichkeit festlegen	GK 2013 ohne CAS, Aufgabe 3.2.2; Stochastik, Übungsaufgabe 1 b
entwickeln, entwerfen	II – III	Sachverhalte und Methoden zielgerichtet in einen Zusammenhang bringen, also eine Hypothese, eine Skizze oder ein Modell weiterführen und ausbauen	LK 2013 ohne CAS, Aufgabe 3.4.1; Stochastik, Übungsaufgaben 2 c und 2 f
ergänzen	I – II	Eine vorgegebene Rechnung, Grafik oder Tabelle vervollständigen	Ergänzen Sie die fehlenden Werte in der Tabelle.
erklären	I – II	Sachverhalte mithilfe eigener Kenntnisse verständlich und nachvollziehbar machen und in Zusammenhänge einordnen	GK 2013 mit CAS, Aufgabe 2.3.3; Analysis, Übungsaufgabe 5 f

Operatoren	Anforderungsbereich	Erläuterung	Beispiele
erläutern	I – II	Strukturen und Zusammenhänge erfassen, in Einzelheiten verdeutlichen und durch zusätzliche Informationen verständlich machen	LK 2012 ohne CAS, Aufgabe 2.2.1
erstellen	I – II	Einen Sachverhalt in übersichtlicher, fachlich angemessener Form ausdrücken	Lineare Algebra, Übungsaufgabe 1 a
herleiten, formulieren	II – III	Eine Formel oder einen Zusammenhang aus bekannten Sachverhalten nachvollziehbar entwickeln	GK 2013 ohne CAS, Aufgaben 1.1, 1.2.2 und 2.2.4
interpretieren	II – III	Zusammenhänge bzw. Ergebnisse begründet auf gegebene Fragestellungen beziehen	GK 2013 ohne CAS, Aufgaben 1.4.3 und 1.4.4
klassifizieren	II – III	Eine Menge von Objekten nach vorgegebenen oder sinnvoll selbstständig zu wählenden Kriterien in Klassen einteilen	Klassifizieren Sie die Graphen der Funktionenschar nach der Anzahl der Nullstellen.
prüfen, überprüfen	II – III	Die Gültigkeit einer Aussage, z. B. einer Hypothese oder einer Modellvorstellung, verifizieren, falsifizieren	GK 2013 ohne CAS, Aufgabe 2.3.2
skizzieren, grafisch darstellen	I – II	Wesentliche Eigenschaften von Sachverhalten oder Objekten grafisch darstellen – auch Freihandskizzen möglich	GK 2013 mit CAS, Aufgabe 2.2.1
übertragen	II – III	Einen untersuchten Sachverhalt bzw. allgemeingültige Aussagen auf ähnliche Sachverhalte anwenden	Übertragen Sie den Lösungsansatz auf die folgende Fragestellung.
untersuchen	I – II	Sachverhalte, Probleme, Fragestellungen nach bestimmten, fachlich üblichen bzw. sinnvollen Kriterien bearbeiten	GK 2013 mit CAS, Aufgabe 2.4; LK 2013 ohne CAS, Aufgabe 1.6.1

Operatoren	Anforde-rungs-bereich	Erläuterung	Beispiele
veranschau-lichen, ver-deutlichen	I – II	Einen Sachverhalt mit verbalen oder grafischen Erläuterungen versehen	Analysis, Übungs-aufgaben 4 f und 5 d
vereinfa-chen, um-formen	I – II	Terme, Aussagen, Formeln mit-tels geeigneter Strategien an den jeweiligen Sachverhalt anpassen	Vereinfachen Sie den Ausdruck so weit wie möglich.
vergleichen	I – II	Gemeinsamkeiten, Ähnlichkeiten und Unterschiede ermitteln	GK 2012 mit CAS, Aufgabe 1.3.2
zeichnen	I – II	Hinreichend exakte grafische Darstellungen von Objekten oder Daten anfertigen	GK 2012 ohne CAS, Aufgaben 1.1.2 und 3.3.1
zeigen	II – III	Aussagen oder Sachverhalte unter Nutzung von gültigen Schluss-regeln, Berechnungen bestätigen	GK 2013 ohne CAS, Aufgabe 1.4.1

5 Methodische Hinweise und allgemeine Tipps zur schriftlichen Prüfung

Vorbereitung
- Bereiten Sie sich **langfristig** vor. Wiederholen Sie abgeschlossene Themen früh-zeitig. Bereits zu Beginn der Jahrgangsstufe 13 sollten Sie die Analysisaufgaben dieses Übungsbuchs weitestgehend bearbeiten können.
- Benutzen Sie Ihr Fachbuch, **eigene Aufzeichnungen** und dieses Übungsbuch.
- Lernen Sie die Möglichkeiten Ihres **Taschenrechners** kennen.

Bearbeitung der Prüfung
- **Markieren** Sie in den Aufgabenstellungen die Operatoren und wichtige Angaben (Hinweise oder Größen) **farbig**.
- Nutzen Sie für einen Lösungsansatz das Konzeptpapier und fertigen Sie hierauf **Skizzen** an.
- Bei Unklarheit einer Aufgabenstellung versuchen Sie eine **Standardrechnung**, die Ihnen plausibel erscheint (Integral aufstellen; Maximum bestimmen; Binomialverteilung nutzen; Matrizen multiplizieren).
- Falls Sie über eine Rechnung nicht zum Ziel gelangen, beschreiben Sie den **Re-chenweg** mit eigenen Worten und machen Sie eine Vermutung über die zu erwar-tende Lösung.
- Geben Sie immer auch **Zwischenlösungen** an.

- Vergleichen Sie nach einer Teilaufgabenlösung Ihren **Antwortsatz** mit der Fragestellung.
- **Zeitmanagement:** leichte, eingängige Aufgabenteile zuerst abarbeiten; etwa 85 Minuten im LK bzw. 60 Minuten im GK pro Aufgabe einplanen.
- Zu den Teilaufgaben werden **Punkte** angegeben. In der Regel kann von der Punktezahl auf die Lösung geschlossen werden: Eine hohe Punktzahl erfordert eine umfangreichere Lösung, bei einer geringen Punktzahl sollte bei Problemen nicht zu lange bei diesem Aufgabenteil verweilt werden.

Thematische Tipps
- Die Analysisaufgabe ist oftmals **umfangreicher** als die zur Linearen Algebra oder Stochastik, obwohl alle drei Aufgabenteile die gleiche Punktzahl ermöglichen. Beginnen Sie mit Ihrer Stärke, möglicherweise mit Linearer Algebra.
- Trainieren Sie das **Lösen linearer Gleichungssysteme** mit dem Gauß-Algorithmus und das Multiplizieren von Matrizen.
- Machen Sie sich genau klar, was eine **Matrix** im Sachzusammenhang beschreibt, und schreiben Sie es in eigenen Worten auf.
- Rechnen Sie mit **Unbekannten** und **Parametern**, mit f(x) und f(t).
- Klären Sie, wie sich ein **ertragsgesetzlicher Kostenverlauf** auf die Koeffizienten einer ganzrationalen Funktion dritten Grades auswirkt.
- Üben Sie das **genaue Zeichnen** von Funktionsgraphen.
- Lernen Sie die **Exponentialfunktion** genau kennen.
- **Hypothesentest:** Stellen Sie eine These darüber auf, was man aufgrund der Situationsbeschreibung als sinnvollerweise begründet vermutet. Das ist die H_1-Hypothese. H_0 ist immer das Gegenteil von dem, was man vermutet und somit beweisen möchte.

6 Zulassung eines grafikfähigen Taschenrechners (GTR) als Hilfsmittel

Für den Abituraufgabensatz ohne CAS sind für die Abiturprüfungen in den Jahren 2014 bis 2016 wissenschaftliche Taschenrechner **ohne oder mit Grafikfähigkeit** zugelassen. Damit sind Taschenrechner zugelassen, die u. a.

- Gleichungssysteme und Gleichungen **numerisch lösen**,
- Matrizenberechnungen durchführen und **Matrizen invertieren**,
- Ableitungsfunktionen **zeichnen**,
- Werte der **Binomialverteilung** berechnen

können. Auch wenn die Abituraufgaben so konstruiert werden, dass die Nutzung eines grafikfähigen Taschenrechners keine nennenswerten Vorteile ergeben soll, ist die Nutzung eines grafikfähigen Taschenrechners doch zu empfehlen. Der Graph einer Funktion kann schnell veranschaulicht werden, gelöste Gleichungen lassen sich leicht kontrollieren und die Arbeit mit den Tabellen der Binomialverteilung entfällt.

7 Hinweise zum Lösen mit dem CAS

Ein Computer-Algebra-System (kurz CAS) entlastet Sie von vielen schematischen Rechnungen. Bei den inhaltlichen Schwerpunkten der Vorgaben wird nur im LK geringfügig zwischen „CAS-Einsatz" und einfachem Taschenrechner unterschieden, d. h., zur Übung können Sie alle Aufgaben des Buches auch mit einem CAS rechnen. Die Aufgaben für den Einsatz mit CAS werden umfangreicher sein und/oder Funktionen enthalten, die z. B. von Hand schwieriger abzuleiten oder zu integrieren sind. Sie sollen aber laut Vorgaben nichts grundsätzlich Anderes enthalten als die Aufgaben ohne CAS-Einsatz. Einen abiturähnlichen Aufgabensatz finden Sie bei den Übungsaufgaben.

Wichtig für die Klausur ist die Dokumentation der Ergebnisse. Dazu gibt es keine zentralen Vorgaben. Fragen Sie daher Ihren Lehrer, wie Sie den Lösungsweg in der Klausur dokumentieren, welche Zwischenergebnisse Sie notieren oder ob Sie auch notieren sollen, wie Sie die Aufgaben mit dem CAS lösen. Im Zweifel schreiben Sie eher mehr Zwischenergebnisse und Erläuterungen in die Lösung.

Laut den Vorgaben des Ministeriums soll das eingesetzte CAS mindestens folgende Funktionen umfassen:
1. algebraische Ausdrücke vereinfachen und vergleichen
2. Gleichungen symbolisch und numerisch lösen
3. lineare Gleichungssysteme lösen und Matrizenberechnungen durchführen
4. Funktionen symbolisch und numerisch differenzieren und integrieren
5. Funktionen und Daten zweidimensional grafisch darstellen
6. Werte der Binomialverteilung und Normalverteilung bestimmen

Dazu und wie Sie das CAS effektiv in der Klausur nutzen können, werden im Folgenden einige Hinweise gegeben. Die Hinweise werden am TI-Nspire (mit Betriebssystem 3.2) verdeutlicht, gelten aber für alle anderen CAS in ähnlicher Weise.

- **Wertetabellen erstellen und Funktionen und Daten zweidimensional grafisch darstellen (vgl. 5)**
  Meistens ist es hilfreich, Funktionsgleichungen direkt abzuspeichern.
  Beispiel:
  $0{,}3x^3 - 2{,}7x^2 + 9x + 16{,}2$ (ctrl) sto→ $f1(x)$
  oder alternativ $f1(x)$ (ctrl) := $0{,}3x^3 - \ldots$
  Sinnvoll ist es, die eingespeicherten Funktionen wieder aufzurufen und zu kontrollieren, damit sich keine Tippfehler einschleichen.

Funktionsgleichung grafisch darstellen

Mit dem Shortcut (ctrl)[I] (oder (ctrl)[+page]) ruft man eine neue Seite auf, wählen Sie 2: Graphs hinzufügen.

Wenn die Funktionsgleichung eingespeichert ist, können Funktionswerte, Wertetabellen, Nullstellen und Ableitungen mit der Bezeichnung berechnet werden und die Funktionsgleichung muss nicht immer erneut eingegeben werden. Im Beispiel wurde die Funktionsgleichung unter der Standardbezeichnung f1(x) eingespeichert, sodass der Funktionsterm gleich in der Eingabezeile erscheint. Beim ersten Aufruf erscheint f2(x). Man muss mit dem Cursor (Navpad) einmal nach oben ▲ in die Zeile von f1(x). Mit (enter) bestätigen und die Funktion wird gezeichnet.

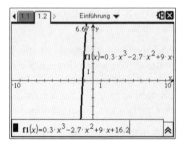

Einstellen des Grafikfensters

Meist sieht man noch nichts oder nur wenig von der Funktionsgleichung im Ausschnitt des Koordinatensystems. Das liegt am Maßstab, der verändert werden muss. Die Angaben für die Einstellung des Maßstabs entnimmt man der Aufgabe oder der Wertetabelle.
Einstellung des Fensters unter
(menu) 4: Fenster, 1: Fenstereinstellungen...

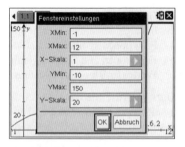

Wertetabelle erstellen

Eine weitere Möglichkeit, sich einen Überblick über die Funktionswerte zu verschaffen, ist die Wertetabelle. Als eigene Seite kann man sie mit (ctrl)[I] 4: Lists & Spreadsheet hinzufügen, dann (menu) 5: Wertetabelle, 1: Zu Wertetabelle wechseln (oder den Shortcut (ctrl)[T]) und mit dem Cursor eine Funktion auswählen. Mit (tab) springt man in die verschiedenen Tabellenbereiche.
Unter (menu) 2: Wertetabelle, 5: Funktionseinstellungen bearbeiten... lassen sich Tabellenanfang und Schrittweite einstellen.

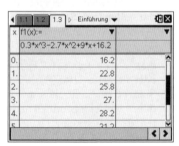

Man kann die Wertetabelle auch im Koordinatensystem anzeigen lassen, was aber nicht sehr übersichtlich ist: in Graphs unter (menu) 7: Tabelle, 1: Tabelle mit geteiltem Bildschirm oder mit dem Shortcut (ctrl)[T]; Tabelleneinstellung wie oben. Man löscht die Tabelle mit (ctrl)[K](del) (oder auch (ctrl)[T]). Mit (ctrl)(tab) wechselt man zwischen Graph und Tabelle.

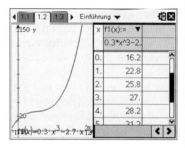

- **Algebraische Ausdrücke vereinfachen und vergleichen (vgl. 1)**
  Um algebraische Ausdrücke zu vereinfachen, zu vergleichen und Schnittpunkte zu berechnen, setzt man die Ausdrücke gleich und löst sie mit solve nach der entsprechenden Variablen auf.

  Im Beispiel soll der Schnittpunkt zwischen der Kostenfunktion und der Erlösfunktion $E(x) = 9x$ berechnet werden.
  Unter (menu) 3: Algebra, 1: Löse findet sich der solve-Befehl. Falls die Funktionen gespeichert sind, können die Bezeichnungen benutzt werden.

  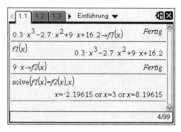

  Algebraische Ausdrücke vereinfachen
  Um algebraische Ausdrücke zu vereinfachen, müssen die Terme eingegeben und dann entsprechend bearbeitet werden.

  Im Beispiel soll aus der Kosten- und der Erlösfunktion die Gewinnfunktion bestimmt werden.

  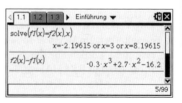

- **Gleichungen symbolisch und numerisch lösen (vgl. 2)**
  Gleichungen werden ebenfalls mit solve gelöst. Das können z. B. Nullstellen einer Funktion sein. Möglich ist aber auch das Lösen mehrerer Gleichungen mit mehreren Unbekannten, um z. B. eine Funktionsgleichung zu bestimmen.

  Im Beispiel soll aus vorgegebenen Werten eine Funktion bestimmt werden. Man kann alle Gleichungen der Reihe nach eingeben und mit solve lösen. Der Befehl solve findet sich unter (menu) 3: Algebra, 1: Löse.
  Die Gleichungen werden in geschweiften Klammern (ctrl)[{}] durch Komma (,) getrennt eingegeben. Die Eingabe ist dann mit (enter) zu bestätigen. Eine Näherungslösung erhält man durch (ctrl)[≈].

  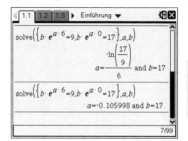

XV

Man kann alternativ erst die allgemeine Funktionsgleichung, im Beispiel f4(x)=b·e^(a·x), speichern und dann die Gleichungen als f4(6)=9 und f4(0)=17 eingeben. Das e wird über (ctrl)[∞β°] bzw. (π·) oder (e^x) eingegeben. Mit dem Bedingungsstrich | (beim Touchpad und beim CX unter (ctrl)[≠≥·] zu finden) und Einfügen der vorherigen Ausgabe mittels (ctrl)[ans] können die Werte leicht in die allgemeine Funktionsgleichung eingefügt werden.

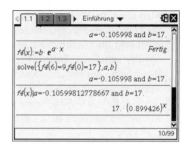

- **Lineare Gleichungssysteme lösen und Matrizenberechnungen durchführen (vgl. 3)**
Gleichungssysteme können auch als System eingegeben werden. Zuerst ist der solve-Befehl einzugeben, dann findet sich unter (menu) eine Vorlage für Gleichungssysteme.

Bei einer falschen Eingabe kann der Ausdruck kopiert und dann korrigiert werden.

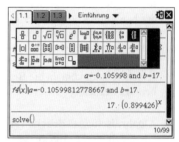

Das Verfahren ist für mehrere Gleichungen erweiterbar. Im Beispiel soll eine Gerade bestimmt werden, die durch die Punkte $P_1(4\,|\,10)$ und $P_2(8\,|\,14)$ verläuft.

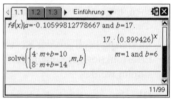

Matrizenberechnungen durchführen
Matrizen können mit (ctrl)[II] eingegeben werden. Mit der grauen Taste (↵) erhält man eine neue Zeile, mit der Tastenkombination (⇧shift)(↵) eine neue Spalte. Die Zahlen können dann eingegeben werden. Mit (tab) springt man zum nächsten Element. Die Matrix speichert man wieder ab und kann sie dann mit der entsprechenden Variablen abrufen. Beim TI-Nspire können Matrizen leider nicht unter Großbuchstaben gespeichert werden.

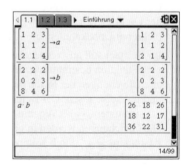

XVI

Lösen von Matrizengleichungen – reduzierte Diagonalform

Mit dem Befehl rref(Matrix) wird die Matrix in die reduzierte Diagonalform überführt. Man kann den Befehl von Hand eingeben oder über (menu) 7: Matrix und Vektor, 5: Reduzierte Diagonalform einfügen.

Alternativ kann man Matrizengleichungen auch direkt eingeben und mit solve lösen (siehe Screenshot).

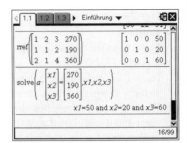

Inverse Matrix

Die inverse Matrix ist über den Exponent –1 zu bilden.

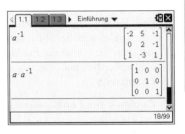

- **Funktionen symbolisch und numerisch differenzieren und integrieren (vgl. 4)**

  Der Ableitungsbefehl findet sich unter (menu) 4: Analysis, 1: Ableitung und in den mathematischen Vorlagen. Variable sowie Funktion eingeben und mit (enter) bestätigen.

  Im Beispiel soll das Maximum der Gewinnfunktion $G(x) = -0{,}3x^3 + 2{,}7x^2 - 16{,}2$ bestimmt werden. Die Funktion wird unter f3(x) abgespeichert. Mit solve könnten dann die Nullstellen der 1. Ableitung bestimmt werden.

  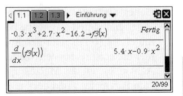

  ### Höherwertige Ableitungen

  Höherwertige Ableitungen erfordern einen anderen Befehl. Mit öffnet man die mathematischen Vorlagen und wählt dort die entsprechende Vorlage. Funktionsvariable und Höhe der Ableitung eingeben und mit (enter) bestätigen.

  Beachten Sie, dass CAS häufig die Terme anders sortieren, als es im Allgemeinen üblich ist. Sinnvoll ist es, sich an die übliche Schreibweise zu halten, also hier $G''(x) = -1{,}8x + 5{,}4$.

  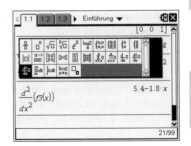

XVII

Funktionen integrieren

Mit einem CAS können sowohl die Stammfunktion als auch konkrete Integrale berechnet werden.

Beispiel:
Gesucht ist die Stammfunktion von:
$p_A(x) = 17 \cdot e^{-0,106 \cdot x} - 9$
Unter (menu) 4: Analysis, 3: Integral findet sich das Integralzeichen, ebenfalls unter ⊜. Wenn Grenzen angegeben sind, werden sie oben und unten eingetragen. Falls nur die Stammfunktion gesucht wird, bleiben die Felder für die Grenzen frei.

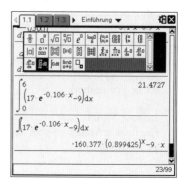

Falls Sie Flächen zwischen Graphen und x-Achse berechnen sollen, achten Sie darauf, dass Sie vorher die Funktionen auf Nullstellen untersuchen bzw. abs(f(x)) integrieren.

- **Zeichnen von Funktionenscharen**

Bei Funktionenscharen soll häufig untersucht werden, wie sich eine Veränderung des Parameters auf den Verlauf des Graphen auswirkt. Dies kann mit einem CAS veranschaulicht werden.

Beispiel:
Der Graph von
$G(x) = -0,3x^3 - 0,1x^2 + a \cdot x - 10$
soll für verschiedene a gezeichnet werden. Geben Sie hinter der Funktionsgleichung abgetrennt durch | (Eingabe beim Touchpad mittels (ctrl)[≠≥˙]) in einer geschweiften Klammer die entsprechenden Werte für a ein. Achten Sie auf das Malzeichen zwischen dem Parameter a und der Funktionsvariablen x, sonst entsteht eine neue Variable.

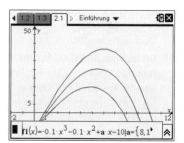

Zeichnen von Funktionenscharen mit einem Schieberegler

Alternativ kann man mit dem Schieberegler für verschiedene a die Funktion zeichnen lassen.
Der Schieberegler findet sich in Graphs unter (menu) 1: Aktionen, B: Schieberegler einfügen. Die Variable wird direkt abgefragt. Mit (ctrl)[≡] 1: Einstellungen gelangt man zu den Schiebereinstellungen. Dort werden Schrittweite, Maximum, Minimum

XVIII

etc. eingefügt. Sinnvoll ist es, möglichst Minimum und Maximum um einen bekannten Wert herum anzuordnen, um die Übersicht zu behalten.

Im Beispiel wäre der Wert a = 10, um den herum Minimum und Maximum bestimmt werden.

Der Schieber kann nun mit (ctrl) und Cursor rechts ▶ bzw. links ◀ in die gewünschte Richtung bewegt werden. Der jeweilige Wert für a wird oben angezeigt.

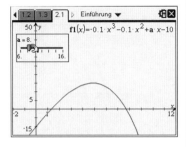

- **Werte der Binomialverteilung und Normalverteilung bestimmen (vgl. 6)**
  Die Wahrscheinlichkeit $P(X=k)$ für eine $B(n; p)$-verteilte Zufallsvariable X wird mit dem Befehl binomPdf(n, p, k) berechnet. Der Befehl findet sich im Calculator unter (menu) 5: Wahrscheinlichkeit, 5: Verteilungen..., D: Binomial Pdf...
  Die Werte $P(\ell \leq X \leq r)$ für die kumulierte Verteilung erhält man mit der Eingabe binomCdf(n, p, ℓ, r) bzw. über (menu) 5: Wahrscheinlichkeit, 5: Verteilungen..., E: Binomial Cdf...

  Beispiel:
  Bei einer Stichprobe von 150 Teilen und einem zu erwartenden Ausschuss von 4 % soll die Wahrscheinlichkeit für
  – genau 6 Teile sind Ausschuss
  – zwischen 3 und 8 Teile sind Ausschuss
  – mehr als 6 Teile sind Ausschuss
  bestimmt werden.

  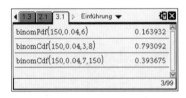

- Übertragen Sie wichtige Dateien vom Taschenrechner auf Ihren Computer, falls die Speicher vor der Klausur gelöscht werden. Wechseln Sie die Batterien oder nehmen Sie Ersatzbatterien zur Klausur mit bzw. laden Sie die Akkus auf.

- Empfehlenswert ist es, neue Aufgaben mit einer neuen Datei zu beginnen. So sind keine Variablen belegt oder Funktionen gespeichert, die Sie dann fälschlicherweise benutzen würden.

Berufliches Gymnasium NRW – Mathematik (Wirtschaft/Verwaltung)
Analysis: Übungsaufgabe 1

Edelstahlgefäße

Die Sielhorst GmbH ist ein mittelständisches Unternehmen, das hochwertige Edelstahlgefäße anfertigt.

Der ertragsgesetzliche Kostenverlauf wird durch eine ganzrationale Funktion dritten Grades $K(x) = ax^3 + bx^2 + cx + d$ beschrieben, wobei $a, b, c, d \in \mathbb{R}$.

a) Aufgrund ökonomischer Gesichtspunkte gilt für die Kostenfunktion das Ertragsgesetz. Welche Eigenschaften hat eine ertragsgesetzliche Kostenfunktion und was bedeutet das für die Koeffizienten a, b, c und d? (Keine Beweise!)

b) Bestimmen Sie aus den folgenden Angaben die Funktionsgleichung und zeichnen Sie die Funktion in ein geeignetes Koordinatensystem:
Bei 20 produzierten Mengeneinheiten fallen mit 700 GE genau halb so viele Gesamtkosten wie bei 30 ME an. Die anfänglichen Grenzkosten betragen 30 GE, die Fixkosten 500 GE. Als Kapazitätsgrenze werden 34 ME angesehen.
[Kontrolle: $K(x) = 0{,}1x^3 - 3x^2 + 30x + 500$]

c) Bestimmen Sie rechnerisch die Bereiche degressiver und progressiver Kostenzunahme. Markieren Sie die Bereiche im Graphen.

In einem bestimmten Produktionszeitraum ergeben sich für Nachfrage und Angebot die folgenden Funktionen, wobei a ein Parameter ist, der eine Veränderung des Anbieterverhaltens aufgrund der Rohstoffpreise beschreibt:

$p_A(x) = ax^2 + 17{,}5$, $a \in \mathbb{R}$; $p_N(x) = -0{,}00575x^2 + 125$

d) Geben Sie einen sinnvollen Definitionsbereich für den Parameter a an.

e) Skizzieren Sie einige Graphen und untersuchen Sie den Einfluss des Parameters a auf das Marktgleichgewicht.

f) Bestimmen Sie a so, dass der Marktpreis bei 67,5 GE/ME liegen muss.

g) Sielhorst übernimmt den Gleichgewichtspreis von 67,5 GE/ME. Untersuchen Sie, bei welcher produzierten Menge der Gewinn maximal wird und wie hoch er ist.

h) Aufgrund einer allgemeinen Wirtschaftseintrübung wird die gewinnoptimale Ausbringungsmenge nicht abgesetzt werden können. Ermitteln Sie grafisch einen Preis, bei dem gerade noch Gesamtkostendeckung erreicht wird.

i) Berechnen Sie das Integral der Differenzfunktion aus Grenzerlös- minus Grenzkostenfunktion von 0 bis 25 und interpretieren Sie das Ergebnis.

Tipps und Hinweise

✏ Das Ertragsgesetz besagt vereinfacht: Erhöht man die Einsatzmenge eines Faktors z bei Konstanthaltung der übrigen Faktoren, so kann der Ertragszuwachs (Produktionsmenge x = Ertrag) zunächst steigen (progressive Zunahme), nach Überschreiten einer bestimmten Grenze muss der Ertragszuwachs abnehmen (degressive Zunahme), nach Überschreiten einer zweiten Grenze muss er negativ werden (vergiftetes Wachstum). Kostet ein Einsatzfaktor m GE, so gilt für die Kostenfunktion
$K(x) = K(\text{Ertrag}(z)) = m \cdot z$.
Für m = 1 ist K die Umkehrfunktion der Ertragsfunktion. Der Graph der ertragsgesetzlichen Kostenfunktion ergibt sich somit durch Spiegelung des Graphen der Ertragsfunktion an der 1. Winkelhalbierenden. Deshalb gilt für die Kostenfunktion, dass sie zunächst degressiv und danach progressiv wächst.

Teilaufgabe a
✏ Die Eigenschaften beziehen sich auf die Monotonie und die Art der Krümmung. Hieraus können primär mithilfe der Differenzialrechnung Eigenschaften für die Koeffizienten hergeleitet werden. Die Herleitung ist jedoch nicht verlangt.

Teilaufgabe b
✏ Die Grenzkosten werden durch die erste Ableitung der Kostenfunktion beschrieben. Es ist ein lineares Gleichungssystem mit drei Unbekannten zu lösen, da eine Variable direkt gegeben ist.

✏ Streng mathematisch gesehen ist $K'(x)$ nicht definiert (Randwertproblem beim Differenzieren), trotzdem ist es aber sinnvoll, die anfänglichen Grenzkosten durch $K'(0)$ zu modellieren.

Teilaufgabe c
✏ Links- und Rechtskrümmung eines Funktionsgraphen beschreiben die Kostenzunahme. Die zweite Ableitung einer Funktion hat mit der Krümmung zu tun.

Teilaufgabe d
✏ Für eine Angebotsfunktion gilt, dass sie streng monoton steigen muss. Wer sich mit Parabeln und der Scheitelpunktform auskennt, kann auch ohne zu rechnen die Aufgabe lösen.

Teilaufgabe e
✏ Für die Wahl des Wertes a orientiere man sich an der Nachfragefunktion.

Teilaufgabe f
✏ Mit a und der Gleichgewichtsmenge hat man zwei Unbekannte. Daher ist es sinnvoll, zuerst mit der Nachfragefunktion und dem Gleichgewichtspreis von 67,5 GE/ME die Gleichgewichtsmenge zu bestimmen.

Teilaufgabe g

Für die Erlösfunktion gilt „Preis × Menge". Somit ist das Maximum der kubischen Gewinnfunktion zu bestimmen.

Teilaufgabe h

Das Betriebsoptimum des Unternehmens kann mithilfe der Zeichnung von Grenzkosten- und Stückkostenfunktion, aber auch mit der Tangente durch (0|0) an den Graphen von K(x) bestimmt werden.

Teilaufgabe i

Integrieren kehrt Differenzieren um.

Die Deckungsbeitragsfunktion ist $DB(x) = E(x) - K_{var}(x)$.

Lösung

a) Eine ertragsgesetzliche Kostenfunktion $K(x) = ax^3 + bx^2 + cx + d$ hat auf $D_{ök}$ die folgenden Eigenschaften:
   1. Der Graph von K(x) steigt monoton und hat somit kein Minimum oder Maximum.
   2. Die Kostenkurve verläuft zunächst degressiv und dann progressiv, hat also einen Wendepunkt.

   Für die Koeffizienten gilt:
   - $a > 0$ (steigend; besagte Krümmung)
   - $b < 0$ (hinreichendes Kriterium Wendepunkt)
   - $b^2 \leq 3ac$ (kein Extremum)
   - $c > 0$ (folgt aus Obigem)
   - $d > 0$ (Fixkosten)

b) Da die Fixkosten 500 GE betragen, ist $d = 500$.
   Aus den anfänglichen Grenzkosten ergibt sich im Modell $K'(0) = 30$, sodass $3a \cdot 0^2 + 2b \cdot 0 + c = 30$ für $c = 30$ ergibt.
   Es folgt aus den zwei Bedingungen $K(20) = 700$ und $K(30) = 1400$:

   I $a \cdot 20^3 + b \cdot 20^2 + 30 \cdot 20 + 500 = 700$ $|-1100$
   II $a \cdot 30^3 + b \cdot 30^2 + 30 \cdot 30 + 500 = 1400$ $|-1400$

   $\Leftrightarrow$ I $8\,000a + 400b = -400$ $|:400$
   II $27\,000a + 900b = 0$ $|:900$

   $\Leftrightarrow$ I $20a + b = -1$
   II* $30a + b = 0$

   $\Rightarrow$ II*$-$I $10a = 1$ $\Leftrightarrow$ $a = 0{,}1$

   $\xrightarrow{\text{in II*}}$ $b = -3$

   Somit lautet die Funktionsgleichung $K(x) = 0{,}1x^3 - 3x^2 + 30x + 500$; $x \in [0; 34]$.

Graph:

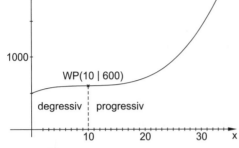

c) Für alle Werte x des progressiven Bereichs ist K"(x) > 0 notwendig und hinreichend:
K"(x) = 0,6x − 6 > 0 ⇔ x > 10
Somit ist I_{deg} = [0; 10[das Intervall degressiven Wachstums und I_{prog} =]10; 34] der Bereich progressiven Wachstums.
Die beiden Bereiche sind in der Zeichnung in Teilaufgabe b markiert.

Alternativ kann zunächst der Wendepunkt bestimmt werden, um dann auf die Progression unter Zuhilfenahme des Ertragsgesetzes zu schließen.

d) Für eine Angebotsfunktion gilt, dass sie streng monoton steigt. Das kann mit der ersten Ableitung nachgewiesen werden:
$p'_A(x) = 2ax > 0$ für a > 0
Daher muss a > 0 gelten.

$p_A(x)$ ist eine nach oben geöffnete Parabel mit dem Scheitelpunkt auf der y-Achse, wenn a größer als null ist.

e) Der Parameter a verändert die Öffnung der Parabel. Vergrößert sich der Wert für a, wird die Parabel steiler und das Marktgleichgewicht verschiebt sich Richtung y-Achse, d. h., die Gleichgewichtsmenge wird geringer und der Gleichgewichtspreis wird höher. Wird der Wert für a kleiner, dann geschieht das Umgekehrte.

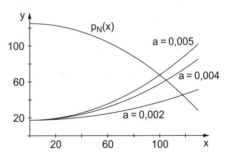

f) Für den Gleichgewichtspreis müssen sich $p_A(x)$ und $p_N(x)$ im y-Wert 67,5 schneiden. Der dazugehörige x-Wert, die Gleichgewichtsmenge, ist zu bestimmen.

Dazu wird zuerst der Schnittpunkt von $y = 67{,}5$ und $p_N(x)$ bestimmt, um die Gleichgewichtsmenge zu erhalten:

$\quad p_N(x) = -0{,}00575x^2 + 125 = 67{,}5 \qquad |-125$

$\Leftrightarrow \qquad -0{,}00575x^2 = -57{,}5 \qquad |:(-0{,}00575)$

$\Leftrightarrow \qquad x^2 = 10000 \qquad |\sqrt{}$

$\Leftrightarrow \qquad x_1 = 100 \wedge x_2 = -100 \quad$ (x_2 entfällt, da keine negativen Mengen möglich sind)

Die Gleichgewichtsmenge beträgt 100 ME. Damit kann nun der Parameter a bestimmt werden. Einsetzen in $p_A(x)$ ergibt:

$\quad p_A(100) = a \cdot 100^2 + 17{,}5 = 67{,}5 \qquad |-17{,}5$

$\Leftrightarrow \qquad a \cdot 10000 = 50 \qquad |:10000$

$\Leftrightarrow \qquad a = 0{,}005$

Für $a = 0{,}005$ lautet $p_A(x) = 0{,}005x^2 + 17{,}5$. Dann ist in dem Punkt $(100 \mid 67{,}5)$ das Marktgleichgewicht.

g) Erlösfunktion:
$E(x) = 67{,}5 \cdot x$

Gewinnfunktion:
$G(x) = E(x) - K(x) = -0{,}1x^3 + 3x^2 + 37{,}5x - 500$

Für die Bestimmung des Maximums ist die notwendige Bedingung bei $x \in D_{ök} = [0;\, 34]$:

$G'(x) = 0 \quad \Leftrightarrow \quad -0{,}3x^2 + 6x + 37{,}5 = 0 \qquad |:(-0{,}3)$

$\Leftrightarrow \qquad x^2 - 20x - 125 = 0$

$\Leftrightarrow \qquad x_{1,2} = 10 \pm \sqrt{100 + 125}$

$\Leftrightarrow \qquad x_1 = 25 \wedge x_2 = -5 \notin D_{ök}$

Hinreichend ist zusätzlich:
$G''(25) = -0{,}6 \cdot 25 + 6 = -9 < 0$

Bei 25 ME ist der Gewinn maximal und er beträgt $G(25) = 750$ [GE].

h) Gesamtkostendeckung erreicht man gerade noch bei der Ausbringungsmenge, bei der die Stückkostenfunktion minimal ist. Es gilt also, das Betriebsoptimum zu bestimmen.

1. Möglichkeit: Geometrisch lässt sich das Betriebsoptimum als Schnittpunkt der Graphen von Grenzkosten- und Stückkostenfunktion ungefähr ermitteln.

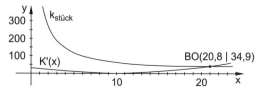

2. Möglichkeit: Die betriebsoptimale Ausbringungsmenge entspricht der x-Koordinate des Berührpunktes der Tangente an den Graphen von K(x) durch (0|0). Die Steigung der Tangente entspricht der y-Koordinate des Betriebsoptimums beziehungsweise der langfristigen Preisuntergrenze.

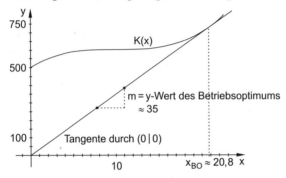

i) Die Differenzfunktion lautet:

$E'(x) - K'(x) = 67{,}5 - (0{,}3x^2 - 6x + 30) = -0{,}3x^2 + 6x + 37{,}5$

Für das gesuchte Integral ergibt sich damit:

$$\int_0^{25} (-0{,}3x^2 + 6x + 37{,}5)\,dx = \left[-0{,}1x^3 + 3x^2 + 37{,}5x\right]_0^{25}$$
$$= -0{,}1 \cdot 25^3 + 3 \cdot 25^2 + 37{,}5 \cdot 25 - 0$$
$$= 1250$$

Ökonomisch gesehen entspricht der Wert des Integrals dem Deckungsbeitrag bei 25 ME. Die fixen Kosten sind also bei einer Produktion von 25 ME mit 1250 GE gedeckt. Da die fixen Kosten 500 GE betragen, macht das Unternehmen einen Gewinn von 1250 − 500 = 750 [GE]. Das entspricht dem in Teilaufgabe e berechneten (maximalen) Gewinn.

Dies wird deutlicher, wenn man mit der allgemeinen Form der Erlös- und der Kostenfunktion das Integral berechnet:

$$\int_0^{25} E'(x) - K'(x)\,dx = \left[E(x) - K_{var}(x)\right]_0^{25}$$
$$= E(25) - K_{var}(25) = G(25) + K_{fix} = DB(25)$$

Berufliches Gymnasium NRW – Mathematik (Wirtschaft/Verwaltung)
Analysis: Übungsaufgabe 2

Fahrräder

Die folgende Wertetabelle gehört zu einer Kostenfunktion 3. Grades. Die Funktionswerte von K(x) sind in Euro angegeben, x in Stück.

x	0	20	40	60	65	70	80	100
$\frac{K(x)}{x}$	–	3500	1910	1380	1360	1379	1535	2300
K(x)	30 000	70 000	76 400	82 800	88 338	96 500	122 800	230 000
K'(x)	3400	880	40	880	1360	1930	3400	7600
K''(x)	–168	–84	0	84	105	126	168	252

a) Geben Sie mit den Werten der Tabelle an:
  – die fixen Kosten
  – den Wendepunkt der Kostenfunktion
  – die Bereiche für eine degressive und progressive Kostenentwicklung
  – die langfristige Preisuntergrenze
  Begründen Sie Ihre Angaben.

b) Aus der Tabelle lassen sich die Grenzkosten für bestimmte Produktionszahlen ablesen. Erläutern Sie an einem Beispiel die betriebswirtschaftlichen Aussagen der Grenzkosten und geben Sie den Grund an, warum die Funktionswerte der Grenzkostenfunktion größer als null sind und durch eine Funktion 2. Grades beschrieben werden.

c) Bestimmen Sie die Grenzkostenfunktion und berechnen Sie den Schnittpunkt des Graphen der Grenzkosten mit dem Graphen der variablen Stückkostenfunktion. Rechnen Sie mit $K(x) = 0{,}7x^3 - 84x^2 + 3400x + 30\,000$.

d) Ein konkurrierendes Unternehmen bietet ein gleichwertiges Fahrrad für 900 € an. Der Unternehmensleiter meint: „Wir können das Fahrrad kurzfristig in einer Rabattaktion ebenfalls zu diesem Preis anbieten, wenn wir 60 Fahrräder produzieren und verkaufen können."
Beurteilen Sie die Aussage des Unternehmers mithilfe Ihrer Rechnung aus Teilaufgabe c und mit dem Begriff des Betriebsminimums.

e) Das Unternehmen verkauft das Fahrrad auf dem Markt für 1930 €. Die Rohstoffkosten und somit die Fixkosten steigen. Für die Kostenfunktion gilt
$K_d(x) = 0{,}7x^3 - 84x^2 + 3400x + d$ mit $d > 30\,000$.
Analysieren Sie mithilfe der Gewinnfunktion, wie hoch die Fixkosten langfristig maximal sein dürfen, sodass das Unternehmen betriebsoptimal arbeitet.

f) Das Unternehmen muss in einem Zeitraum die Produktion aufgrund von Wartungs- und Reparaturarbeiten komplett herunterfahren. Anschließend wird die Produktion von 0 langsam auf die maximale Produktion von 10 ME pro Stunde hochgefahren.
Der Vorgang des Hochfahrens wird durch folgende Funktion beschrieben:

$$v(t) = -\frac{5}{54}t^3 + \frac{5}{6}t^2$$

Dabei bezeichnet t die Zeit in Stunden und v(t) die momentane Produktionsgeschwindigkeit in ME je Stunde.
Zeichnen Sie die Funktion in ein geeignetes Koordinatensystem, berechnen Sie die Fläche, die der Graph in dem Intervall [0; 6] mit der Zeitachse einschließt, und deuten Sie das Ergebnis.

Tipps und Hinweise

Teilaufgabe a
- Die fixen Kosten sind an der Stelle abzulesen, bei der die Produktionsmenge null ist. Der Wendepunkt wird mithilfe der 2. Ableitung ermittelt.
- Bei einer degressiven Kostenentwicklung wird die Zunahme der Kosten bei Ausweitung der Produktionsmenge kleiner, d. h., die Steigung der Kostenfunktion wird geringer und der Graph der Kostenfunktion ist rechtsgekrümmt. Überlegen Sie, was das für die Funktionswerte von K'(x) und K''(x) bedeutet.
- Bei einer progressiven Kostenentwicklung wird die Zunahme der Kosten bei Ausweitung der Produktionsmenge größer, d. h., die Steigung der Kostenfunktion nimmt zu und der Graph der Kostenfunktion ist linksgekrümmt.
- Mit der langfristigen Preisuntergrenze sind bei betriebsoptimaler Absatzmenge die gesamten Kosten gedeckt.

Teilaufgabe b
- Die Grenzkosten sind ein Maß für die Zunahme der Kosten und beschreiben die Zunahme der Kosten bei Ausweitung der Produktionsmenge um 1 ME.
- Die Zunahme der Kosten drückt sich in Höhe der Steigung aus. Was bedeutet also eine große bzw. kleine Steigung der Kostenfunktion für die Zunahme der Kosten? Welche Funktion beschreibt das Steigungsverhalten der Kostenfunktion?

Teilaufgabe c
- Die variablen Stückkosten berechnen sich, indem man die variablen Kosten durch die Menge teilt. Der Schnittpunkt wird durch Gleichsetzen der beiden Funktionsgleichungen berechnet.

Teilaufgabe d

Das Betriebsminimum liegt beim Minimum der variablen Stückkostenfunktion. Die 1. Ableitung der Kostenfunktion schneidet die variable Stückkostenfunktion genau in deren Minimum.

Teilaufgabe e

Steigen die Fixkosten, so verschiebt sich der Graph der Gewinnfunktion um diesen Betrag nach unten. Um langfristig kostendeckend arbeiten zu können, muss das Maximum der Gewinnfunktion null sein.

Teilaufgabe f

Die Fläche wird mit dem Integral berechnet. Integrieren ist die Umkehrung des Differenzierens.

Lösung

a) Die fixen Kosten sind die Kosten für $x=0$ und geben den Schnittpunkt von K(x) mit der y-Achse an. Sie betragen hier 30 000 €.

Der Wendepunkt ist die Stelle, an der der Graph keine Krümmung hat. Die Krümmung wird mit der 2. Ableitung beschrieben. Keine Krümmung bedeutet: $K''(x)=0$. Das ist in der Tabelle für $x=40$ der Fall. Dass wirklich ein Wendepunkt vorliegt, sieht man an den Werten der Ableitung K'(x). Die Werte der 1. Ableitung nehmen vor $x=40$ ab, d. h., der Graph von K'(x) fällt. Nach $x=40$ nehmen die Funktionswerte zu, d. h., der Graph von K'(x) steigt. Also hat der Graph von K'(x) an der Stelle $x=40$ ein Minimum und eine Wendestelle liegt vor (Wendestellen sind Extremstellen der 1. Ableitung).

Vor der Wendestelle ist der Graph von K(x) rechtsgekrümmt, da die Funktionswerte von K''(x) kleiner als null sind ($K''(x)<0$ für $x \in [0; 40[$). Rechtskrümmung bedeutet, dass die Steigung von K(x) abnimmt (s. Funktionswerte von K'(x)) und daher ist die Kostenentwicklung dort degressiv.

Analog ist der Graph von K(x) nach $x=40$ linksgekrümmt, da die Funktionswerte von K''(x) größer als null sind ($K''(x)>0$ für $x \in [0; 40[$). Linkskrümmung bedeutet, dass die Steigung von K(x) zunimmt (s. Funktionswerte von K'(x)) und daher ist die Kostenentwicklung dort progressiv.

Der niedrigste Wert der Stückkosten liegt in der Tabelle bei 65 Stück und beträgt 1360 €/Stück. Dies muss das Minimum der Stückkostenfunktion sein, da die Grenzkosten bei 65 Stück ebenfalls 1360 €/Stück betragen (Grenzkosten schneiden Stückkosten in deren Minimum).

b) In der Praxis beschreiben die Grenzkosten die Zunahme (Veränderung) der Kosten bei Ausweitung der Produktionsmenge um 1 ME. Mathematisch entspricht die Zunahme der Steigung einer Funktion. Die Steigung einer Funktion wird mit der 1. Ableitung beschrieben. Für die Kostenfunktion werden die Grenzkosten also mit der 1. Ableitung beschrieben. Im Beispiel wäre das für 10 ME: K'(10) = 1930

Dies entspricht nicht den Grenzkosten in der Praxis: $K(11) - K(10) = 1867{,}7$. Daher ergeben sich Unterschiede zwischen den Ergebnissen in der Praxis und denen im mathematischen Modell, die aber akzeptiert werden.

K'(x) ist immer größer oder gleich null, da sich die Kosten erhöhen, sobald die Produktionsmenge vergrößert wird, d. h. mathematisch: Die Kostenfunktion steigt streng monoton. Die Steigung wird mit der 1. Ableitung beschrieben, die somit immer größer oder gleich null sein muss.

Da bei der Ableitung der Grad einer ganzrationalen Funktion immer um 1 verringert wird und die Kostenfunktion den Grad 3 hat, muss die Ableitungsfunktion den Grad 2 haben.

c) $K(x) = 0{,}7x^3 - 84x^2 + 3400x + 30\,000$
Grenzkostenfunktion:
$K'(x) = 2{,}1x^2 - 168x + 3400$
Variable Stückkostenfunktion:
$$\frac{K_{var}(x)}{x} = k_{var}(x) = 0{,}7x^2 - 84x + 3400$$

Berechnung des Schnittpunktes, indem die Funktionsgleichungen gleichgesetzt werden:

$$K'(x) = k_{var}(x)$$
$$\Leftrightarrow\quad 2{,}1x^2 - 168x + 3400 = 0{,}7x^2 - 84x + 3400 \quad |\, -0{,}7x^2 + 84x - 3400$$
$$\Leftrightarrow\quad 1{,}4x^2 - 84x = 0 \quad |\, :1{,}4$$
$$\Leftrightarrow\quad x^2 - 60x = 0$$
$$\Leftrightarrow\quad x = 0 \notin \mathbb{D}_{K'} \;\vee\; x = 60$$

Somit beträgt der x-Wert des Schnittpunktes x = 60. Einsetzen des x-Wertes in eine der Funktionsgleichungen K'(x) oder $k_{var}(x)$ ergibt $K'(60) = k_{var}(60) = 880$. Der Schnittpunkt von K'(x) mit $k_{var}(x)$ lautet S(60 | 880).

d) Das Betriebsminimum ist das Minimum der variablen Stückkostenfunktion. Der y-Wert des Betriebsminimums ist die kurzfristige Preisuntergrenze, da die variablen Kosten gedeckt sind. Der x-Wert des Betriebsoptimums gibt also die Menge an, bei der das Unternehmen mit den geringsten variablen Stückkosten produzieren kann. Eine kostengünstigere Produktion eines Fahrrads ist nicht möglich. Der Graph der Grenzkostenfunktion schneidet die Stückkostenfunktion genau im Betriebsminimum. Daher kann bei x = 60 (aus Teilaufgabe c) das Unternehmen mit $k_{var}(60) = 880$ kurzfristig kostengünstiger produzieren als das Konkurrenzunternehmen bei einem Angebot von 900 €. Der Unternehmensleiter hat also recht, allerdings nur bei einer Produktion und einem Absatz von 60 Fahrrädern.

e) Berechnung des Gewinnmaximums in Abhängigkeit von d:
$$G(x) = E(x) - K_d(x) = 1930x - (0{,}7x^3 - 84x^2 + 3400x + d)$$
$$= -0{,}7x^3 + 84x^2 - 1470x - d$$

$G'(x) = 0 \Leftrightarrow -2{,}1x^2 + 168x - 1470 = 0 \qquad |:(-2{,}1)$
$ \Leftrightarrow x^2 - 80x + 700 = 0$
$ \Leftrightarrow x_1 = 10 \wedge x_2 = 70$

Wegen $G''(70) < 0$ liegt unabhängig von d bei $x = 70$ das Gewinnmaximum. Es ist $G(70) = 68\,600 - d$. Ohne Gewinn und ohne Verlust zu machen, können die Fixkosten auf 68 600 € ansteigen, was langfristig für das Unternehmen möglich ist.

f) Berechnung der Fläche zwischen Graph und t-Achse in den Grenzen von 0 bis 6:
$$\int_0^6 -\frac{5}{54}t^3 + \frac{5}{6}t^2 \, dt = \left[-\frac{5}{4 \cdot 54}t^4 + \frac{5}{3 \cdot 6}t^3\right]_0^6 = \left[-\frac{5}{216}t^4 + \frac{5}{18}t^3\right]_0^6 = 30 - 0 = 30$$

Die Funktionswerte von v(t) geben die Produktionsmenge in ME pro Stunde wieder. Die Fläche beschreibt somit die Anzahl der Fahrräder, die beim Hochfahren der Produktion innerhalb der sechs Stunden insgesamt produziert werden, also 30 Fahrräder.

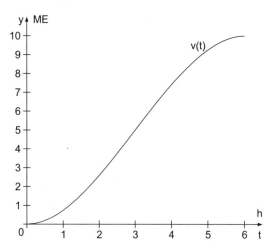

Berufliches Gymnasium NRW – Mathematik (Wirtschaft/Verwaltung)
Analysis: Übungsaufgabe 3

Elektrogitarren

Der Hersteller Elektrogitar bietet eine neuartige Elektrogitarre an. Er kann seine Kosten durch eine ganzrationale Funktion dritten Grades beschreiben. Er rechnet mit 30 000 € fixen Kosten. Bei einer Produktion von 30 Gitarren fallen 64 500 € Kosten an. Bei 40 ME betragen die Stückkosten 1650 €. An dieser Stelle liegt auch der Wendepunkt der Kostenfunktion. Die Kapazitätsgrenze liegt bei 80 Elektrogitarren in einer Produktionsphase.

a) Stellen Sie die Kostenfunktion auf und interpretieren Sie die ökonomische Bedeutung des Wendepunktes.
   [Kontrolle: $K(x) = 0,5x^3 - 60x^2 + 2500x + 30\,000$]

b) Bestimmen Sie die kurzfristige Preisuntergrenze.

c) Bestätigen Sie, dass die langfristige Preisuntergrenze ca. 1172 € beträgt und bei $x \approx 66,74$ liegt.

d) Erläutern Sie die ökonomische Bedeutung der kurzfristigen und langfristigen Preisuntergrenzen für den Hersteller und vergleichen Sie die Werte aus b und c.

Das Unternehmen erwägt zur Modellierung der Nachfrage die lineare Nachfragefunktion $p_1(x) = -36x + 3600$ und die exponentielle Nachfragefunktion $p_2(x) = p_0 \cdot e^{t \cdot x}$, $t < 0$.

e) Eine Untersuchung in einem überregionalen Markt ergab die folgenden Nachfragezahlen:

Menge (Stück)	20	60
Stückpreise (€)	2020	710

Bestimmen Sie aus den Angaben eine Nachfragefunktion der Form $p_2(x)$ und begründen Sie, warum diese Funktion eine marktgerechte Nachfrage beschreibt.

f) Zeichnen Sie die Nachfragefunktionen $p_1(x)$ und $p_2(x) = 3407,22 \cdot e^{-0,026 \cdot x}$ in ein geeignetes Koordinatensystem. Vergleichen Sie die Funktionen und erläutern Sie, welche Nachfragefunktion eher für Zeiten gilt, in denen die Wirtschaft eingetrübt ist.

Tipps und Hinweise

Teilaufgabe a
- Gehen Sie von der allgemeinen Kostenfunktion aus und setzen Sie die angegebenen Werte für x und $y = K(x)$ ein.
  Die Stückkostenfunktion lautet $\frac{K(x)}{x} = k(x) = ax^2 + bx + c + \frac{d}{x}$.
  Der Wendepunkt berechnet sich durch die Gleichung $K''(x) = 0$.
- Setzen Sie im Gleichungssystem die fixen Kosten für d ein.
- Für die ökonomische Bedeutung des Wendepunktes betrachten Sie die Grenzkosten, d. h. den Zuwachs der Kosten bei Ausweitung der Produktionsmenge um 1 ME.

Teilaufgabe b
- Es kann mit dem Schnittpunkt der Grenzkosten und der variablen Stückkostenfunktionen gerechnet oder aber die variable Stückkostenfunktion minimiert werden.

Teilaufgabe c
- Es reicht, $x = 66{,}74$ in die Grenzkosten und die variablen Stückkosten einzusetzen, da das Betriebsminimum der Schnittpunkt von Grenz- und Stückkostenfunktion ist.
- Alternativ kann man x auch in die Ableitung der (gesamten) Stückkostenfunktion einsetzen, die dort gerundet null sein muss.

Teilaufgabe d
- Ökonomisch bedeutsam ist in diesem Zusammenhang der Begriff der Kostendeckung. In der Praxis wären ganzzahlige Werte für x zu betrachten.
- Allgemein gilt, dass die betriebsminimale Ausbringungsmenge kleiner ist als die betriebsoptimale.

Teilaufgabe e
- Fassen Sie Menge und Preis in Euro als Punkt auf: $P_1(20 \,|\, 2020)$ und $P_2(60 \,|\, 710)$. Setzen Sie beide Punkte in die Funktionsgleichung für x und $p_2(x)$ ein. Lösen Sie eine Gleichung nach p_0 auf und nutzen Sie das Einsetzungsverfahren zur Bestimmung von t und dann von p_0.
- Marktgerechte Nachfrageentwicklung fordert, dass der Graph der Nachfragefunktion fällt.

Teilaufgabe f
- In wirtschaftlich eingetrübten Zeiten sinkt das Kaufinteresse für Musikinstrumente. Überlegen Sie, welche Folgen das für den zu erzielenden Preis hat.

Lösung

a) Kostenfunktion: $K(x) = ax^3 + bx^2 + cx + d$

Stückkostenfunktion: $k(x) = \dfrac{K(x)}{x} = ax^2 + bx + c + \dfrac{d}{x}$

2. Ableitung: $K''(x) = 6ax + 2b$

30 000 € fixe Kosten: $K(0) = a \cdot 0^3 + b \cdot 0^2 + c \cdot 0 + d = 30\,000$

Aus den restlichen Bedingungen ergibt sich:

$K(30) = a \cdot 30^3 + b \cdot 30^2 + c \cdot 30 + d = 64\,500$

$k(40) = a \cdot 40^2 + b \cdot 40 + c + \dfrac{d}{40} = 1650$

$K''(40) = 6a \cdot 40 + 2b = 0$

Multiplizieren und Einsetzen der fixen Kosten für d ergibt folgendes Gleichungssystem:

I $\quad 27\,000a + 900b + 30c + 30\,000 = 64\,500 \qquad |-30\,000$

II $\quad 1600a + 40b + c + \dfrac{30\,000}{40} = 1650 \qquad \left|-\dfrac{30\,000}{40}\right.$

III $\quad 240a + 2b = 0$

Eliminiere c, um ein Gleichungssystem mit den zwei Unbekannten a und b zu bekommen:

$\quad$ I $\quad 27\,000a + 900b + 30c = 34\,500 \qquad |:(-30) + \text{II}$

$\Leftrightarrow$ II $\quad 1600a + 40b + c = 900$

$\quad$ III $\quad 240a + 2b = 0$

$\Rightarrow$ I $\quad 700a + 10b = -250 \qquad |:(-5) + \text{II}$

$\quad$ II $\quad 240a + 2b = 0$

$\Rightarrow \quad 100a = 50 \qquad |:100$

$\Leftrightarrow \quad a = 0{,}5$

Einsetzen von $a = 0{,}5$ in $240a + 2b = 0$:

$\quad 240 \cdot 0{,}5 + 2b = 0 \qquad |-120$

$\Leftrightarrow \quad 2b = -120 \qquad |:2$

$\Leftrightarrow \quad b = -60$

Einsetzen von $a = 0{,}5$ und $b = -60$ in $1600a + 40b + c = 900$:

$\quad 1600 \cdot 0{,}5 + 40 \cdot (-60) + c = 900 \qquad |-800 + 2400$

$\Leftrightarrow \quad c = 2500$

Somit ergibt sich $K(x) = 0{,}5x^3 - 60x^2 + 2500x + 30\,000$.

Der Wendepunkt ist der Punkt, an dem sich das Verhalten der Grenzkosten verändert. Bis zum Wendepunkt nimmt der Zuwachs der Kosten bei Ausweitung der Produktionsmenge ab (degressiver Kostenanstieg), d. h., die Grenzkosten fallen. Ab dem Wendepunkt nimmt der Zuwachs der Kosten bei Ausweitung der Produktionsmenge zu (progressiver Kostenanstieg), d. h., die Grenzkosten steigen.

b) Zur Bestimmung der kurzfristigen Preisuntergrenze gibt es zwei Rechenverfahren:
   Verfahren A: Schnittpunktberechnung von Grenzkosten und variablen Stückkosten
   $K'(x) = 1{,}5x^2 - 120x + 2500$ (Grenzkosten)
   $k_{var}(x) = 0{,}5x^2 - 60x + 2500$ (variable Stückkosten)
   $1{,}5x^2 - 120x + 2500 = 0{,}5x^2 - 60x + 2500 \quad |-0{,}5x^2 + 60x - 2500$
   $\Leftrightarrow \quad x^2 - 60x = 0$
   $\Leftrightarrow \quad x \cdot (x - 60) = 0$
   $\Leftrightarrow \quad x = 0 \notin \mathbb{D}_{K'} \lor x = 60$

   Wegen $k_{var}(60) = 700$ liegt die kurzfristige Preisuntergrenze bei 700 €.

   Verfahren B: Minimierung der variablen Stückkosten
   $k_{var}(x) = 0{,}5x^2 - 60x + 2500; \quad k'_{var}(x) = x - 60; \quad k''_{var}(x) = 1$
   Notwendig für Minimum: $k'_{var}(x) = 0 \Leftrightarrow x = 60$
   Hinreichend für Minimum: $k'_{var}(x) = 0$ und $k''_{var}(60) = 1 > 0$
   Mit $k_{var}(60) = 700$ wird die kurzfristige Preisuntergrenze aus Verfahren A bestätigt.

c) Zur Bestätigung der langfristigen Preisuntergrenze müssen Grenzkosten und Gesamtstückkosten in 66,74 übereinstimmen:
   $K'(x) = 1{,}5x^2 - 120x + 2500$
   $k(x) = 0{,}5x^2 - 60x + 2500 + \dfrac{30\,000}{x}$
   Da $K'(66{,}74) = 1172{,}54$ und $k(66{,}74) = 1172{,}22$ praktisch gleich sind, kann die langfristige Preisuntergrenze von ca. 1172 € bestätigt werden.

   Es kann alternativ mit dem Minimum der Gesamtstückkostenfunktion argumentiert werden:
   $k(x) = 0{,}5x^2 - 60x + 2500 + \dfrac{30\,000}{x}$
   $k'(x) = x - 60 - \dfrac{30\,000}{x^2}$
   $k''(x) = 1 + \dfrac{60\,000}{x^3}$
   Mit $k'(66{,}74) \approx 0{,}0048 \approx 0$ und $k''(66{,}74) \approx 1{,}2 > 0$ ist hinreichend gezeigt, dass ein Minimum vorliegt.

   Für die hinreichende Bedingung kann mit dem Ertragsgesetz argumentiert werden, denn bei ertragsgesetzlichem Kostenverlauf gilt generell, dass die Stückkostenfunktionen (variable, gesamt) immer genau ein Minimum und kein Maximum besitzen. Der Nachweis könnte über die 2. Ableitungen der Stückkostenfunktionen $k''(x) = 2a + \dfrac{2d}{x^3} > 0$ bzw. $k''_{var}(x) = 2a > 0$ erfolgen (wegen $a > 0$, $d > 0$ bei ertragsgesetzlichem Verlauf).

d) Der Hersteller könnte seine Elektrogitarren kurzfristig für 700 € anbieten, würde dabei ca. 60 Stück verkaufen müssen, um die variablen Kosten zu decken. Der zu kalkulierende Verlust wäre mit den Fixkosten relativ fest und beispielsweise für Kreditgeber eine überschaubare Größe. Langfristig müsste der Hersteller sein Produkt für etwa 1172 € anbieten. Dabei ist ein Umsatz von 66 oder 67 Gitarren notwendig, um die gesamten Kosten gedeckt zu haben. Der Hersteller macht keinen Verlust. Um aber Gewinn zu machen, muss der Preis über 1172 € liegen – solange der Absatz nicht unter 67 Gitarren fällt.

Die kurzfristige Preisuntergrenze ist natürlich immer geringer als die langfristige Preisuntergrenze. Für die Ausbringungsmengen verhält es sich ebenso. Zur Deckung der variablen Kosten muss eine geringere Stückzahl abgesetzt werden als zur Deckung der gesamten Kosten.

e) Einsetzen der gegebenen Punkte in die Funktionsgleichung:
I $2020 = p_0 \cdot e^{t \cdot 20}$
II $710 = p_0 \cdot e^{t \cdot 60}$

Auflösen einer Gleichung, z. B. II, nach p_0:

$710 = p_0 \cdot e^{t \cdot 60} \Leftrightarrow p_0 = \dfrac{710}{e^{t \cdot 60}}$

p_0 in I einsetzen:

$2020 = \dfrac{710}{e^{t \cdot 60}} \cdot e^{t \cdot 20}$ $|: 710$ und Potenzregel

$\Leftrightarrow \dfrac{2020}{710} = e^{t \cdot 20 - t \cdot 60} = e^{t \cdot (-40)}$ $|$ Logarithmieren auf beiden Seiten

$\Leftrightarrow \ln\left(\dfrac{2020}{710}\right) = \ln(e^{t \cdot (-40)})$

$\Leftrightarrow 1{,}04559 \approx t \cdot (-40)$ $|: (-40)$

$\Leftrightarrow -0{,}02614 \approx t$

$t \approx -0{,}02614$ in I oder II einsetzen und nach p_0 auflösen:

$2020 \approx p_0 \cdot e^{-0{,}02614 \cdot 20}$

$\Leftrightarrow 2020 \approx p_0 \cdot e^{-0{,}5228}$ $|: e^{-0{,}5228}$

$\Leftrightarrow 3407{,}22 \approx p_0$

Die Nachfragefunktion lautet: $p_2(x) = 3407{,}22 \cdot e^{-0{,}02614 \cdot x}$

Für eine marktgerechte Nachfrageentwicklung muss $p_2(x)$ ab $x = 0$ fallen, da bei Erhöhung des Angebots der Preis fällt. Dies ist der Fall, da $e^{-0{,}02614 \cdot x}$ für zunehmende x-Werte immer kleiner wird.

Anderer Nachweis durch Ableitung:

$p_2'(x) = 3407{,}22 \cdot (-0{,}02461) \cdot e^{-0{,}02614 \cdot x}$
  $= -83{,}85 \cdot e^{-0{,}02614 \cdot x} < 0$, da $e^{-0{,}02614 \cdot x} > 0$ für alle x

Daher fällt $p_2(x)$ streng monoton.

f) $p_2(x)$ fällt zu Anfang schneller, dann langsamer als $p_1(x)$, d. h., bei zunehmendem Angebot fällt der Preis zu Anfang bei $p_2(x)$ schneller als bei $p_1(x)$. $p_1(x)$ fällt gleichmäßig und schneidet bei $x = 100$ die x-Achse (Sättigungsmenge), was aber außerhalb des mathematischen Modells liegt, da die Kapazitätsgrenze bei $x = 80$ liegt. $p_2(x)$ schneidet die x-Achse nicht und die Abnahme flacht ab.

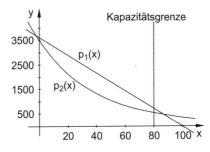

In wirtschaftlich eingetrübten Zeiten würde das Kaufinteresse für Elektrogitarren zurückgehen. Der am Markt zu erzielende Preis wäre demnach geringer. Das trifft für $p_2(x)$ zu, da der Graph unterhalb von $p_1(x)$ verläuft und somit für alle Mengen bis zur Kapazitätsgrenze einen geringeren Preis ermittelt. Zudem fällt der Graph von $p_2(x)$ zu Anfang schneller. Der Schnittpunkt der Funktionen und die Sättigungsmenge brauchen nicht berücksichtigt zu werden, da sie außerhalb der Kapazitätsgrenze liegen.

Berufliches Gymnasium NRW – Mathematik (Wirtschaft/Verwaltung)
Analysis: Übungsaufgabe 4

Navigationssysteme

Das Unternehmen GPM vertreibt mobile Navigationssysteme für die Autoindustrie. Für das neue Modell *NavTag II*, das sich nur in wenigen Details von seinem Vorgänger *NavTag I* unterscheidet, wird mit einer ähnlichen Absatzentwicklung kalkuliert. Für *NavTag I* wurden folgende Absatzzahlen ermittelt:

Zeit in Monaten	Absatzmenge in Tsd.
0	50
5	92,98
10	74,63
15	60,58

Die Absatzmenge zum Zeitpunkt 0 ergibt sich aus langfristigen Verträgen, die während der Entwicklungsphase geschlossen wurden.

a) Der Absatzverlauf von *NavTag II* soll mit einer Exponentialfunktion modelliert werden:
$$f_{a;b}(x) = a \cdot x \cdot e^{-b \cdot x} + c \text{ mit } a, b, c \in \mathbb{R}^+$$
Bestimmen Sie Werte für a, c (Genauigkeit: eine Nachkommastelle) und b (Genauigkeit: zwei Nachkommastellen), sodass die obigen Absatzzahlen durch $f_{a;b}(x)$ beschrieben werden.
[Kontrolle: $a = 30$, $b = \frac{1}{4}$, $c = 50$]

b) Die maximale Absatzmenge wird nach ca. 5 Monaten vermutet (vgl. Tabelle). Berechnen Sie den genauen Maximalwert mit der Funktion $f(x) = f_{30;\,0,25}(x)$ und zeigen Sie, dass im 8. Monat der Absatz am stärksten zurückgeht.
Es darf $f''(x) = \left(\frac{15}{8}x - 15\right) \cdot e^{-\frac{1}{4}x}$ verwendet werden.

c) GPM ist sich darüber im Klaren, dass über die gemachten Verträge nur eine kurzzeitige Absatzsteigerung möglich ist, da das Unternehmen den Privatkundenmarkt nicht gezielt bedient. Ermitteln Sie die Absatzmenge, auf die sich das Navigationssystem langfristig einpendeln wird, und skizzieren Sie den Graphen.

d) Obwohl die Absatzzahlen schwanken, hält das Unternehmen an einem Preis (in €) für das *NavTag II* fest, der sich aus den vom Controlling ermittelten Angebots- und Nachfragefunktionen ergibt:
$$p_1(x) = (-2,7x + 242) \cdot e^{0,01x}, \quad p_2(x) = (0,5x + 50) \cdot e^{0,01x}$$
Begründen Sie aus dem Sachverhalt, welche Funktion die Angebots- und welche die Nachfragefunktion ist, und bestimmen Sie dann das Marktgleichgewicht.

e) Die Betriebsleitung der GPM entschließt sich, den Gewinneinbußen durch den Absatzrückgang entgegenzuwirken. Hierfür benötigt die Geschäftsführung Informationen über die potenziellen Reserven der Käufer. Berechnen Sie deshalb die Konsumentenrente.

f) Aufgrund der im Vergleich zu ähnlichen Produkten relativ hohen Konsumentenrente versucht GPM einen neuen Markt zu erschließen. Hierfür wird *NavTag II* ohne größeren technischen Aufwand als fest eingebautes Gerät in Neuwagen angeboten. Der Preis wird hierfür auf 220 € festgelegt – das Produkt hat sich dabei jedoch nicht verändert. Beurteilen Sie die Maßnahme unter Hinzuziehung der neuen Konsumentenrente und verdeutlichen Sie die Situation in einer Zeichnung.

g) Weisen Sie mit einem Computer-Algebra-System nach, dass die Konsumentenrente bei einem Preis von 208,45 € optimal abgeschöpft wird.

Tipps und Hinweise

Teilaufgabe a

✓ Die Bedingung $f_{a;b}(0) = 50$ ergibt sofort eine Variable. Es reichen zwei weitere Bedingungen für die Bestimmung der Variablen (z. B. $f_{a;b}(5) = 92,98$ und $f_{a;b}(10) = 74,63$).

✓ Die Lösung von Exponentialgleichungen gelingt in der Regel mit der dazugehörigen Umkehrfunktion, hier dem natürlichen Logarithmus $\ln(x)$.

Teilaufgabe b

✓ Das Maximum soll mittels Ableitungen bestimmt werden. Die Ableitung der Exponentialfunktion muss mithilfe der inneren Ableitung erfolgen. Die Produktregel fließt mit ein.

✓ Dem stärksten Absatzrückgang entspricht im Modell der Wendepunkt.

Teilaufgabe c

✓ Das langfristige Verhalten entspricht einer Grenzwertbetrachtung. Man merke sich, dass bei Produkten aus Exponentialfunktion und ganzrationaler Funktion die Exponentialfunktion sich „durchsetzt" (Regeln von de l'Hospital).

✓ Eine Skizze kann frei Hand erstellt werden, muss aber wesentliche Bezeichnungen enthalten und die bis dahin erhaltenen Funktionseigenschaften berücksichtigen.

Teilaufgabe d

- Achtung: Bei Angebots- und Nachfragefunktionen gibt es die Schwierigkeit, dass sie nicht entsprechend der Abbildungsvorschrift $x \mapsto (-2,7x + 242) \cdot e^{0,01x}$ gelesen werden, sondern vom Preis des Produkts her: Mit steigendem Preis steigt auch das Angebot (und nicht: mit größerem x (Menge) steigt y (Preis)).
Deshalb betrachtet man die Monotonie der Funktionen p_1 und p_2 zur Entscheidung, ob Angebot oder Nachfrage beschrieben wird.
Hierfür gehen die grundlegenden Marktregeln wie „je geringer der Preis, desto höher die Nachfrage" und „je teurer das Produkt verkauft werden kann, desto mehr Anbieter bringen das Produkt auf den Markt" ein.
- Für das Marktgleichgewicht werden Angebots- und Nachfragefunktion gleichgesetzt.

Teilaufgabe e

- Die Konsumentenrente entspricht der Gesamtheit des Geldes, das die Käufer bereit wären, für das Produkt bei höherem Preis als dem Marktgleichgewichtspreis zu bezahlen. Also entspricht sie im Modell der Fläche unterhalb der Nachfragekurve bis zur Preisgeraden.
- Die Fläche wird mittels Integralrechnung bestimmt. Es wird das Verfahren der partiellen Integration benötigt.

Teilaufgabe f

- Man mache sich in einer Skizze klar, dass die Fläche, um die sich die Konsumentenrente durch die Erschließung des neuen Marktes verringert, ein Rechteck ist, dessen Fläche man somit subtrahiert. Diese erhält man, wenn die zu 220 € gehörige Produktionsmenge berechnet wurde. Lösen Sie also $220 = p_1(x)$ mit dem Newtonverfahren.

Teilaufgabe g

- Das Rechteck aus Teilaufgabe f soll möglichst groß sein. Es handelt sich also um eine Extremwertaufgabe mit Nebenbedingung.

Lösung

a) Es ist $c = 50$ wegen $f_{a;b}(0) = a \cdot 0 \cdot e^{-b \cdot 0} + c = c = 50$.

Aus den drei Bedingungen
$f_{a;b}(5) = 92{,}98$, $f_{a;b}(10) = 74{,}63$, $f_{a;b}(15) = 60{,}58$
können jeweils zwei ausgewählt werden, um a und b zu bestimmen. Egal mit welchen zwei Bedingungen gerechnet wird, es ergeben sich immer die gleichen Werte für a und b:

I $\quad a \cdot 5 \cdot e^{-b \cdot 5} + 50 = 92{,}98$
II $\quad a \cdot 10 \cdot e^{-b \cdot 10} + 50 = 74{,}63$

$\Leftrightarrow$ I $\quad 5a \cdot e^{-5b} = 42{,}98 \quad \Leftrightarrow \quad a = \dfrac{42{,}98}{5} \cdot e^{5b}$
 II $\quad 10a \cdot e^{-10b} = 24{,}63$

I in II einsetzen:

$10 \cdot \dfrac{42{,}98}{5} \cdot e^{5b} \cdot e^{-10b} = 24{,}63 \quad \Leftrightarrow \quad 85{,}96 \cdot e^{-5b} = 24{,}63 \quad |:24{,}63 \quad |\cdot e^{5b}$

$\phantom{10 \cdot \dfrac{42{,}98}{5}} \Leftrightarrow \quad 3{,}49 \approx e^{5b} \quad |\ln \quad |:5$

$\phantom{10 \cdot \dfrac{42{,}98}{5}} \Leftrightarrow \quad 0{,}25 \approx b$

In I einsetzen:

$a \approx \dfrac{42{,}98}{5} \cdot e^{5 \cdot 0{,}25} \approx 30{,}0$

Also ist $f(x) = 30 \cdot x \cdot e^{-0{,}25 \cdot x} + 50$ die gesuchte Funktion.

b) Die maximale Absatzmenge ergibt sich aus dem Maximum der Funktion.
Notwendige Bedingung: $f'(x) = 0$
Mit der Produktregel $(u(x) \cdot v(x))' = u'(x) \cdot v(x) + u(x) \cdot v'(x)$ und der Kettenregel für die Exponentialfunktion $\left(e^{-\frac{1}{4}x}\right)' = -\dfrac{1}{4} e^{-\frac{1}{4}x}$ ergibt sich:

$f'(x) = \left(30 \cdot x \cdot e^{-\frac{1}{4}x} + 50\right)' = 30 \cdot e^{-\frac{1}{4}x} + 30 \cdot x \cdot e^{-\frac{1}{4}x} \cdot \left(-\dfrac{1}{4}\right)$

$ = \left(30 - \dfrac{15 \cdot x}{2}\right) \cdot e^{-\frac{1}{4}x} = 0$

Weil die Exponentialfunktion immer größer als null ist, folgt:

$30 - \dfrac{15 \cdot x}{2} = 0 \quad |-30 \quad |\cdot\left(-\dfrac{2}{15}\right)$

$\Leftrightarrow \quad x = 4$

Dazu hinreichend für ein Maximum: $f''(x) < 0$

$$f''(x) = \left(\frac{15}{8}x - 15\right) \cdot e^{-\frac{1}{4}x}$$

$$f''(4) = \left(\frac{15}{8} \cdot 4 - 15\right) \cdot e^{-\frac{1}{4} \cdot 4} = -\frac{15}{2} \cdot e^{-1} < 0$$

Also ist die Absatzmenge im 4. Monat am höchsten. Sie beträgt dann in etwa 94 000 Navigationsgeräte.

Der stärkste Rückgang des Absatzes entspricht dem Wendepunkt im mathematischen Modell.
Notwendige Bedingung: $f''(x) = 0$

$$f''(x) = \left(\frac{15}{8}x - 15\right) \cdot e^{-\frac{1}{4}x} = 0$$

Weil die Exponentialfunktion immer größer als null ist, folgt:

$$\frac{15}{8} \cdot x - 15 = 0 \quad |+15 \quad |\cdot \frac{8}{15}$$
$$\Leftrightarrow \quad x = 8$$

Dazu hinreichend: $f'''(x) \neq 0$
Mit Produkt- und Kettenregel ergibt sich:

$$f'''(x) = \left(\left(\frac{15}{8}x - 15\right) \cdot e^{-\frac{1}{4}x}\right)' = \frac{15}{8} \cdot e^{-\frac{1}{4}x} + \left(\frac{15}{8}x - 15\right) \cdot e^{-\frac{1}{4}x} \cdot \left(-\frac{1}{4}\right)$$

$$f'''(8) = \frac{15}{8} \cdot e^{-\frac{1}{4} \cdot 8} + \left(\frac{15}{8} \cdot 8 - 15\right) \cdot e^{-\frac{1}{4} \cdot 8} \cdot \left(-\frac{1}{4}\right) = \frac{15}{8} \cdot e^{-2} + 0 \approx 0,254 \neq 0$$

Alternativ hinreichend: $f''(7) < 0$ und $f''(9) > 0$ (Vorzeichenwechselkriterium)
Im achten Monat ist der Absatzrückgang am stärksten.

c) Es ist eine Grenzwertbetrachtung zu tätigen:

$$\lim_{x \to \infty} f(x) = \lim_{x \to \infty} (30 \cdot x \cdot e^{-0,25 \cdot x} + 50)$$

$$= 30 \cdot \lim_{x \to \infty} \left(\frac{x}{e^{0,25x}}\right) + \lim_{x \to \infty} 50$$

$$= 30 \cdot 0 + 50$$

$$= 50$$

Demnach würde sich die Absatzmenge des Navigationssystems langfristig auf 50 000 Stück einpendeln. Jedoch ist zu bedenken, dass ein solches Produkt durch technische Neuerungen und Innovationen ähnlich einem Trendartikel langfristig keine stabilen Absatzzahlen haben kann.

Skizze:

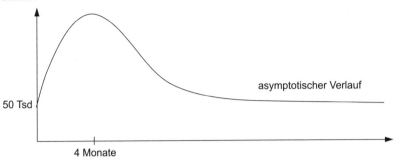

d) Je höher der Preis ist, desto geringer ist die Nachfragemenge. Will man also viele Navigationssysteme absetzen, so muss der Preis gesenkt werden. Somit fällt die zugehörige Preisabsatzfunktion monoton. Es wird die Monotonie von $p_1(x)$ mittels Ableitung (Summenregel, Produktregel) untersucht:

$p_1(x) = (-2,7x + 242) \cdot e^{0,01x} = u(x) \cdot v(x)$ mit $u'(x) = -2,7$, $v'(x) = 0,01e^{0,01x}$

$p_1'(x) = (u(x) \cdot v(x))' = u'(x) \cdot v(x) + u(x) \cdot v'(x)$
$= -2,7 \cdot e^{0,01x} + (-2,7x + 242) \cdot 0,01e^{0,01x}$
$= e^{0,01x}(-0,027x - 0,28) < 0$ für alle $x > 0$,

da für positive x der Linearfaktor negativ ist ($e^{0,01x}$ ist positiv). Somit ist $p_1(x)$ die Nachfragefunktion.

Umgekehrt würde ein erzielbarer höherer Preis dazu führen, dass mehr Produkte angeboten werden. Die Angebotsfunktion steigt somit. Nach dem Ausschlussprinzip muss $p_2(x)$ die Angebotsfunktion sein, was wie oben auch mit der ersten Ableitung gezeigt werden kann.

Alternativ können die Funktionswerte $p_1(0) = 242$ und $p_2(0) = 50$ allein den Höchstpreis der Nachfrage und den Mindestpreis der Anbieter darstellen, womit die Funktionen ebenfalls zugeordnet wären.

Marktgleichgewicht:
$$p_1(x) = (-2,7x + 242) \cdot e^{0,01x} = (0,5x + 50) \cdot e^{0,01x} = p_2(x) \quad |: e^{0,01x}$$
$\Leftrightarrow \qquad -2,7x + 242 = 0,5x + 50$
$\Leftrightarrow \qquad 192 = 3,2x$
$\Leftrightarrow \qquad x = 60$

$p_1(60) = (-2,7 \cdot 60 + 242) \cdot e^{0,01 \cdot 60} \approx 145,77$

Das Marktgleichgewicht liegt bei 60 000 Navigationssystemen zum Stückpreis von 145,77 €.

e) Die Konsumentenrente wird mittels Integralrechnung bestimmt. Im Modell entspricht sie der Maßzahl der Fläche zwischen dem Graphen der Nachfragefunktion und der Marktgleichgewichtslinie.

Es muss das Verfahren der partiellen Integration angewendet werden:
$$\int_a^b f'(x)\cdot g(x)\,dx = [f(x)\cdot g(x)]_a^b - \int_a^b f(x)\cdot g'(x)\,dx$$

Man wählt: $\quad f'(x) = e^{0{,}01\cdot x} \qquad g(x) = -2{,}7x + 242$

Also: $\qquad f(x) = \dfrac{1}{0{,}01}e^{0{,}01\cdot x} \qquad g'(x) = -2{,}7$

Unter dem zweiten Integral steht mit

$f(x)\cdot g'(x) = \dfrac{1}{0{,}01}\cdot e^{0{,}01\cdot x}\cdot(-2{,}7) = -270\cdot e^{0{,}01\cdot x}$

eine Funktion mit bekannter Stammfunktion. Da die Konsumentenrente durch die Fläche zwischen der Marktgleichgewichtslinie und dem Graphen von $p_1(x)$ bestimmt wird, muss die Rechteckfläche $60\cdot 145{,}77$ von dem Integral abgezogen werden:

$$KR \approx \int_0^{60}(-2{,}7x + 242)\cdot e^{0{,}01x}\,dx - 60\cdot 145{,}77$$

$$= \left[(-2{,}7x + 242)\cdot \frac{e^{0{,}01x}}{0{,}01}\right]_0^{60} - \int_0^{60}(-270 e^{0{,}01x})\,dx - 8746{,}2$$

$$= 8000 e^{0{,}6} - 24200 - \left[-27000 e^{0{,}01x}\right]_0^{60} - 8746{,}2$$

$$= 8000 e^{0{,}6} - 24200 + 27000\cdot e^{0{,}6} - 27000 - 8746{,}2$$

$$\approx 12574{,}16 - 8746{,}2 = 3827{,}96$$

Somit beträgt die Konsumentenrente ca. 3827,96 €.

f) Der neue Preis für das *NavTag II* ist mit 220 € nahe an der Obergrenze von 242 €. Es ist eine deutliche Verringerung der Konsumentenrente zu erwarten. Zunächst muss jedoch die Ausbringungsmenge bei dem Preis von 220 € bestimmt werden. Es ist die Gleichung

$220 = (-2{,}7x + 242)\cdot e^{0{,}01x} \;\Leftrightarrow\; (-2{,}7x + 242)\cdot e^{0{,}01x} - 220 = 0$

mit dem Newtonverfahren zu lösen. Als Anfangswert wird $x_n = 30$ geschätzt:

x_n	$f(x_n)$	$f'(x_n)$	$x_n - \dfrac{f(x_n)}{f'(x_n)}$
30	−2,67	−1,47	28,18
28,18	−0,084	−1,379	28,12

Der neue Preis wird bei ca. 28,12 ME erzielt. Von der alten Konsumentenrente wird somit $28{,}12\cdot(220 - 145{,}77) = 2087{,}35$ abgeschöpft. Die neue Konsumentenrente beträgt $3827{,}96 - 2087{,}35 = 1740{,}61$ [€].

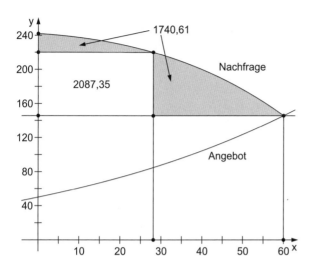

g) Das Rechteck aus der obigen Zeichnung kann vergrößert werden, wenn der Preis verändert wird.
Der Flächeninhalt des Rechtecks lässt sich mit
$A(x) = x \cdot p_1(x) - 145{,}77 \cdot x$
berechnen, wobei $x \cdot p_1(x)$ das gesamte Rechteck umfasst, von dem das Rechteck unter dem Gleichgewichtspreis, $145{,}77 \cdot x$, abgezogen wird.
Einsetzen der Funktionsgleichung von $p_1(x)$ und Ausklammern von x ergibt die Funktionsgleichung:

$A(x) = x \cdot \left((-2{,}7x + 242) \cdot e^{0{,}01x} - 145{,}77\right)$

Ein CAS ergibt:
$A'(x) = 0 \iff x \approx -76{,}20 \lor x \approx 35{,}49$

Da $A''(35{,}49) < 0$, liegt bei 35,49 ME das Maximum. Also wird bei einem Stückpreis von $p_1(35{,}49) \approx 208{,}45$ [€] die Konsumentenrente größtmöglich abgeschöpft, wobei maximal ca. 35 490 Navigationsgeräte abgesetzt werden. Die abgeschöpfte Konsumentenrente beträgt:
$35{,}49 \cdot (208{,}45 - 145{,}77) = 2224{,}51\,[€]$

Berufliches Gymnasium NRW – Mathematik (Wirtschaft/Verwaltung)
Analysis: Übungsaufgabe 5

Zaunelemente

Zur Analyse der Kosten für die Produktion von Eisenzäunen stellt das Controlling des Unternehmens FerroLine folgende Kostenfunktion (x in ME) auf:
$K(x) = 2x^3 - 37x^2 + 277x + 438$
Eine Mengeneinheit entspricht 100 Stück. Der Einzelpreis beträgt 2 GE. Die Kapazitätsgrenze liegt bei 2000 Stück.

a) Begründen Sie, warum es sich um eine ertragsgesetzliche Kostenfunktion handelt.

b) Bestimmen Sie das Betriebsminimum und den Wendepunkt der Kostenfunktion.

c) Vergleichen Sie mithilfe des Graphen der Grenzkostenfunktion die Wendestelle, die betriebsminimale Ausbringungsmenge und die betriebsoptimale Ausbringungsmenge.

d) Veranschaulichen Sie in einer neuen Zeichnung, mithilfe von Tangenten, die kurzfristige und die langfristige Preisuntergrenze.

e) Zeigen Sie, dass bei einem Preis von 2 GE pro Zaunelement die Gewinnschwelle bei 600 Zaunelementen liegt, und bestimmen Sie die Gewinngrenze.

f) Berechnen Sie den maximalen Gewinn des Unternehmens und erklären Sie, warum das nebenstehende Bild grafisch die gewinnmaximale Ausbringungsmenge x_{Gmax} bestimmt.

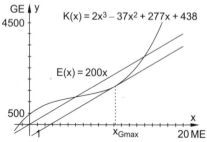

g) Das Unternehmen FerroLine stellt auch Vorprodukte für Blechkisten her, die aus einem Stück Blech hergestellt werden. Das Blech ist 40 cm breit und 60 cm lang. Der Deckel für die Kiste soll ebenfalls aus dem Blech geschnitten werden. Die nebenstehende Zeichnung zeigt, wie das Blech geschnitten wird, die grau getönten Flächen werden dabei ausgeschnitten. Bestimmen Sie die Maße und das Volumen der Blechkiste, wenn die Kiste so ausgeschnitten werden soll, dass das Volumen möglichst groß wird.

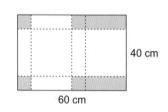

Tipps und Hinweise

Teilaufgabe a
- Eine Kostenfunktion ist nach dem Ertragsgesetz nur dann ökonomisch sinnvoll, wenn sie streng monoton steigend ist (dann hat sie auch kein Extremum) und wenn sie einen Wendepunkt auf $D_{ök}$ besitzt.

Teilaufgabe b
- Das Betriebsminimum ist die Ausbringungsmenge, bei der die variablen Kosten gedeckt werden. Es ist das Minimum der variablen Stückkostenfunktion zu bestimmen. Die y-Koordinate zum Betriebsminimum gibt die kurzfristige Preisuntergrenze an.
- Extremwerte werden mit erster und zweiter Ableitung bestimmt, Wendepunkte mit zweiter und dritter.

Teilaufgabe c
- Die Schnittpunkte vom Graphen der Grenzkostenfunktion mit den gesamten und den variablen Stückkostenfunktionen sind zu vergleichen. Die Wendestelle liest man am Minimum des Grenzkostengraphen ab.

Teilaufgabe d
- Dreht man eine Ursprungsgerade tangential an den Graphen der Kostenfunktion, so ist die x-Koordinate des Tangentenpunkts die betriebsoptimale Ausbringungsmenge und die Steigung der Tangente die langfristige Preisuntergrenze.
- Dreht man eine durch die Fixkosten (y-Achsenabschnitt der Kostenfunktion K) verlaufende Gerade tangential an den Graphen der Kostenfunktion, so ist die x-Koordinate des Tangentenpunktes die betriebsoptimale Ausbringungsmenge und die Steigung der Tangente die kurzfristige Preisuntergrenze.

Teilaufgabe e
- Bei der Erlösfunktion werden Mengeneinheiten auf Geldeinheiten abgebildet.
  1 ME = 100 Stück $\hat{=}$ 100 · 2 GE = 200 GE
- Die Gewinne ergeben sich als Subtraktion der Kosten von den Erlösen. Im Gewinnmaximum ist der Grenzgewinn gleich null.

Teilaufgabe f
- Das Gewinnmaximum bestimmt man mit erster und zweiter Ableitung. Der größte senkrechte Abstand zwischen Kosten- und Erlösfunktion entspricht dem maximalen Gewinn. Dort sind Grenzerlös und Grenzkosten gleich.

Teilaufgabe g
- Stellen Sie zuerst die Formel zur Berechnung des Volumens auf. Vergeben Sie dann die Variablen. Versuchen Sie mithilfe der Länge und der Breite des Blechs zwei Variablen zu ersetzen.

Lösung

a) Die Kostenfunktion muss streng monoton steigend sein. Zunächst wird ausgeschlossen, dass $K(x)$ einen Extremwert besitzt:

$$K'(x) = 6x^2 - 74x + 277 = 0$$

$$\Leftrightarrow \quad x^2 - \frac{74}{6}x + \frac{277}{6} = 0$$

$$\Leftrightarrow \quad x_{1,2} = \frac{37}{6} \pm \sqrt{\left(\frac{37}{6}\right)^2 - \frac{277}{6}} = \frac{37}{6} \pm \sqrt{-\frac{293}{36}} \notin \mathbb{R}$$

Die Diskriminante unter der Wurzel ist kleiner null, sodass es keine Lösung, also keinen Extremwert, gibt.
Aufgrund des Globalverlaufs einer ganzrationalen Funktion dritten Grades mit positivem Vorzeichen ist die Kostenfunktion daher streng monoton steigend.

Eine Kostenfunktion muss, um ökonomisch sinnvoll zu sein, eine Wendestelle besitzen (Ertragsgesetz). Dafür ist $K''(x_W) = 0$ und $K'''(x_W) \neq 0$ notwendig und hinreichend:

$$K''(x_W) = 12x_W - 74 = 0 \quad \Leftrightarrow \quad x_W = \frac{37}{6}; \quad \text{dazu: } K'''\left(\frac{37}{6}\right) = 12 \neq 0$$

Wegen $K'''(x_W) = 12 > 0$ liegt im Wendepunkt eine Rechts-links-Krümmung vor. Somit ist die Kostenfunktion bis zum Wendepunkt degressiv und danach progressiv.

b) Für das **Betriebsminimum** wird das Minimum der variablen Stückkosten benötigt.
Notwendig:

$$k'_{var}(x) = \left(\frac{K_{var}(x)}{x}\right)' = (2x^2 - 37x + 277)' = 4x - 37 = 0 \quad \Leftrightarrow \quad x_{BM} = \frac{37}{4} = 9{,}25$$

Zudem hinreichend: $k''_{var}(x_{BM}) = 4 > 0$
y-Koordinate:

$$y_{BM} = k_{var}(x_{BM}) = 2x_{BM}^2 - 37x_{BM} + 277 = 2 \cdot \left(\frac{37}{4}\right)^2 - 37 \cdot \frac{37}{4} + 277 = 105{,}875$$

Also liegt das Betriebsminimum bei BM(9,25 | 105,875).
Für den **Wendepunkt** wurde die x-Koordinate bereits in Teilaufgabe a bestimmt:

$$x_W = \frac{37}{6} \approx 6{,}17$$

y-Koordinate:

$$y_W = K(x_W) = 2 \cdot \left(\frac{37}{6}\right)^3 - 37 \cdot \left(\frac{37}{6}\right)^2 + 277 \cdot \frac{37}{6} + 438 \approx 1208{,}15$$

Also hat der Wendepunkt die Koordinaten WP(6,17 | 1208,15).

c) Die betriebsminimale Ausbringungsmenge beträgt $x_{BM} = 9{,}25$ ME.
Der Graph der Grenzkostenfunktion und der jeweiligen Stückkostenfunktionen werden in ein geeignetes Koordinatensystem eingezeichnet:

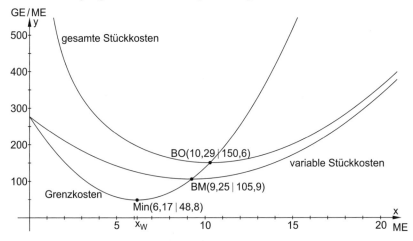

Der Zeichnung ist zu entnehmen, dass die Wendestelle vor der betriebsminimalen Ausbringungsmenge und diese wiederum vor der betriebsoptimalen Ausbringungsmenge liegt.

d) Betriebsoptimum: Drehung einer Ursprungsgerade tangential an den Graphen der Kostenfunktion
Betriebsminimum: Drehung einer durch den y-Achsenabschnitt der Kostenfunktion verlaufenden Gerade tangential an die Kostenfunktion

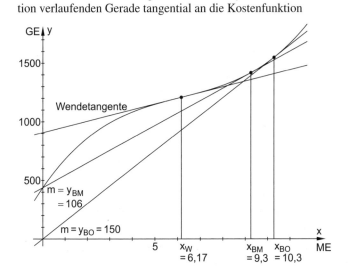

Der Zeichnung ist ein Betriebsoptimum von ca. 10,3 ME zu entnehmen. Der Preis müsste auf etwa 150 GE pro Mengeneinheit langfristig festgesetzt werden. Die Steigung der Tangente erhält man mithilfe eines Steigungsdreiecks, z. B. mit $P_1(0|0)$ und $P_2(4|600)$, also $m = \dfrac{y_2 - y_1}{x_2 - x_1} = \dfrac{600 - 0}{4 - 0} = 150$.

Für den rechnerischen Nachweis benötigt man das Newtonverfahren. Es würde sich BO(10,285 | 150,604) ergeben.

Die Steigung der Tangente durch den Nullpunkt beträgt ca. 150. Für die langfristige Preisuntergrenze muss 150 GE festgelegt werden und 10,3 ME müssen abgesetzt werden.

Die Steigung der Tangente durch die Fixkosten beträgt ca. 106. Für die kurzfristige Preisuntergrenze muss 106 GE festgelegt werden und ca. 9,3 ME müssen verkauft werden.

Die Ergebnisse aus Teilaufgabe c werden bestätigt.

Die Reihenfolge $x_W < x_{BM} < x_{BO}$ gilt für jede ertragsgesetzliche Kostenfunktion, natürlich auch $y_{BM} < y_{BO}$.

e) Da der Einzelpreis 2 GE beträgt, muss für 100 Stück 200 GE bezahlt werden. Eine Mengeneinheit entspricht 100 Stück, sodass jede Mengeneinheit 200 GE kostet. Also gilt mit x in Mengeneinheiten für die Erlösfunktion $E(x) = 200 \cdot x$.
Die Gewinnschwelle soll bei 600 Stück, also 6 ME liegen. Hier hat die Gewinnfunktion eine Nullstelle und positive Steigung. Bei der Gewinngrenze fällt die Gewinnfunktion.
$G(x) = E(x) - K(x)$
$= 200x - (2x^3 - 37x^2 + 277x + 438) = -2x^3 + 37x^2 - 77x - 438$
Einsetzen von x = 6 ergibt:
$G(6) = -2 \cdot 6^3 + 37 \cdot 6^2 - 77 \cdot 6 - 438 = 438 - 438 = 0$
Da $G'(6) = -6 \cdot 6^2 + 74 \cdot 6 - 77 = 151 > 0$, liegt bei x = 6 ME die Gewinnschwelle.
Zur Bestimmung der Gewinngrenze muss G(x) auf weitere Nullstellen untersucht werden. Es bietet sich das Verfahren der Polynomdivision an:

$$\begin{array}{l}(-2x^3 + 37x^2 - 77x - 438) : (x - 6) = -2x^2 + 25x + 73 \\ \underline{-(-2x^3 + 12x^2)} \\ 25x^2 - 77x \\ \underline{-(25x^2 - 150x)} \\ 73x - 438 \\ \underline{-(73x - 438)} \\ 0 \end{array}$$

Die Nullstellen des Restpolynoms werden mit der p-q-Formel bestimmt:
$-2x^2 + 25x + 73 = 0 \Leftrightarrow x^2 - 12{,}5x - 36{,}5 = 0 \overset{x>0}{\Rightarrow} x \approx 14{,}94$
Da bei 6 ME die Gewinnschwelle liegt, muss bei der nächstgrößeren Nullstelle, also bei ca. 14,94 die Gewinngrenze liegen.

f) Notwendig zur Bestimmung des Gewinnmaximums:
$G'(x) = (-2 \cdot x^3 + 37 \cdot x^2 - 77 \cdot x - 438)' = -6x^2 + 74x - 77 = 0$

$\Leftrightarrow x^2 - \dfrac{37}{3}x + \dfrac{77}{6} = 0$

$\Leftrightarrow x_{1,2} = \dfrac{37}{6} \pm \sqrt{\left(\dfrac{37}{6}\right)^2 - \dfrac{77}{6}}$

$\Leftrightarrow x_1 \approx 1{,}15 \;\wedge\; x_2 \approx 11{,}19$

Zudem hinreichend:
$G(11{,}19) \approx 531{,}03$ und $G(1{,}15) \approx -480{,}66$
Der maximale Gewinn beträgt bei 11,19 ME somit 531,03 GE.

Dem Graphen ist zu entnehmen, dass die Parallelverschiebung der Erlösfunktion die Kostenfunktion bei einer Ausbringungsmenge von etwas mehr als 11 ME berührt. Der Gewinn liest sich als Länge der senkrechten Strecke zwischen Tangentenpunkt und Erlösfunktion ab, also etwas über 500 GE.

Für das Gewinnmaximum betrachtet man rechnerisch $G'(x) = E'(x) - K'(x) = 0$, also $E'(x) = K'(x)$. Somit sind die Grenzerlöse gleich den Grenzkosten im Gewinnmaximum. Der Grenzerlös bei einer linearen Erlösfunktion entspricht dem Preis (pro Mengeneinheit) bzw. der Steigung der Erlösfunktion. Verschiebt man die Erlösfunktion also so lange nach unten, bis sie die Kostenfunktion tangiert, so erhält man den Punkt, in dem die Steigungen der Kosten- und Erlösfunktion gleich sind und somit die gewinnmaximale Ausbringungsmenge.

Dieses grafische Verfahren funktioniert immer bei Unternehmen in vollständiger Konkurrenz und ist somit allgemeingültig.

g) In der Skizze werden die Variablen festgelegt.
Das Volumen soll maximiert werden:
$V(a, b, x) = a \cdot b \cdot x$ (Hauptbedingung)

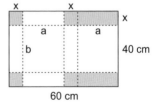

Die Variablen a und b sind zu ersetzen, um eine Funktion in einer Veränderlichen (x) zu bekommen. Dazu werden die Seitenlängen herangezogen:

$2x + 2a = 60 \;\Leftrightarrow\; a = \dfrac{60 - 2x}{2} = 30 - x$ (Nebenbedingung)

$2x + b = 40 \;\Leftrightarrow\; b = 40 - 2x$ (Nebenbedingung)

Eingesetzt in die Hauptbedingung:
$V(x) = (30 - x) \cdot (40 - 2x) \cdot x = 2x^3 - 100x^2 + 1200x$

Um das maximale Volumen auszurechnen, ist die Funktion V auf Maxima zu untersuchen.
Notwendig:
$V'(x) = 6x^2 - 200x + 1200 = 0$

$\Leftrightarrow x^2 - \dfrac{100}{3}x + 200 = 0$

$\Leftrightarrow x_{1,2} = \dfrac{100}{2\cdot 3} \pm \sqrt{\left(\dfrac{100}{2\cdot 3}\right)^2 - 200}$

$\Leftrightarrow x_1 \approx 7,85 \;\wedge\; x_2 \approx 25,49$

Zudem hinreichend: $V''(x) < 0$

$V''(x) = 12x - 200$

$V''(x_1) \approx -105,8 < 0 \;\Rightarrow\; x_1$ Maximalstelle

$V''(x_2) \approx 105,9 > 0 \;\Rightarrow\; x_2$ Minimalstelle

$V(7,85) \approx 4225,22$

Bestimmung der Länge und der Breite:
$a \approx 30 - 7,85 = 22,15$
$b \approx 0 - 2\cdot 7,85 = 24,30$

Die Blechkiste mit dem maximalen Volumen ist ca. 22,15 cm breit, ca. 24,30 cm lang und ca. 7,85 cm hoch. Sie fasst ein Volumen von ca. 4225,22 cm^3.

Berufliches Gymnasium NRW – Mathematik (Wirtschaft/Verwaltung)
Analysis: Übungsaufgabe 6

Sekundenkleber

Die Aset AG, Hamburg, entwickelt und vertreibt Klebstoffe für Büro und Haushalt. Für das Unternehmenssegment Sekundenkleber hat die Marketingabteilung die Angebotsfunktion $p_A(x)$ und die Nachfragefunktion $p_N(x)$, x in ME, ermittelt:

$p_A(x) = a \cdot e^{0,2 \cdot x} + 6$

$p_N(x) = -0,25 \cdot e^{0,2x} + 20$

Hierbei ist a ein von der Produktionsweise abhängiger Parameter. Der Angebots- und Nachfragepreis ist in GE/ME definiert (1 ME = 10 000 Tuben; 1 GE = 1000 €).

a) Bestimmen Sie die Ausbringungsmenge, bei der keine Nachfrage nach Sekundenkleber mehr erfolgt. $p_N(x) = 0 \Leftrightarrow -0,25 \cdot e^{0,2x} + 20 = 0$

b) Berechnen Sie den maximalen Nachfragepreis und den minimalen Angebotspreis. $p_N(0)$ $p_A(0)$

c) Ermitteln Sie, welche einschränkende Bedingung für a gelten muss, damit $p_A(x)$ ökonomisch sinnvoll ist.

d) Die Aset AG geht von einem Preis von 1,60 € für eine Tube Sekundenkleber aus. Zeigen Sie, dass dies 16 GE pro ME entspricht und dass mit einer Absatzmenge von grob 140 000 Tuben kalkuliert wird. Ermitteln Sie, welchen Wert a dabei annimmt.

e) Berechnen Sie für a = 0,6 und das dazugehörige gerundete Marktgleichgewicht (14 | 15,88) die Produzenten- und Konsumentenrente und erklären Sie Ihre Ergebnisse im ökonomischen Sachzusammenhang.

f) Die für das Unternehmen gute ökonomische Situation ermutigt die Aset AG, eine Werbekampagne durchzuführen, durch die eine Absatzsteigerung über 14 ME (pro Monat) hinaus in den nächsten 12 Monaten zu erwarten ist, die sich durch die Funktionsgleichung $v(t) = 3 \cdot t \cdot e^{-0,5 \cdot t}$, t in Monaten, beschreiben lässt. Erklären Sie auf der Basis des Graphen die Auswirkungen der Werbemaßnahme im Sachzusammenhang und bestimmen Sie mit Mitteln der Integralrechnung den zusätzlichen Absatz, den gesamten Absatz und den durchschnittlichen Monatsabsatz für das Jahr nach der Werbekampagne.

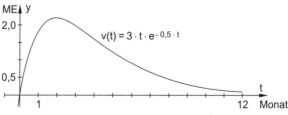

Tipps und Hinweise

Teilaufgabe a

- Die Ausbringungsmenge, bei der trotz niedrigstem Preis kein Bedarf mehr an Sekundenkleber besteht, entspricht der Nullstelle von $p_N(x)$ (Sättigungsmenge).

Teilaufgabe b

- Den maximalen Nachfragepreis und den minimalen Angebotspreis liest man an den Schnittpunkten der entsprechenden Graphen mit der y-Achse ab.
- Es ist wichtig, zwischen GE und € sowie ME und Tuben wechseln zu können:
  1 ME = 10 000 Tuben $\hat{=}$ x GE = x · 1 000 € $\Leftrightarrow$ 1 Tube $\hat{=}$ x : 10 €

Teilaufgabe c

- Die Angebotsfunktion ist nur dann ökonomisch sinnvoll, wenn sie monoton steigt und einen Schnittpunkt mit der Nachfragefunktion besitzt. Letzteres ist gleichbedeutend damit, dass der maximale Nachfragepreis über dem minimalen Angebotspreis liegen muss.

Teilaufgabe d

- Bei gegebenem Preis erhält man zunächst die dazugehörige Nachfragemenge (die Angebotsmenge ist noch von a abhängig), die bestätigt werden muss. Bei dann gegebenem Marktgleichgewicht lässt sich der Parameter a der Angebotsfunktion bestimmen.

Teilaufgabe e

- Die Konsumentenrente sämtlicher Nachfrager entspricht der Gesamtheit des Geldes, das die Käufer bereit wären, für das Produkt bei höherem Preis als dem Marktgleichgewichtspreis zu bezahlen. Also entspricht sie der Fläche unterhalb der Nachfragekurve bis zur Preisgeraden. Die Fläche wird mittels Integralrechnung bestimmt.
- Die Produzentenrente entspricht der Gesamtheit des Geldes, für die alle Verkäufer bereit wären, das Produkt auf den Markt zu bringen. Eine hohe Produzentenrente bedeutet somit, dass die Unternehmen Reserven haben, und ist somit als günstig für die anbietenden Firmen zu bewerten.

Teilaufgabe f

- Die Grafik zeigt den über 14 ME hinausgehenden Absatz auf. Nach gut zwei Monaten hätte man demnach einen Absatz von ca. 16,25 ME. Die dargestellte Marktentwicklung ist typisch für eine erfolgreiche Werbemaßnahme.
- Für die Flächenberechnung benötigt man die partielle Integration, die eng mit der Produktregel für Ableitungen verwandt ist. Man sucht g(x) so aus, dass g'(x) eine Konstante wird und das neue Integral direkt eine Stammfunktion besitzt.

Lösung

a) Die Ausbringungsmenge, bei der keine Nachfrage nach Sekundenkleber mehr erfolgt, entspricht der Nullstelle von $p_N(x)$:

$p_N(x) = -0,25 \cdot e^{0,2x} + 20 = 0$ $|-20\quad |\cdot(-4)$

$\Leftrightarrow\quad e^{0,2x} = 80$ $|\ln$

$\Leftrightarrow\quad 0,2x = \ln(80)$ $|\cdot 5$

$\Leftrightarrow\quad x \approx 21,91$

Bei 21,91 ME, also etwa 220 000 Tuben, liegt die Sättigungsmenge.

b) Maximaler Nachfragepreis:

$p_N(0) = -0,25 \cdot e^{0,2 \cdot 0} + 20 = -0,25 + 20 = 19,75$ [GE]

1 ME = 10 000 Tuben $\triangleq$ 19,75 GE = 19 750 €

$\Leftrightarrow$ 1 Tube $\triangleq$ 1,975 €

Bei einem Stückpreis von 1,98 € liegt der maximale Nachfragepreis.

Minimaler Angebotspreis:

$p_A(0) = a \cdot e^{0,2 \cdot 0} + 6 = a \cdot 1 + 6 = a + 6$ [GE]

Bei einem Stückpreis von a + 6 GE wird der Sekundenkleber nicht mehr angeboten werden können.

c) Eine Umrechnung in Euro ist wegen des Parameters nicht aussagekräftig. Ökonomisch sinnvoll ist die Angebotsfunktion, wenn sie monoton steigend ist. Da $e^{0,2x}$ monoton steigt, ist für a > 0 die Angebotsfunktion steigend und für a < 0 fallend.

Wenn jetzt der minimale Angebotspreis unter dem maximalen Nachfragepreis liegt, so schneiden sich die steigende Kurve zu $p_A(x)$ und die festliegende fallende Kurve zu $p_N(x)$ im Marktgleichgewicht:

$a + 6 < 19,75 \Leftrightarrow a < 13,75$

Somit ist $p_A(x)$ nur sinnvoll für 0 < a < 13,75.

d) 1 Tube $\triangleq$ 1,60 € $\Rightarrow$ 1 ME = 10 000 Tuben $\triangleq$ 16 000 € = 16 GE, da 1000 € = 1 GE.

Zum Preis von 16 GE gehört eine Nachfragemenge von 13,86 GE:

$16 = -0,25 \cdot e^{0,2x} + 20 = p_N(x)$ $|-20$

$\Leftrightarrow\quad -4 = -0,25 \cdot e^{0,2x}$ $|\cdot(-4)$

$\Leftrightarrow\quad 16 = e^{0,2x}$ $|\ln$

$\Leftrightarrow\quad \ln(16) = 0,2x$ $|\cdot 5$

$\Leftrightarrow\quad x \approx 13,86$

Für a gilt dann:
$16 = p_A(13{,}86)$
$\Leftrightarrow 16 = a \cdot e^{0{,}2 \cdot 13{,}86} + 6$
$\Leftrightarrow 10 \approx a \cdot 15{,}99$
$\Leftrightarrow a \approx 0{,}625$

Somit werden für 1,60 € die Tube 138 600 Tuben abgesetzt. Unter diesen Bedingungen ist $a \approx 0{,}625$.

e) Bei $a = 0{,}6$ ist die Gleichgewichtsmenge 14 ME und der Gleichgewichtspreis 15,88 GE. Somit gilt für die Konsumentenrente:

$$KR = \int_0^{14} p_N(x) - 15{,}88\, dx = \int_0^{14} -0{,}25 \cdot e^{0{,}2 \cdot x} + 4{,}12\, dx$$

$$= \left[\frac{-0{,}25}{0{,}2} \cdot e^{0{,}2 \cdot x} + 4{,}12 \cdot x \right]_0^{14}$$

$$= -1{,}25 \cdot e^{2{,}8} + 4{,}12 \cdot 14 - (-1{,}25 \cdot 1) - 0 \approx 38{,}37\, [GE]$$

Für die Produzentenrente gilt:

$$PR = \int_0^{14} 15{,}88 - p_A(x)\, dx = \int_0^{14} 9{,}88 - 0{,}6 \cdot e^{0{,}2 \cdot x}\, dx$$

$$= \left[9{,}88 \cdot x - \frac{0{,}6}{0{,}2} \cdot e^{0{,}2 \cdot x} \right]_0^{14}$$

$$= 9{,}88 \cdot 14 - 3 \cdot e^{2{,}8} - 0 - (-3 \cdot 1) \approx 91{,}99\, [GE]$$

Demnach beträgt die Konsumentenrente 38,37 GE und die Produzentenrente 91,99 GE. Die ökonomische Situation ist für die anbietenden Unternehmen relativ gut, da die Reserven im Marktsegment Schnellkleber relativ zu denen der Konsumenten hoch sind. Psychologisch gesehen ist der Nutzengewinn der Konsumenten gering, da sie nur einen relativ geringen Betrag nicht ausgegeben haben, den sie bereit gewesen wären zu bezahlen.

f) Der Graph veranschaulicht, dass die Werbekampagne eine deutliche Absatzsteigerung innerhalb der ersten beiden Monate auf über 16 ME, also 160 000 Tuben, bewirkt. Danach lässt die Wirkung der Werbung zunächst schnell, dann jedoch allmählich nach und nach ca. einem Jahr ist der Absatz nur noch knapp über 140 000 Tuben.

Das gesamte Absatzplus entspricht im mathematischen Modell der Fläche unter dem Graphen. Es muss das Verfahren der partiellen Integration angewendet werden:

$$\int_a^b f'(x) \cdot g(x)\, dx = \left[f(x) \cdot g(x) \right]_a^b - \int_a^b f(x) \cdot g'(x)\, dx \quad \text{(Partielle Integration)}$$

Man wählt: $\quad f'(x) = e^{-0,5 \cdot x} \qquad g(x) = 3 \cdot x$

Also: $\qquad f(x) = \dfrac{1}{-0,5} e^{-0,5 \cdot x} \qquad g'(x) = 3$

Unter dem zweiten Integral steht mit
$$f(x) \cdot g'(x) = -\tfrac{1}{0,5} \cdot e^{-0,5 \cdot x} \cdot 3 = -6 \cdot e^{-0,5 \cdot x}$$
eine Funktion mit bekannter Stammfunktion:

$$\int_0^{12} 3 \cdot x \cdot e^{-0,5 \cdot x} \, dx = \left[3 \cdot x \cdot \dfrac{1}{-0,5} \cdot e^{-0,5 \cdot x} \right]_0^{12} - \int_0^{12} -6 \cdot e^{-0,5 \cdot x} \, dx$$

$$= -72 \cdot e^{-6} - 0 - \left[\dfrac{-6}{-0,5} e^{-0,5 \cdot x} \right]_0^{12}$$

$$= -72 \cdot e^{-6} - 12 \cdot e^{-6} + 12 \cdot e^0 \approx 11{,}79 \, [\text{ME}]$$

Also werden 117 900 Tuben durch die Werbemaßnahme zusätzlich abgesetzt.
Der gesamte Absatz des Jahres beträgt somit
12 · 14 ME + 11,97 ME = 179,97 ME = 1 799 700 Tuben,
was einen Monatsdurchschnitt von 179,97 ME : 12 ≈ 15 ME = 150 000 Tuben
ergibt.

Berufliches Gymnasium NRW – Mathematik (Wirtschaft/Verwaltung)
Analysis: Übungsaufgabe 7

Sicherheitsrahmen

Die SafeGuard AG fertigt hochwertige einbruchsichere Fensterrahmen an zwei Standorten an. Aufgrund regionaler Bedingungen wird mit zwei unterschiedlichen Kostenfunktionen $K_1(x)$ (Standort Dortmund) und $K_2(x)$ (Standort Bochum) kalkuliert:

$K_1(x) = \frac{1}{2}x^3 - 20x^2 + 322x + 150$ (Dortmund)

$K_2(x) = x^3 - 30x^2 + 320x + 350$ (Bochum)

(Angaben in ME und GE.)

Die produzierten Fensterrahmen werden innerhalb eines Vertriebssystems zum gleichen Preis angeboten. Es wird eine Kapazitätsgrenze von 25 ME zugrunde gelegt. Die Graphen stellen die wirtschaftliche Kosten- und Gewinnsituation des Unternehmens dar:

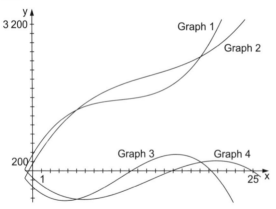

a) Ordnen Sie die Graphen begründet den obigen Kostenfunktionen und den dazugehörigen Gewinnfunktionen $G_1(x)$ und $G_2(x)$ zu.

b) Bestimmen Sie für beide Kostenfunktionen jeweils den Wendepunkt und erläutern Sie die ökonomische Bedeutung der Ergebnisse.

c) Der Preis für einen Sicherheitsrahmen der SafeGuard AG beträgt 140 GE. Bestimmen Sie das Gewinnmaximum für den Standort Dortmund.
[Kontrolle: $G_1(x) = -0{,}5x^3 + 20x^2 - 182x - 150$]

d) Aufgrund einer allgemeinen Wirtschaftseintrübung wird das Unternehmen gezwungen, seinen Preis minimal zu gestalten.
   - Erklären Sie die Begriffe langfristige und kurzfristige Preisuntergrenze (LPU, KPU).
   - Berechnen Sie diese für den Standort Bochum und vergleichen Sie die Werte mit denen von Dortmund (LPU: 129,4 GE bei 20,4 ME; KPU: 122,0 GE bei 20,0 ME).
   - Um wie viel Prozent müsste der Preis in Bochum für KPU und LPU durch die Wirtschaftseintrübung jeweils gesenkt werden?

Um die gesteckten wirtschaftlichen Ziele in einem Unternehmen messbar zu machen, wird die Kennzahl „Wirtschaftlichkeit" herangezogen. Sie ist wie folgt definiert:

$$\text{Wirtschaftlichkeit} = \frac{\text{Leistung}}{\text{Kosten}}; \quad W(x) = \frac{E(x)}{K(x)}$$

Die Wirtschaftlichkeit der SafeGuard AG wird für die Standorte Dortmund und Bochum in folgendem Graphen deutlich. Die Extrempunkte sind angegeben.

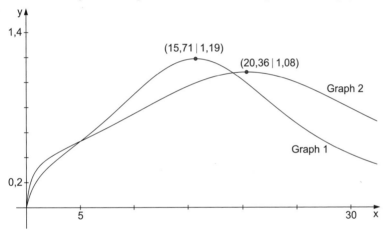

e) Bestimmen Sie die Wirtschaftlichkeit der Unternehmensstandorte bei einer Ausbringungsmenge von 15 ME und ordnen Sie die Graphen den Standorten zu.

f) Nehmen Sie Stellung:
   - Das Unternehmen mit den geringeren Kosten ist bei gleichen Erlösen wirtschaftlicher.
   - Die Wirtschaftlichkeit ist eine Kenngröße, die immer größer als null ist.
   - Die Wirtschaftlichkeit eines Unternehmens ist in ihrer gewinnmaximalen Ausbringungsmenge am größten.
   - Die Gewinnzone eines Unternehmens ergibt sich aus den entsprechenden Schnittpunkten des Graphen mit der zur x-Achse parallelen Gerade durch (0|1).

Tipps und Hinweise

Teilaufgabe a
- Die Gesamtkosten gliedern sich in fixe und variable Kosten. Fixe Kosten lassen sich direkt am Graphen ablesen. Die Gewinnfunktion kann ohne Preisabsatzfunktion oder Erlösfunktion nicht bestimmt werden. Es wird aber gesagt, dass diese für beide Standorte identisch ist. Unterschiede in der Gewinnfunktion richten sich also nach der Kostenfunktion.

Teilaufgabe b
- Der Wendepunkt wird mithilfe der zweiten Ableitung bestimmt. Er gibt Auskunft über die Art des Kostenwachstums (degressiv, progressiv).

Teilaufgabe c
- Das Gewinnmaximum wird mit erster und zweiter Ableitung ermittelt.

Teilaufgabe d
- Die langfristige Preisuntergrenze deckt gerade noch die Kosten eines Unternehmens. Somit muss das Minimum der Stückkostenfunktion bestimmt werden. Der y-Wert des Minimums ist die LPU, der x-Wert wird oft als Betriebsoptimum bezeichnet. Meist wird das Newtonverfahren benötigt. Es reicht eine Nachkommastelle, da die angegebenen Werte für Dortmund dieses Format haben.
- Achtung: In manchen Büchern wird unter dem Betriebsoptimum das Minimum der Stückkostenfunktion verstanden, sodass hierfür die x- und y-Koordinaten angegeben werden müssen.
- Die kurzfristige Preisuntergrenze deckt gerade noch die variablen Kosten eines Unternehmens. Es muss das Minimum der variablen Stückkostenfunktion bestimmt werden. Der y-Wert des Minimums ist die KPU, der x-Wert wird oft als Betriebsminimum bezeichnet. Es muss in der Regel eine lineare Gleichung gelöst werden.
- Achtung: In Anlehnung an Maximum/Minimum bei Funktionsgraphen wird unter dem Betriebsminimum häufig die x- und y-Koordinate des variablen Stückkostenminimums verstanden. Sicherheitshalber gibt man in einer zentralen Klausur x-Wert (Ausbringungsmenge) und y-Wert (Preis) an.

Teilaufgabe e
- Die Wirtschaftlichkeit eines Unternehmens ist eine Kenngröße, die das Ziel, einen möglichst hohen Ertrag relativ zu den Kosten zu erwirtschaften, messbar macht.

Teilaufgabe f
- Die Wirtschaftlichkeit ist proportional zum Ertrag und umgekehrt proportional zu den Kosten.

Lösung

a) Aufgrund der Fixkosten, die in Dortmund unter 200 GE und in Bochum über 200 GE liegen, muss $K_1(x)$ zu Graph 2, $K_2(x)$ zu Graph 1 gehören. Bei den Gewinnfunktionen kann über den Verlust bei 0 ME argumentiert werden, der nämlich in Dortmund bei –150 GE und in Bochum bei –350 GE liegt. Somit ist Graph 4 der Gewinn in Dortmund $G_1(x)$ und Graph 3 der in Bochum $G_2(x)$. Der Betrag des y-Achsenabschnitts der Gewinnfunktion entspricht immer den Fixkosten.

Es kann auch argumentiert werden, dass bei gleicher Preisabsatzfunktion der Standort mehr Gewinn macht, der weniger Kosten hat, sodass die Graphen sich bezüglich der Höhe umkehren und somit Bochum bezüglich der Gewinne größtenteils über Dortmund liegt.

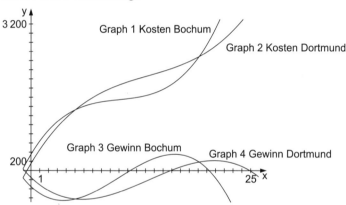

b) Notwendige Bedingung für Wendepunkte $K''_{1,2}(x_W) = 0$:

$K_1(x) = \frac{1}{2}x^3 - 20x^2 + 322x + 150$,

$K'_1(x) = \frac{3}{2}x^2 - 40x + 322$,

$K''_1(x_{W_1}) = 3x_{W_1} - 40 = 0 \Leftrightarrow x_{W_1} = \frac{40}{3}$

$K_2(x) = x^3 - 30x^2 + 320x + 350$,

$K'_2(x) = 3x^2 - 60x + 320$,

$K''_2(x_{W_2}) = 6x_{W_2} - 60 = 0 \Leftrightarrow x_{W_2} = 10$

Zudem hinreichende Bedingung $K'''_{1,2}(x_W) \neq 0$:

$K'''_1(x) = 3 \neq 0$, $K'''_2(x) = 6 \neq 0$ für alle $x \in \mathbb{R}$

Also sind

$W_1\left(13\frac{1}{3} \mid K_1\left(13\frac{1}{3}\right)\right) \approx W_1(13{,}33 \mid 2072{,}96)$ und $W_2(10 \mid K_2(10)) = W_2(10 \mid 1550)$

die Wendepunkte.

Daher setzt in Dortmund die für ertragsgesetzliche Kostenfunktionen typische progressive Kostenzunahme später ein als in Bochum. Die absoluten Kosten im Wendepunkt sind in Dortmund höher als in Bochum.

c) Aus $p(x) = 140$ folgt $E(x) = x \cdot p(x) = 140x$.

Somit gilt für die Gewinnfunktion:

$G_1(x) = E(x) - K_1(x) = 140x - \left(\frac{1}{2}x^3 - 20x^2 + 322x + 150\right)$

$= -\frac{1}{2}x^3 + 20x^2 - 182x - 150$

Notwendig für das Gewinnmaximum:

$G'_1(x) = 0 \Leftrightarrow -\frac{3}{2}x^2 + 40x - 182 = 0$

$\Leftrightarrow x^2 - \frac{80}{3}x + \frac{364}{3} = 0$

$\Leftrightarrow x_{1,2} = \frac{40}{3} \pm \sqrt{\frac{1600}{9} - \frac{364}{3}}$

$\Leftrightarrow x_1 \approx 5{,}82 \wedge x_2 \approx 20{,}85$

Dazu hinreichend:

$G''_1(x_{1,2}) < 0$: $G''_1(x_1) = -3x_1 + 40 \approx 22{,}54 > 0$; $G''_1(x_2) \approx -22{,}54 < 0$

Das Gewinnmaximum liegt also bei einer Ausbringungsmenge von ca. 20,85 ME. Der Gewinn beträgt dann $G_1(20{,}85) \approx 217{,}77$ [GE].

d) Die langfristige Preisuntergrenze (LPU) ist der Preis, den das Unternehmen festlegen muss, damit die gesamten Kosten gedeckt sind. Es wird kein Gewinn, aber auch kein Verlust gemacht. Die LPU ist so hoch wie die minimalen Durchschnittskosten.

Die kurzfristige Preisuntergrenze (KPU) ist der Preis, der zur Deckung der variablen Kosten gerade ausreicht. Das Unternehmen macht Verluste in Höhe der Fixkosten. Die KPU ist so hoch wie die durchschnittlichen minimalen variablen Kosten.

LPU

Stückkostenfunktion $k_2(x) = \dfrac{K_2(x)}{x} = x^2 - 30x + 320 + \dfrac{350}{x}$

Notwendig:

$k_2'(x) = 2x - 30 - \dfrac{350}{x^2} = 0$, da $\left(\dfrac{350}{x}\right)' = (350 \cdot x^{-1})' = -350 \cdot x^{-2} = -\dfrac{350}{x^2}$

$\Leftrightarrow \quad 2x^3 - 30x^2 - 350 = 0$

$\Leftrightarrow \quad x^3 - 15x^2 - 175 = 0$

Nullstellenberechnung von $f(x) = x^3 - 15x^2 - 175$ mittels Newtonverfahren, da keine ganzzahlige Nullstelle existiert (der Anfangswert $x_n = 18$ wird geschätzt):

x_n	$f(x_n)$	$f'(x_n)$	$x_n - \dfrac{f(x_n)}{f'(x_n)}$
18	797	432	16,16
16,16	127,93	298,64	15,73
15,73	5,63	270,40	15,71

Dazu hinreichend:

$k_2''(x) = 2 + \dfrac{700}{x^3}$

$k_2''(15,7) \approx 2,18 > 0$, also Minimumstelle.

Die LPU ist jetzt $k_2(15,7) \approx 117,8$ [GE].

KPU

Variable Stückkostenfunktion $k_{2\,\text{var}}(x) = \dfrac{K_{2\text{var}}(x)}{x} = x^2 - 30x + 320$:

$k_{2\,\text{var}}'(x) = 2x - 30 = 0 \quad \Leftrightarrow \quad x = 15$

Es handelt sich um ein Minimum, da der Graph von $k_{2\,\text{var}}(x)$ eine nach oben geöffnete Parabel ist.

Die KPU ist jetzt $k_{2\,\text{var}}(15) = 95$ GE.

Der Standort Dortmund könnte eine so geringe kurzfristige und langfristige Preisuntergrenze nicht verkraften. Dabei würde auch mit einer höheren Absatzmenge kalkuliert werden müssen.

Prozentuale Veränderung

$\dfrac{\text{LPU}}{140} \cdot 100 = \dfrac{117,8}{140} \cdot 100 \approx 84,1\,\%$, d. h. $-15,9\,\%$

Menge x	Preis	LPU	Prozent	KPU	Prozent
15	140			95	**32,1 %**
15,7	140	117,8	**–15,9 %**		

e) $W_1(15) = \dfrac{E(15)}{K_1(15)} = \dfrac{2100}{2167,5} \approx 0,97$ und $W_2(15) = \dfrac{E(15)}{K_2(15)} = \dfrac{2100}{1775} \approx 1,18$

Über die Werte liest man an den Graphen ab, dass der Graph 1 zu Bochum und der Graph 2 zu Dortmund gehört. Die Zuordnung der Graphen erkennt man auch unabhängig von der konkreten Rechnung, da die Kostenfunktion zum Standort Bochum im Mittelteil niedriger verläuft, sodass die Wirtschaftlichkeit dort höher ist.

f) *Das Unternehmen mit den geringeren Kosten ist bei gleichen Erlösen wirtschaftlicher.* Die Aussage ist richtig, da die Wirtschaftlichkeit proportional zum Erlös und umgekehrt proportional zu den Kosten ist. Ist der Erlös also gleich, so wirken sich höhere Kosten in einer geringeren Wirtschaftlichkeit aus.

Die Wirtschaftlichkeit ist eine Kenngröße, die immer größer als null ist. Auch diese Aussage ist richtig, da die Wirtschaftlichkeit der Quotient zweier positiver Funktionen ist. Sowohl Kosten als auch Erlöse sind nie negativ.

Die Wirtschaftlichkeit eines Unternehmens ist in ihrer gewinnmaximalen Ausbringungsmenge am größten. Die Aussage ist falsch, wie das Beispiel SafeGuard in Dortmund zeigt. Die gewinnmaximale Ausbringungsmenge liegt bei 20,85 ME, das Maximum der Wirtschaftlichkeit hingegen bei 20,36 ME.

Es ist in der Regel so, dass die wirtschaftlichste Ausbringungsmenge nicht den höchsten Gewinn bringt. Die Börse schätzt die Wirtschaftlichkeit eines Unternehmens oftmals höher ein als das Gewinnmaximum.

Die Gewinnzone eines Unternehmens ergibt sich aus den entsprechenden Schnittpunkten des Graphen mit der zur x-Achse parallelen Gerade durch (0/1). Die Aussage ist richtig, da aus der Schnittpunktbestimmung

$1 = W(x) = \dfrac{E(x)}{K(x)}$

$E(x) = K(x)$ folgt, was zur Berechnung der Gewinnzone führt.

Berufliches Gymnasium NRW – Mathematik (Wirtschaft/Verwaltung)
Analysis: Übungsaufgabe 8

Vergnügungspark

Die Direktion eines Vergnügungsparks in den Niederlanden beauftragt eine Unternehmensberatung zur Optimierung von Arbeitsprozessen damit, ein Modell zur aktuellen Bestimmung der Besucherzahl an einem Tag in der Hochsaison zu erstellen. Der Park ist von 10:00 Uhr bis 19:00 Uhr geöffnet.
Die Unternehmensberatung lässt folgende Besucherzahlen ermitteln:

Uhrzeit	10:00	12:00	14:00	18:00
Besucher in Tausend	0	6,72	11,92	7,2

a) Ermitteln sie eine ganzrationale Funktionsvorschrift b(x), die die Anzahl der im Park anwesenden Besucher (gemessen in Tausend Personen) zu einem bestimmten Zeitpunkt angibt. Berechnen Sie mit dieser Funktion die Anzahl der Besucher um 11:00 Uhr und um 15:00 Uhr.
(Zur Kontrolle: $b(x) = -0,055x^3 + 1,79x^2 - 16x + 36$)

b) (1) Legen Sie einen sinnvollen Definitionsbereich fest und zeichnen Sie die Funktion in ein geeignetes Koordinatensystem.
(2) Für den Direktor besteht die Notwendigkeit, zusätzliches Personal bereitzustellen, wenn mindestens 9000 Besucher im Park sind. Bestimmen Sie diesen Zeitraum und markieren Sie ihn in der Zeichnung.

c) Berechnen Sie den Wendepunkt von b. Interpretieren Sie seine Bedeutung im Sachzusammenhang der Aufgabe.

d) Für die Wartezeit an der Wildwasserbahn rechnet die Unternehmensberatung mit folgendem Modell: Die Wartezeit w (gemessen in Minuten) ist abhängig von der Anzahl der Besucher b:
$$w(b) = e^{0,05\sqrt{1000b}} - 2$$
Die Direktion behauptet, dass die maximale Wartezeit an der Wasserrutsche unter 30 Minuten liegt. Überprüfen Sie die Behauptung mit dem Modell der Unternehmensberatung.

e) Die Direktion ist daran interessiert, die Zahl der Besucher gleichmäßig über den Tag zu verteilen. Ermitteln Sie die mittlere Auslastung des Vergnügungsparks. Wie lang wäre dann die maximale Wartezeit an der Wildwasserbahn, wenn die Auslastung gleichmäßig wäre, und wie schätzen Sie die Möglichkeit der Umsetzung für die Direktion ein?

f) (1) In einer Öffnungsperiode sind die Besucherzahlen von einem Parameter $a > 0$ abhängig: $b_a(x) = -0{,}055x^3 + ax^2 - 16x + 36$. Ermitteln Sie a so, dass im Maximum über 16 000 Besucher im Freizeitpark sind.

(2) Untersuchen Sie, wie sich eine Veränderung des Parameters a auf die Besucherzahlen auswirkt, indem Sie dazu einige markante Graphen skizzieren. Erläutern Sie, welche Einflüsse der Parameter a beschreiben könnte.

Tipps und Hinweise

Teilaufgabe a
/ Bei 4 Wertepaaren bietet sich eine ganzrationale Funktion 3. Grades an.

Teilaufgabe b
/ Der Definitionsbereich ergibt sich aus dem Sachzusammenhang der Aufgabe, nämlich den Öffnungszeiten des Parks.

/ Überlegen Sie, welche Bedeutung die Funktionswerte und die x-Werte von b(x) im Sachzusammenhang der Aufgabe haben. Denken Sie an die Einheit für die x-Werte.

Teilaufgabe c
/ Der Wendepunkt ist eine Nullstelle der 2. Ableitung. Die 2. Ableitung beschreibt die Steigung der 1. Ableitung, ist also ein mögliches Minimum oder Maximum der 1. Ableitung. Die 1. Ableitung beschreibt die Steigung der Ausgangsfunktion b(x). Welche Auswirkungen hat es, ob b(x) stärker oder schwächer steigt?

Teilaufgabe d
/ Benötigt wird die maximale Besucheranzahl, also das Maximum von b(x). Die Funktionswerte von b(x) geben die Besucheranzahl in Abhängigkeit vom Zeitpunkt wieder. Somit ergibt sich, welcher Wert des Hochpunktes für b eingesetzt werden muss.

Teilaufgabe e
/ Die Fläche zwischen dem Graphen von b(x) und der x-Achse beschreibt die Besucheranzahl. Diese gilt es gleichmäßig über den Öffnungszeitraum zu verteilen. Daher ist die Fläche durch die Breite (Öffnungszeitraum) zu teilen.

Teilaufgabe f
/ Das Maximum ist zunächst in Abhängigkeit von a zu berechnen. Dann ist der x-Wert des Maximums nach a umzustellen und in die Funktionsgleichung einzusetzen.

/ Zur Überprüfung, ob wirklich ein Maximum vorliegt, kann mit dem CAS der Funktionswert der 2. Ableitung untersucht werden, ob er größer oder kleiner als null ist.

/ Beachten Sie, dass die Funktionswerte von b(x) in Tausend gerechnet werden.

/ Für die Skizze variieren Sie das a zuerst nur leicht um den aus den ersten Teilaufgaben gegebenen Wert $a = 1{,}79$.

Lösung

a) Da es sich um vier Datenpaare handelt, ist eine Funktion dritten Grades sinnvoll. Es gibt mehrere Möglichkeiten, die Funktionsgleichung mit dem Rechner zu bestimmen.
Die Punkte werden in die Funktionsgleichung eingesetzt und das Gleichungssystem nach den Variablen a, b, c, d aufgelöst.
Sinnvoll ist es, die Funktionsgleichung gleich aufzustellen und im Rechner zu speichern.
Alternativ kann die Funktionsgleichung bestimmt werden, indem man zuerst den allgemeinen Term $ax^3 + bx^2 + cx^1 + d$ unter f(x) speichert, dann unter solve die Bedingungen f(10)=0, ... eingibt und nach den gesuchten Variablen auflöst.
Das Einsetzen von 11 und 15 ergibt die Besucherzahlen von 3 385 und 13 125.

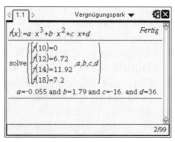

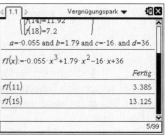

b) (1) Ein sinnvoller Definitionsbereich ist $x \in [10; 19]$, da der Freizeitpark nur von 10:00 Uhr bis 19:00 Uhr geöffnet hat. Daher zeichnet man die Funktion auch nur in diesem Bereich in das Koordinatensystem.

(2) Die Funktionswerte von b(x) sind in Tausend angegeben. Daher ist der Funktionswert zu 9 000 Besuchern 9 und die folgende Gleichung zu lösen: f1(x) = 9
Die Lösung (mit solve(f1(x) = 9,x) im Rechner) ergibt die drei Lösungen $x_1 \approx 2{,}18$, $x_2 \approx 12{,}75$ und $x_3 \approx 17{,}61$.
x_1 liegt nicht im Definitionsbereich. Der Zeitraum mit 9 000 und mehr Besuchern ist dann zwischen 12:45 Uhr und ca. 17:30 Uhr.
In der Zeichnung wird der Zeitraum mit einer Gerade durch y = 9 markiert. Die x-Werte der Schnittpunkte der Geraden mit dem Graphen von f1(x) sind Anfang und Ende des Zeitraums.

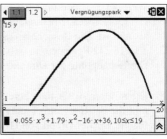

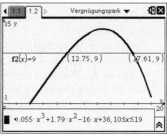

c) Der Wendepunkt ist ein Extremum der 1. Ableitung, somit also eine Nullstelle der 2. Ableitung. Für f1"(x) gibt es nur eine Nullstelle: x ≈ 10,85. Die 3. Ableitung lautet: f1'''(x) = −0,33 < 0, d. h., die 1. Ableitung hat an dieser Stelle ein Maximum. Folglich ist die Steigung von f1(x) bei x ≈ 10,85 am größten. Die Steigung von f1(x) beschreibt die Änderung der Besucheranzahl.

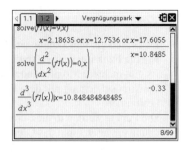

Die größte Steigung bedeutet also, dass für x ≈ 10,85 der Besucherandrang am höchsten ist, also am meisten Menschen in den Park kommen. Dies wäre z. B. für die Besetzung der Kassen von Bedeutung.

d) Da die Wartezeit abhängig von der Besucherzahl ist und w(b) streng monoton steigt, ist die Wartezeit am längsten, wenn am meisten Besucher im Park sind. Das ist im Maximum von f1(x) der Fall.
Das Maximum wird mit der 1. Ableitung f1'(x) berechnet und beträgt x ≈ 15,4. Es handelt sich um ein Maximum, da der Wert der 2. Ableitung für x ≈ 15,4 f1"(15,4) ≈ −1,502 beträgt, also kleiner

als null ist. Die Besucheranzahl zu diesem Zeitpunkt beträgt f1(15,4) ≈ 13,242, also 13 242 Personen. In w(b) eingesetzt ergibt die Wartezeit w(13,242) ≈ 42,68. Die Behauptung der Direktion stimmt also nicht.

e) Die mittlere Auslastung berechnet sich mithilfe der Integralrechnung. Die Fläche, die der Graph von f1(x) mit der x-Achse zwischen 10 und 19 einschließt, soll gleichmäßig auf ein Rechteck verteilt werden.
Die mittlere Auslastung beträgt 8 606 Besucher. Eingesetzt in w(b) zur Berechnung der Wartezeit ergibt sich eine Wartezeit von ca. 14 Minuten.

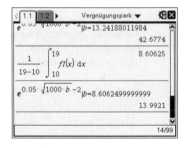

Das wäre für Besucher und die Direktion eine gute Sache, aber diese Steuerung der Besucher ließe sich nur schwer oder gar nicht erreichen, z. B. wegen Anfahrtszeiten, individueller Tagesabläufe etc. Eine Möglichkeit der Steuerung wäre z. B., die Eintrittspreise nach Uhrzeit zu staffeln, um so die Besucher zu den Zeiten zu locken, in denen der Andrang noch gering ist.

f) (1) Das Maximum wird mit der 1. Ableitung $b_a'(x)$ berechnet.
Es existiert eine Nullstelle der 1. Ableitung für
$a \geq \sqrt{2{,}64} \approx 1{,}62$.
Mit der 2. Ableitung ist zu überprüfen, ob ein Maximum vorliegt. Wegen $a > 0$ ist bei
$x \approx 6{,}06 \cdot \left(\sqrt{a^2 - 2{,}64} + a\right)$
ein Maximum.

Der y-Wert des Maximums soll 16 ($\triangleq 16\,000$ Besuchern) sein. Die Lösung der Gleichung hierfür ist:
$a \approx 1{,}80145$

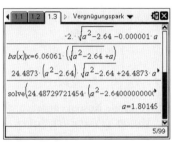

(2) Das Maximum verschiebt sich nach oben rechts, wenn a größer wird, und nach unten links, wenn a kleiner wird. Der Parameter a könnte z. B. das Wetter beschreiben oder die Jahreszeit oder die Einflüsse von Feiertagen auf die Besucherzahlen.

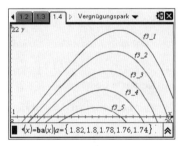

Berufliches Gymnasium NRW – Mathematik (Wirtschaft/Verwaltung)
Lineare Algebra: Übungsaufgabe 1

Schrauben

Ein metallverarbeitender Betrieb stellt Schraubensortimente für den Einzelhandel her. Verschiedene Schraubengrößen (S_1 bis S_3) werden zu Paketen (P_1 bis P_3) zusammengefasst, die dann wieder zu verschiedenen Stückzahlen in größere Kisten (K_1 und K_2) für die Belieferung von Baumärkten zusammengestellt werden.

a) Die folgenden Matrizen geben die Stückzahlen wieder. Erstellen Sie dazu ein Verflechtungsdiagramm.

$$A = \begin{pmatrix} 6 & 10 & 8 \\ 9 & 4 & 15 \\ 6 & 8 & 5 \end{pmatrix} \begin{matrix} S_1 \\ S_2 \\ S_3 \end{matrix} \qquad B = \begin{pmatrix} 3 & 6 \\ 2 & 4 \\ 0 & 5 \end{pmatrix} \begin{matrix} P_1 \\ P_2 \\ P_3 \end{matrix}$$

mit Spaltenbeschriftungen $P_1\ P_2\ P_3$ für A und $K_1\ K_2$ für B.

b) Folgende Kosten entstehen:

Variable Produktionskosten der Schrauben

	S_1	S_2	S_3
Kosten in Cent	5	7	8

Zusammenfassen der Schrauben zu den einzelnen Paketen

	P_1	P_2	P_3
Kosten in Cent	2	2	3

Zusammenstellen der Pakete zu den Kisten

	K_1	K_2
Kosten in Cent	8	14

Berechnen Sie die Kosten, die pro Kiste entstehen, und ermitteln Sie den Deckungsbeitrag, wenn die Verkaufspreise pro Stück 7,99 € für Kiste 1 und 24,99 € für Kiste 2 betragen.

c) Es liegt ein Auftrag von 150 K_1 und 220 K_2 vor. Zeigen Sie, dass die Matrix, die den Schraubenbedarf pro Kiste angibt, folgende Gestalt hat, und berechnen Sie die benötigten Schrauben für diesen Auftrag.

$$C_{SK} = \begin{pmatrix} 38 & 116 \\ 35 & 145 \\ 34 & 93 \end{pmatrix}$$

d) In einem anderen Produktionszeitraum betragen die Schraubenvorräte 19 200 Stück von S_1 und 21 500 Stück von S_2. S_3 steht in ausreichender Stückzahl zur Verfügung.
Ermitteln Sie, wie viele Kisten hergestellt werden können und wie groß der Bedarf an S_3 ist.

e) Ein Großkunde aus der Industrie möchte Pakete nach eigener Zusammenstellung der Schrauben abnehmen. Er benötigt die Zusammensetzung von drei Paketen entsprechend der folgenden Tabelle:

	P_1	P_2	P_3
S_1	5	10	4
S_2	10	25	9
S_3	5	20	6

Der Betrieb hat 4 300 Schrauben von S_1, 10 300 von S_2 und 7 700 von S_3 vorrätig. Begründen oder widerlegen Sie die folgenden Aussagen:
(1) Es werden immer Restbestände von Schrauben bleiben, unabhängig wie viele Pakete ich produziere.
(2) Wenn ich 80 von P_1, 290 von P_2 und 250 von P_3 herstelle, habe ich keine Restbestände an Schrauben.
(3) Bei einer Produktion von 140 Stück von P_1, 300 Stück von P_2 und 80 Stück von P_3 bleiben Schrauben übrig.
(4) Es können unendlich viele Kombinationen von P_1 bis P_3 zusammengestellt werden.
(5) Eine Produktion von 1 700 Paketen P_3 ist möglich.

Das Unternehmen hat drei Standorte, an denen Schraubenpakete hergestellt werden. Die folgende Tabelle bzw. Transportmatrix gibt wieder, wie viele Pakete von den drei Werken W_1 bis W_3 wöchentlich an die Baumärkte B_1 bis B_3 geliefert werden:

	B_1	B_2	B_3
W_1	100	150	120
W_2	50	200	80
W_3	60	250	180

f) Berechnen Sie, wie viele Pakete das Werk W_1 insgesamt ausliefert.

g) Es werden die Lieferungen von Werk W_1 über 20 Wochen, die von Werk W_2 über 18 Wochen und die von Werk W_3 über 14 Wochen betrachtet.
Ermitteln Sie, wie viele Pakete die Baumärkte jeweils bekommen haben.

h) Der Baumarkt B_1 hat 2 440 Pakete erhalten, der Baumarkt B_2 7 400 Pakete und der Baumarkt B_3 4 680 Pakete. Bestimmen Sie die Anzahl der Wochen, in denen die Werke 1 bis 3 jeweils geliefert haben.

Tipps und Hinweise

Teilaufgabe a

✔ Das Verflechtungsdiagramm sollte drei Stufen haben: Schrauben → Pakete → Kisten

Teilaufgabe b

✔ Für die Produktionskosten der Schrauben benötigt man die Anzahl der Schrauben für eine Kiste. Da in einer Kiste mehrere Pakete enthalten sind, müssen die Schrauben pro Paket mit der Anzahl der Pakete und dann mit den Kosten multipliziert werden. Am einfachsten ist es, zuerst die Matrix auszurechnen, die die Anzahl der Schrauben pro Kiste beschreibt.

✔ Für das Zusammenfassen der Schrauben zu den einzelnen Paketen ist nur noch die Anzahl der Pakete pro Kiste zu berücksichtigen.

✔ Das Zusammenstellen der Pakete zu den Kisten erfordert keine weitere Rechnung, da die Kosten pro einer Kiste berechnet werden sollen.

✔ Der Deckungsbeitrag ist der Erlös (Preis) abzüglich der variablen Kosten.

Teilaufgabe c

✔ C_{SK} berechnet sich aus der Multiplikation der Matrix, die die Schrauben pro Paket angibt, mit der Matrix, die die Anzahl der Pakete pro Kiste beschreibt.

Teilaufgabe d

✔ Sinnvoll ist es hier, zuerst eine Matrizengleichung aufzustellen und alle unbekannten Größen mit Variablen zu beschreiben. Das Gleichungssystem ist dann zu lösen. Ein genaues Hinsehen zeigt, dass es zwei Gleichungen mit zwei Variablen gibt, die zuerst gelöst werden können. Das Einsetzen dieser Lösung ergibt dann die Lösung für die dritte Unbekannte.

Teilaufgabe e

✔ Die Produktionszahlen der Pakete sind unbekannt. Stellen Sie zuerst eine Matrizengleichung auf, um diese Produktionszahlen mit den entsprechenden Schraubenvorräten zu bestimmen.

✔ (1) Ein Gegenbeispiel würde ausreichen.

✔ (2) Wenn die Anzahl von P_3 festgelegt ist, dann sind die anderen Mengen ebenfalls mittels t bestimmbar.

✔ (3) Analog zu (2).

✔ (4) Die sinnvollen Lösungen können nur ganzzahlig sein, da nur ganze Schrauben ausgeliefert werden.

✔ (5) Überlegen Sie, welche Mengen sich wie in (2) für P_1 und P_2 ergeben.

Teilaufgaben f bis h

Überlegen Sie sich jeweils, ob Sie von links oder rechts einen Vektor mit der Transportmatrix multiplizieren müssen.

Lösung

a) Verflechtungsdiagramm:

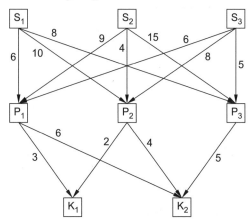

b) Produktionskosten der Schrauben:
Die Kosten werden mit der Matrix, die die Anzahl der Schrauben pro Paket angibt, multipliziert. Da in einer Kiste mehrere Pakete enthalten sind, muss das Ergebnis mit der Matrix multipliziert werden, die die Anzahl der Pakete pro Kiste wiedergibt.

$$(5 \ 7 \ 8) \cdot \begin{pmatrix} 6 & 10 & 8 \\ 9 & 4 & 15 \\ 6 & 8 & 5 \end{pmatrix} \cdot \begin{pmatrix} 3 & 6 \\ 2 & 4 \\ 0 & 5 \end{pmatrix} = (707 \ \ 2\,339)$$ (Produktionskosten der Schrauben)

Zusammenfassen der Schrauben zu Paketen:
Da in jeder Kiste mehrere Pakete von P_1 bis P_3 sind, müssen die Kosten mit der jeweiligen Paketanzahl multipliziert werden.

$$(2 \ 2 \ 3) \cdot \begin{pmatrix} 3 & 6 \\ 2 & 4 \\ 0 & 5 \end{pmatrix} = (10 \ \ 35)$$ (Zusammenfassen der Schrauben zu Paketen)

Zusammenstellen der Pakete zu den Kisten:
Da die Kosten pro Kiste berechnet werden sollen, müssen die Kosten für das Zusammenstellen der Kisten nur addiert werden.

Somit ergeben sich als Gesamtkosten:
(707 2339) + (10 35) + (8 14) = (725 2388)
Für Kiste 1 betragen die Kosten 7,25 € und für Kiste 2 betragen die Kosten 23,88 €.
Der Deckungsbeitrag ist der Verkaufspreis abzüglich der variablen Kosten. Er beträgt für Kiste 1: 7,99 − 7,25 = 0,74 [€] und für Kiste 2: 24,99 − 23,88 = 1,11 [€].

c) Die gesuchte Matrix ergibt sich aus dem Produkt von A und B:
$A \cdot B = C_{SK}$

Für den Schraubenbedarf des Auftrags muss die Matrix, die den Schraubenbedarf je Kiste wiedergibt, mit der Anzahl der Kisten multipliziert werden.

$$\begin{pmatrix} 38 & 116 \\ 35 & 145 \\ 34 & 93 \end{pmatrix} \cdot \begin{pmatrix} 150 \\ 220 \end{pmatrix} = \begin{pmatrix} 31\,220 \\ 37\,150 \\ 25\,560 \end{pmatrix}$$

Es werden 31 220 Schrauben von S_1, 37 150 von S_2 und 25 560 von S_3 benötigt.

d) Es gilt, die Gleichung aus Teilaufgabe c zu übernehmen und die fehlenden Größen mit Variablen zu beschreiben:

$$\begin{pmatrix} 38 & 116 \\ 35 & 145 \\ 34 & 93 \end{pmatrix} \cdot \begin{pmatrix} x_1 \\ x_2 \end{pmatrix} = \begin{pmatrix} 19\,200 \\ 21\,500 \\ y_3 \end{pmatrix}$$

Ausmultiplizieren und Übertragen in ein Gleichungssystem ergibt:
$38x_1 + 116x_2 = 19\,200$
$35x_1 + 145x_2 = 21\,500$
$34x_1 + 93x_2 = y_3$

Die oberen beiden Zeilen bilden ein Gleichungssystem mit zwei Unbekannten, das mittels Additionsverfahren gelöst wird ($x_1 = 200$ und $x_2 = 100$):
$(145 \cdot 38 - 116 \cdot 35) \cdot x_2 = 21\,500 \cdot 38 - 19\,200 \cdot 35$

$$\Leftrightarrow \quad x_2 = \frac{145\,000}{1450} = 100$$

Einsetzen
$\Rightarrow \quad x_1 = 200$

Diese Lösung ist nun in die dritte Gleichung einzusetzen, um y_3 zu ermitteln:
$34 \cdot 200 + 93 \cdot 100 = 16\,100$ (Bedarf von S_3)

Mit den Schraubenvorräten können 200 Stück von K_1 und 100 Stück von K_2 hergestellt werden. Von der Schraubensorte S_3 werden dazu 16 100 Stück benötigt. Die anderen Schraubenvorräte werden vollständig aufgebraucht.

e) Sinnvoll ist es, zuerst eine Matrizengleichung aufzustellen und diese zu lösen:

$$\begin{pmatrix} 5 & 10 & 4 \\ 10 & 25 & 9 \\ 5 & 20 & 6 \end{pmatrix} \cdot \begin{pmatrix} x_1 \\ x_2 \\ x_3 \end{pmatrix} = \begin{pmatrix} 4\,300 \\ 10\,300 \\ 7\,700 \end{pmatrix}$$

Die zugehörige Matrix ist nun mit dem Gauß-Algorithmus zu lösen:

$$\begin{pmatrix} 5 & 10 & 4 & | & 4\,300 \\ 10 & 25 & 9 & | & 10\,300 \\ 5 & 20 & 6 & | & 7\,700 \end{pmatrix} \quad \begin{matrix} \\ II+(-2)\cdot I \\ III+(-1)\cdot I \end{matrix}$$

$$\Leftrightarrow \begin{pmatrix} 5 & 10 & 4 & | & 4\,300 \\ 0 & 5 & 1 & | & 1\,700 \\ 0 & 10 & 2 & | & 3\,400 \end{pmatrix} \quad \begin{matrix} I+(-2)\cdot II \\ \\ III+(-2)\cdot II \end{matrix}$$

$$\Leftrightarrow \begin{pmatrix} 5 & 0 & 2 & | & 900 \\ 0 & 5 & 1 & | & 1\,700 \\ 0 & 0 & 0 & | & 0 \end{pmatrix} \quad \begin{matrix} I:5 \\ II:5 \\ \end{matrix}$$

$$\Leftrightarrow \begin{pmatrix} 1 & 0 & 0{,}4 & | & 180 \\ 0 & 1 & 0{,}2 & | & 340 \\ 0 & 0 & 0 & | & 0 \end{pmatrix}$$

Rangkriterium: Der Rang der Matrix ist gleich dem Rang der erweiterten Matrix, und da der Rang um eins weniger als der volle Rang ist, nämlich 2, ist der Lösungsraum eine Gerade. Mit $x_3 = t$, $t \in \mathbb{R}$ ergibt sich:

$$\begin{pmatrix} x_1 \\ x_2 \\ x_3 \end{pmatrix} = \begin{pmatrix} 180 - 0{,}4\,t \\ 340 - 0{,}2\,t \\ t \end{pmatrix} = \begin{pmatrix} 180 \\ 340 \\ 0 \end{pmatrix} + t \begin{pmatrix} -0{,}4 \\ -0{,}2 \\ 1 \end{pmatrix} \quad \begin{matrix} \text{Anzahl von } P_1 \\ \text{Anzahl von } P_2 \\ \text{Anzahl von } P_3 \end{matrix}$$

Das Gleichungssystem ist mehrdeutig lösbar. Es gibt somit verschiedene Lösungskombinationen.

(1) Falsch: Alle Lösungen, bei denen t durch 5 teilbar, aber kleiner als 450 (damit die Anzahlen für P_1 und P_2 nicht negativ sind) ist, verbrauchen den gesamten Schraubenvorrat. Ein Gegenbeispiel ist durch $t=5$, 178 von P_1, 339 von P_2 und 5 von P_3 gegeben.

(2) Stimmt, denn: $t=250$, dann $340 - 0{,}2 \cdot 250 = 290$ [von P_2] und $180 - 0{,}4 \cdot 250 = 80$ [von P_1].

(3) Stimmt, da mit $t=80$ die Möglichkeiten für P_1 ($180 - 0{,}4 \cdot 80 = 148 > 140$) und ($340 - 0{,}2 \cdot 80 = 324 > 300$) nicht ausgeschöpft werden. Es bleiben also Schrauben übrig.

(4) Falsch, da die Lösungen alle ganzzahlig sein müssen und die Vorräte beschränkt sind.

(5) Falsch, das ist nicht möglich, da sich dann für P_1 eine negative Anzahl ergibt, denn für $t=1700$ ist $180 - 0{,}4 \cdot 1700 = -500$. (Es werden dann keine Pakete P_2 produziert, denn $340 - 0{,}2 \cdot 1700 = 0$.)

f) Die Zeilen der Transportmatrix geben die Auslieferungen der jeweiligen Werke an. Daher sind die Einträge der 1. Zeile zu summieren:

W_1: $100 + 150 + 120 = 370$

Das Werk W_1 liefert insgesamt 370 Pakete aus.

g) Die Lieferungen der Werke an die Baumärkte gilt es aufzusummieren:

$$(20\ \ 18\ \ 14) \cdot \begin{pmatrix} 100 & 150 & 120 \\ 50 & 200 & 80 \\ 60 & 250 & 180 \end{pmatrix} = (3\,740\ \ 10\,100\ \ 6\,360)$$

An den Baumarkt B_1 werden 3 740, an B_2 werden 10 100 und an B_3 werden 6 360 Pakete geliefert.

h) Der Ansatz ist der gleiche wie in Teilaufgabe g, nur sind jetzt die Lieferwochen gesucht:

$$(x_1\ \ x_2\ \ x_3) \cdot \begin{pmatrix} 100 & 150 & 120 \\ 50 & 200 & 80 \\ 60 & 250 & 180 \end{pmatrix} = (2\,440\ \ 7\,400\ \ 4\,680)$$

Ausmultiplizieren und Übertragen in ein Gleichungssystem ergibt:
$100x_1 + 50x_2 + 60x_3 = 2\,440$
$150x_1 + 200x_2 + 250x_3 = 7\,400 \quad \Leftrightarrow \quad x_1 = 10,\ x_2 = 12,\ x_3 = 14$
$120x_1 + 80x_2 + 180x_3 = 4\,680$

Das Werk W_1 hat 10 Wochen, das Werk W_2 hat 12 Wochen und das Werk W_3 hat 14 Wochen geliefert.

Berufliches Gymnasium NRW – Mathematik (Wirtschaft/Verwaltung)
Lineare Algebra: Übungsaufgabe 2

Lago

Das Unternehmen Lago stellt Bausteine aus Kunststoff als Spielzeug her. Es produziert aus den Rohstoffen R_1 bis R_3 kleine Bausteine (K), große Bausteine (G) und Platten (P). Die Bausteine und Platten werden in den verschiedenen Sortierungen B_1 bis B_3 auf den Markt gebracht. Den Materialfluss geben die folgenden Tabellen wieder:

	K	G	P
R_1	1	3	5
R_2	x	1	3
R_3	2	z	6

	B_1	B_2	B_3
K	5	10	y
G	5	15	0
P	1	u	2

a) Die Matrix C_{RB}, die den Verbrauch der Rohstoffe je Endprodukt angibt, hat folgende Gestalt:

$$C_{RB} = \begin{pmatrix} 25 & 70 & 18 \\ 18 & 44 & 22 \\ 31 & 83 & 28 \end{pmatrix}$$

Bestimmen Sie die Unbekannten x, y, z und u.
[Kontrolle: $u=3$; $x=2$; $y=8$ und $z=3$]

b) In einem Produktionszeitraum beträgt der Lagerbestand an Rohstoffen 3400 ME von R_1, 2230 ME von R_2 und 3800 ME von R_3. Von B_1 sollen 20 Stück, von B_2 35 und von B_3 15 Stück hergestellt werden. Ermitteln Sie den Restbestand bzw. den zusätzlichen Bedarf an Rohstoffen.

c) Für einen anderen Produktionszeitraum ergibt sich folgende Situation: Von B_2 sollen doppelt so viele hergestellt werden wie von B_1. Von B_3 sollen 15 Stück produziert werden. Von Rohstoff R_2 stehen 5312 ME zur Verfügung. Die anderen beiden Rohstoffe sind reichlich vorhanden.
Berechnen Sie die Anzahlen B_1 und B_2, die maximal hergestellt werden können.

d) Die Geschäftsleitung hat nach einer Marktanalyse festgelegt, dass für B_1 die variablen Kosten 1,71 €, für B_2 4,45 € und für B_3 1,64 € nicht überschreiten dürfen. Die Rohstoffkosten betragen 1 Cent für R_1 pro ME, 2 Cent für R_2 und 2 Cent für R_3. Die Kosten für die Zusammenstellung der Sortierungen belaufen sich auf 5 Cent für B_1, 7 Cent für B_2 und 6 Cent für B_3. Berechnen Sie, wie hoch die Kosten für die Fertigung der kleinen und großen Steine sowie für die Platten höchstens sein dürfen, um die vorgegebenen Kosten nicht zu überschreiten.

e) Die Rohstoffkosten ändern sich je nach Nachfrage und wirtschaftlicher Situation. Dieser Einfluss wird durch den Parameter t im angegebenen Vektor beschrieben.

$$\vec{k} = \begin{pmatrix} 1{,}5t \\ 2 - t^2 \\ 2 \end{pmatrix}$$

Untersuchen Sie, wie sich der Parameter t auf die gesamten Rohstoffkosten für alle drei Sortierungen zusammen auswirkt, und geben Sie einen sinnvollen Definitionsbereich für t an.

f) Der folgende Vektor gibt an, wie viele Rohstoffe in einem Produktionszeitraum vorhanden sind.

$$\vec{r} = \begin{pmatrix} 315 \\ 200 \\ 380 \end{pmatrix}$$

Berechnen Sie die inverse Matrix zu der Matrix, die den Rohstoffbedarf für einen kleinen und großen Baustein sowie eine Platte wiedergibt. Multiplizieren Sie dann die inverse Matrix mit dem angegebenen Vektor und interpretieren Sie das Ergebnis.

Tipps und Hinweise

Teilaufgabe a
Überführen Sie die Tabellen in Matrizen und überlegen Sie, was das Matrizenprodukt bedeutet.

Teilaufgabe b
Es geht um den Zusammenhang des Rohstoffbedarfs mit den verschiedenen Sortierungen B_1 bis B_3. Welche Matrix drückt diesen Zusammenhang direkt aus? Rechnen Sie dann die Aufgabe so, als ob Sie den Rohstoffbedarf ermitteln müssten.

Teilaufgabe c
Die Aufgabenstellung entspricht der von Teilaufgabe b. Wenn von B_2 doppelt so viele hergestellt werden sollen wie von B_1 und die Variable x für die Stückzahl von B_1 steht, wie kann man die Stückzahl von B_2 ausdrücken? Rechnen Sie dann wieder so, als ob der Rohstoffbedarf ermittelt werden müsste, und überlegen Sie, was die maximal produzierten Stückzahlen einschränkt.

Teilaufgabe d
Ermitteln Sie zuerst die Rohstoffkosten je Bauteil. Welche Matrix gibt den Rohstoffbedarf je Bauteil direkt an? Kosten werden immer von links als Zeilenvektor mit der zugehörigen Matrix multipliziert.

Ziehen Sie dann von den maximalen Kosten die Rohstoffkosten und die Kosten für die Zusammenstellung der Sortierungen ab. Überlegen Sie, welche Matrix die Anzahl der Bausteine und Platten je Sortierung angibt. Beschreiben Sie die gesuchten Kosten mit Variablen und stellen Sie damit, der Matrix und mit den noch zur Verfügung stehenden Beträgen ein Gleichungssystem auf.

Teilaufgabe e

Die Elemente des Kostenvektors dürfen nicht negativ sein. Fassen Sie die Gesamtkosten als Funktion in Abhängigkeit von t auf und untersuchen Sie diese mit Hilfsmitteln der Analysis.

Teilaufgabe f

Stellen Sie zur Interpretation eine Gleichung auf, welche die Stückzahlen der Bausteine und Platten angibt, die mit den vorhandenen Rohstoffen produziert werden können. Überlegen Sie, was geschieht, wenn beide Seiten der Gleichung von links mit der inversen Matrix multipliziert werden.

Lösung

a) A sei die Matrix, die den Rohstoffverbrauch der Bausteine und Platten wiedergibt, und Matrix B beschreibe die Anzahl der Bausteine und Platten je Sortierung.

$$A = \begin{pmatrix} 1 & 3 & 5 \\ x & 1 & 3 \\ 2 & z & 6 \end{pmatrix} \text{ und } B = \begin{pmatrix} 5 & 10 & y \\ 5 & 15 & 0 \\ 1 & u & 2 \end{pmatrix}$$

Das Produkt der beiden Matrizen gibt den Verbrauch der Rohstoffe je Sortierung B_1 bis B_3 an.

$$C_{RB} = A \cdot B = \begin{pmatrix} 25 & 5u+55 & y+10 \\ 5x+8 & 3u+10x+15 & x \cdot y + 6 \\ 5z+16 & 6u+15z+20 & 2y+12 \end{pmatrix}$$

Der Vergleich der Elemente mit der gegebenen Matrix führt zu der Bestimmung der Variablen:

$5u + 55 = 70 \Leftrightarrow u = 3$
$5x + 8 = 18 \Leftrightarrow x = 2$
$y + 10 = 18 \Leftrightarrow y = 8$
$5z + 16 = 31 \Leftrightarrow z = 3$

Die restlichen Komponenten der Matrix müssen nicht bestätigt werden, da von der Richtigkeit von C_{RB} auszugehen ist.

b) Es ist nach den Rohstoffen für eine vorgegebene Anzahl an Sortierungen gefragt:

$$C_{RB} \cdot \begin{pmatrix} 20 \\ 35 \\ 15 \end{pmatrix} = \begin{pmatrix} 3220 \\ 2230 \\ 3945 \end{pmatrix}$$

Das Ergebnis beschreibt den Rohstoffbedarf für die angegebenen Produktionszahlen. Ein Vergleich mit dem Lagerbestand ergibt:

benötigte Rohstoffmengen	vorhandene Rohstoffmengen	Differenz
3220 ME	3400 ME	Restbestand von 180 ME
2230 ME	2230 ME	kein Restbestand, kein Bedarf
3945 ME	3800 ME	Bedarf von 145 ME

c) Es gilt der gleiche Ansatz wie bei Teilaufgabe b. Für die gesuchten Größen werden Variablen eingesetzt. Wenn x die Anzahl von B_1 ist, dann ist 2x die Anzahl von B_2.

$$C_{RB} \cdot \begin{pmatrix} x \\ 2x \\ 15 \end{pmatrix} = \begin{pmatrix} 165x + 270 \\ 106x + 330 \\ 197x + 420 \end{pmatrix}$$

Da von R_2 5312 ME zur Verfügung stehen, begrenzt dieser Lagerbestand die Produktionszahlen. Daher wird mit R_2 das x bestimmt.
$106x + 330 = 5312 \Leftrightarrow x = 47$

Produktionsmenge von B_1: 47
Produktionsmenge von B_2: $2 \cdot 47 = 94$

Rohstoffbedarf von R_1: $165 \cdot 47 + 270 = 8025$
Rohstoffbedarf von R_3: $197 \cdot 47 + 420 = 9679$

d) Zuerst können die Rohstoffkosten je Sortierung berechnet werden:

$$(1 \ 2 \ 2) \cdot \begin{pmatrix} 25 & 70 & 18 \\ 18 & 44 & 22 \\ 31 & 83 & 28 \end{pmatrix} = (123 \ 324 \ 118) \quad \text{(Rohstoffkosten für } B_1 \text{ bis } B_3\text{)}$$

Zu den Rohstoffkosten kommen die Kosten für die Zusammenstellung der Sortierung. Diese Kosten fallen nur einfach an, da nur die Kosten je Sortierung berechnet werden sollen:
$(123 \ 324 \ 118) + (5 \ 7 \ 6) = (128 \ 331 \ 124)$

Diese ermittelten Kosten werden von den vorgegebenen, variablen Kosten abgezogen:
$(171 \ 445 \ 164) - (128 \ 331 \ 124) = (43 \ 114 \ 40)$

Es fehlen nun die maximal möglichen Fertigungskosten der Steine und der Platte. Die Fertigungskosten werden mit Variablen versehen, mit B multipliziert, um die entsprechenden Stückzahlen der Bausteine und der Platte zu bekommen, und dann von den noch zur Verfügung stehenden Geldeinheiten abgezogen:

$$(43 \ 114 \ 40) - (x \ y \ z) \cdot \begin{pmatrix} 5 & 10 & 8 \\ 5 & 15 & 0 \\ 1 & 3 & 2 \end{pmatrix}$$

$= (-5x - 5y - z + 43 \quad -10x - 15y - 3z + 114 \quad -8x - 2z + 40) = (0 \ 0 \ 0)$

Dies lässt sich als Gleichungssystem mit den 3 Unbekannten x, y und z auffassen und mit dem Gauß-Algorithmus lösen:

$$\begin{array}{rcrcrcr} -5x & - & 5y & - & z & = & -43 \\ -10x & - & 15y & - & 3z & = & -114 \\ -8x & & & - & 2z & = & -40 \end{array} \quad \begin{array}{l} (-1,6) \cdot \text{I} + \text{III} \\ (-0,8) \cdot \text{II} + \text{III} \\ (-1) \cdot \text{III} \end{array}$$

$$\Leftrightarrow \begin{array}{rcrcrcr} & & 8y & - & 0{,}4z & = & 28{,}8 \\ & & 12y & + & 0{,}4z & = & 51{,}2 \\ 8x & & & + & 2z & = & 40 \end{array} \quad \begin{array}{l} (\text{I} + \text{II}) \cdot 0{,}05 \\ y = 4 \text{ einsetzen} \\ \end{array}$$

$$\Leftrightarrow \begin{array}{rcrcrcr} & & y & & & = & 4 \\ & & 48 & + & 0{,}4z & = & 51{,}2 \\ 8x & & & + & 2z & = & 40 \end{array} \quad \begin{array}{l} \\ -48 \;|\cdot 2{,}5 \\ z = 8 \text{ einsetzen} \end{array}$$

$$\Leftrightarrow \begin{array}{rcrcrcr} & & y & & & = & 4 \\ & & & & z & = & 8 \\ 8x & & & + & 16 & = & 40 \end{array}$$

$\Leftrightarrow$ $x = 3$; $y = 4$ und $z = 8$

Somit dürfen die Fertigungskosten des kleinen Steins 3 Cent, des großen Steins 4 Cent und der Platte 8 Cent nicht übersteigen.

e) Da Kosten niemals negativ sind, muss $\vec{k} = \begin{pmatrix} 1{,}5t \\ 2-t^2 \\ 2 \end{pmatrix} \geq \begin{pmatrix} 0 \\ 0 \\ 0 \end{pmatrix}$ sein. Es ergibt sich also

$t \geq 0$ aus $1{,}5t \geq 0$ und $-\sqrt{2} \leq t \leq \sqrt{2}$ aus $2 - t^2 \geq 0$.
Zusammen ergibt das die Einschränkung $t \in [0; \sqrt{2}]$.
Es ist nach den Rohstoffkosten pro Sortierung gefragt; deshalb ist die Matrix C_{RB} mit den Rohstoffkosten zu multiplizieren:

$(1{,}5t \quad 2-t^2 \quad 2) \cdot \begin{pmatrix} 25 & 70 & 18 \\ 18 & 44 & 22 \\ 31 & 83 & 28 \end{pmatrix}$
$= (-18t^2 + 37{,}5t + 98 \quad -44t^2 + 105t + 254 \quad -22t^2 + 27t + 100)$

Da die gesamten Rohstoffkosten gefragt sind, müssen die Elemente des Zeilenvektors aufsummiert werden, sodass sich folgende Kostenfunktion in Abhängigkeit von t ergibt:
$K(t) = -84t^2 + 169{,}5t + 452$

Bestimmung des Maximums:
Notwendig: $K'(t) = -168t + 169{,}5 = 0 \Rightarrow t \approx 1{,}00893$
Dazu hinreichend: $K''(t) = -168 < 0$ für alle t, also $t \approx 1{,}00893$ Maximumstelle.

Alternativ hinreichend: K(t) ist eine Parabel, die nach unten geöffnet ist, also muss es sich um ein Maximum handeln.

Mit größer werdendem t, $t \in [0; 1{,}00893]$, steigen jeweils die gesamten Rohstoffkosten. Danach ($t \in [1{,}00893; 1{,}41]$) werden sie jeweils geringer.
Für $t = 0$ sind sie mit 452 GE am niedrigsten, für $t \approx 1{,}00893$ mit 537,507 GE am höchsten.

f) Zur Berechnung der Inversen wird $A\,|\,E$ schrittweise in Diagonalform gebracht:

$$\begin{pmatrix} 1 & 3 & 5 & | & 1 & 0 & 0 \\ 2 & 1 & 3 & | & 0 & 1 & 0 \\ 2 & 3 & 6 & | & 0 & 0 & 1 \end{pmatrix} \quad \begin{matrix} \\ \text{II} - 2 \cdot \text{I} \\ \text{III} - 2 \cdot \text{I} \end{matrix}$$

$$\Leftrightarrow \begin{pmatrix} 1 & 3 & 5 & | & 1 & 0 & 0 \\ 0 & -5 & -7 & | & -2 & 1 & 0 \\ 0 & -3 & -4 & | & -2 & 0 & 1 \end{pmatrix} \quad \begin{matrix} \\ \\ 5 \cdot \text{III} - 3 \cdot \text{II} \end{matrix}$$

$$\Leftrightarrow \begin{pmatrix} 1 & 3 & 5 & | & 1 & 0 & 0 \\ 0 & -5 & -7 & | & -2 & 1 & 0 \\ 0 & 0 & 1 & | & -4 & -3 & 5 \end{pmatrix} \quad \begin{matrix} \text{I} - 5 \cdot \text{III} \\ \text{II} + 7 \cdot \text{III} \\ \end{matrix}$$

$$\Leftrightarrow \begin{pmatrix} 1 & 3 & 0 & | & 21 & 15 & -25 \\ 0 & -5 & 0 & | & -30 & -20 & 35 \\ 0 & 0 & 1 & | & -4 & -3 & 5 \end{pmatrix} \quad \begin{matrix} \text{I} + 0{,}6 \cdot \text{II} \\ \cdot(-0{,}2) \\ \end{matrix}$$

$$\Leftrightarrow \begin{pmatrix} 1 & 0 & 0 & | & 3 & 3 & -4 \\ 0 & 1 & 0 & | & 6 & 4 & -7 \\ 0 & 0 & 1 & | & -4 & -3 & 5 \end{pmatrix}$$

Als inverse Matrix ergibt sich $A^{-1} = \begin{pmatrix} 3 & 3 & -4 \\ 6 & 4 & -7 \\ -4 & -3 & 5 \end{pmatrix}$. Wegen $A^{-1} \cdot \begin{pmatrix} 315 \\ 200 \\ 380 \end{pmatrix} = \begin{pmatrix} 25 \\ 30 \\ 40 \end{pmatrix}$

können 25 ME von K, 30 ME von G und 40 ME von P mit einem Rohstoffvorrat von 315 ME von R_1, 200 ME von R_2 und 380 ME von R_3 hergestellt werden.

Wenn $\vec{d} = \begin{pmatrix} x \\ y \\ z \end{pmatrix}$ für die Stückzahlen von K, G und P steht, dann ergibt die Lösung der Gleichung $A \cdot \vec{d} = \begin{pmatrix} 315 \\ 200 \\ 380 \end{pmatrix}$ die Stückzahlen, die bei den gegebenen Rohstoffvorräten von R_1 bis R_3 produziert werden können.

Werden nun beide Gleichungen von links mit der inversen Matrix A^{-1} multipliziert, dann ergibt sich folgende Gleichung:

$$A^{-1} \cdot A \cdot \vec{d} = A^{-1} \cdot \begin{pmatrix} 315 \\ 200 \\ 380 \end{pmatrix}$$

$$\Leftrightarrow \quad E \cdot \vec{d} = A^{-1} \cdot \begin{pmatrix} 315 \\ 200 \\ 380 \end{pmatrix} \quad | \, E \cdot \vec{d} = \vec{d} \text{ (Multiplikation mit der Einheitsmatrix)}$$

$$\Leftrightarrow \quad \vec{d} = A^{-1} \cdot \begin{pmatrix} 315 \\ 200 \\ 380 \end{pmatrix}$$

Somit können die Stückzahlen der Zwischenprodukte bei vorgegebenen Rohstoffmengen durch Linksmultiplikation mit der inversen Rohstoff-Zwischenprodukt-Matrix bestimmt werden. Dies funktioniert jedoch nur, wenn die Inverse tatsächlich existiert, die quadratische Matrix also vollen Rang besitzt.

Berufliches Gymnasium NRW – Mathematik (Wirtschaft/Verwaltung)
Lineare Algebra: Übungsaufgabe 3

Fertiggaragen

Die Estell GmbH erstellt Fertiggaragen aus normierten Betonstahlelementen. Die wesentlichen Rohstoffe sind Kies (R_1), Zement (R_2), Eisen (R_3) und Isolationsgrundstoffe (R_4). Aus diesen werden die Zwischenprodukte Wandteile (Z_1), Deckenteile (Z_2) und Bodenteile (Z_3) hergestellt. Die Garagen werden in drei Varianten erfolgreich angeboten: einfache Ausführung (E_1), gehobene Ausführung (E_2), Doppelgarage in gehobener Ausführung (E_3). Der folgende Gozintograph gibt an, wie viele Mengeneinheiten (10 ME entsprechen einer Tonne) der Rohstoffe zur Herstellung eines Zwischenproduktes und wie viele Zwischenprodukte jeweils für die drei Endprodukte benötigt werden:

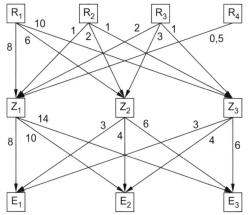

Die Rohstoffkosten und deren Verarbeitung betragen 3 € für eine Mengeneinheit R_1, 25 € für R_2, 60 € für R_3 und 80 € für R_4. Die Fertigungskosten für ein Zwischenprodukt betragen 60 € für Z_1, 120 € für Z_2 und 40 € für ein Z_3. Die Fertigungskosten je Endprodukt betragen 1800 € für E_1, 2800 € für E_2 und 5200 € für E_3.

a) (1) Stellen Sie den Rohstoffverbrauch pro Zwischenprodukt und die Anzahl der Zwischenprodukte pro Garage in Matrizen dar.
 (2) Überprüfen Sie an den Elementen c_{11}, c_{32} und c_{43}, dass die Matrix, die die Rohstoffe je Endprodukt angibt, folgende Gestalt hat:
$$C_{RE} = \begin{pmatrix} 112 & 144 & 208 \\ 17 & 22 & 32 \\ 28 & 36 & 52 \\ 4 & 5 & 7 \end{pmatrix}$$
 (3) Beschreiben Sie die Bedeutung der Elemente c_{11} und c_{42}.

b) Die Tagesproduktion beträgt 12 Garagen E_1, 14 Garagen E_2 und 8 Garagen E_3.
   (1) Bestimmen Sie den Verbrauch an Rohstoffen für die Tagesproduktion. Geben Sie den Wert in Mengeneinheiten und in Tonnen an.
   (2) Ermitteln Sie die Anzahl der hierfür benötigten Zwischenelemente.
   (3) Berechnen Sie die Herstellungskosten einer Garage E_1 und einer Garage E_3.
   (4) Berechnen Sie die gesamten Herstellungskosten der Produktion.

c) Zum Jahresabschluss stehen noch 498 Tonnen Kies, 88 Tonnen Zement, 129 Tonnen Eisen und 8 Tonnen Kunststoff zur Verfügung. Untersuchen Sie, ob es möglich ist, diese Rohstoffe vollständig für Zwischenprodukte oder sogar Endprodukte aufzubrauchen.

d) Ein Engpass auf dem Eisenmarkt führt dazu, dass kurzfristig nur auf 145 Tonnen Eisen zurückgegriffen werden kann. Verschiedene Gründe führen zu der Überlegung, die Garagen im gleichen Verhältnis, also 1 : 1 : 1, anzubieten. Es sind noch 71 Tonnen Zement für den alten Einkaufspreis zu erhalten, danach wird Zement um 50 % teurer, ist aber weiterhin in beliebigen Mengen zu erhalten.
   (1) Bestimmen Sie die Anzahl an Garagen, die maximal unter den alten Einkaufsbedingungen (alter Einkaufspreis für Zement) hergestellt werden können.
   (2) Bestimmen Sie die gesamten Rohstoffkosten zu der Produktion, die insgesamt noch möglich ist (Zement ausreichend vorhanden), und beurteilen Sie die Auswirkung der Preiserhöhung bei Zement.

e) Estell liefert die Zwischenprodukte des Garagenbaus isolationsstofffrei als Fertigbauelemente für den Kanalbau. Der für den Einkauf der Rohstoffe verantwortliche Mitarbeiter behauptet, dass jeder Vorrat an Kies, Zement und Eisen restlos für die Herstellung von Zwischenprodukten aufgebraucht werden kann. Er argumentiert, dass das lineare Gleichungssystem

$$\begin{pmatrix} 8 & 6 & 10 \\ 1 & 2 & 1 \\ 2 & 3 & 1 \end{pmatrix} \cdot \vec{z} = \vec{r}$$

für alle vorgegebenen Rohstoffmengenvektoren $\vec{r}$ eindeutig lösbar ist, da die Matrix den Rang 3 hat.
Nehmen Sie hierzu Stellung.

Tipps und Hinweise

Teilaufgabe a

- (1) Die Matrizen sind den jeweiligen Stufen des Gozintographen zu entnehmen.
- (2) Das Matrizenprodukt aus Rohstoff-Zwischenprodukt- und Zwischenprodukt-Endprodukt-Matrix ist zu bilden. $c_{i,j}$ entspricht dem Produkt der Zeile i der ersten Matrix mit der Spalte j der zweiten Matrix.
- (3) Es handelt sich um die Rohstoff-Endprodukt-Matrix. $c_{i,j}$ gibt die Anzahl Rohstoffe R_i in ME für ein Endprodukt E_j an.

Teilaufgabe b

- Es liegt der Teilaufgabe folgendes (allgemeines) Schema zugrunde:
  - (i) $C_{RE} \cdot \vec{e} = \vec{r}$ benötigte Rohstoffe $\vec{r}$ bei der Produktion von Endprodukten $\vec{e}$
  - (ii) $B_{ZE} \cdot \vec{e} = \vec{z}$ benötigte Zwischenprodukte $\vec{z}$ bei der Produktion von $\vec{e}$
  - (iii) $A_{RZ} \cdot \vec{z} = \vec{r}$ benötigte Rohstoffe $\vec{r}$ bei der Produktion von Zwischenprodukten $\vec{z}$
  - (iv) $\vec{k}_R^T \cdot C_{RE} \cdot \vec{e} = K_R$ gesamte Rohstoffkosten K_R bei der Produktion von $\vec{e}$
  - (v) $\vec{k}_Z^T \cdot B_{ZE} \cdot \vec{e} = K_Z$ gesamte Zwischenproduktkosten K_Z bei der Produktion von $\vec{e}$
- (1) Formel (i). 10 ME entsprechen einer Tonne, 1000 ME 100 Tonnen.
- (2) Formel (ii).
- (3) Formeln (iv) und (v) ohne $\vec{e}$ und zudem Addition der Endproduktionskosten.
- (4) Wie (3), aber mit $\vec{e}$, der Tagesproduktion.

Teilaufgabe c

- Formel (iii) aus Teilaufgabe b bestätigt die Angaben, Formel (ii) widerlegt die zusätzliche Vermutung. Man sollte sich in diesem Zusammenhang auch klarmachen, was die lineare Abhängigkeit der Zeilen von B_{ZE} bedeutet.

Teilaufgabe d

- Aufgrund der Verhältnisse 1 : 1 : 1 reicht eine Variable e_1 für die Endproduktion. Formel (i) aus Teilaufgabe b wird als Ungleichung benutzt.
- (1) Eisen und Zement sind durch Zahlenwerte begrenzt, sodass die anderen zwei Rohstoffe beliebig sind (Variablen). Aus dem Ungleichungssystem erhält man zwei einschränkende Bedingungen für e_1. Der kleinere Wert ist die Lösung.
- (2) Es kann mit dem größeren Wert aus (1) (ganzzahliger Wert notwendig) gerechnet werden. Formel (iv) aus Teilaufgabe b. Für eine Beurteilung des Kostenanstiegs ist es sinnvoll, diesen in Prozent anzugeben.

Teilaufgabe e

- Überprüfen Sie zunächst, ob der Rang tatsächlich 3 ist. Beachten Sie die Zahlenmenge, aus der die Lösungen kommen. Finden Sie ein Gegenbeispiel.

Lösung

a) (1) Aus dem Gozintographen liest man ab:

$$A_{RZ} = \begin{pmatrix} 8 & 6 & 10 \\ 1 & 2 & 1 \\ 2 & 3 & 1 \\ 0{,}5 & 0 & 0 \end{pmatrix} \begin{matrix} R_1 \\ R_2 \\ R_3 \\ R_4 \end{matrix} \quad\quad B_{ZE} = \begin{pmatrix} 8 & 10 & 14 \\ 3 & 4 & 6 \\ 3 & 4 & 6 \end{pmatrix} \begin{matrix} Z_1 \\ Z_2 \\ Z_3 \end{matrix}$$

mit Spaltenköpfen $Z_1\ Z_2\ Z_3$ bzw. $E_1\ E_2\ E_3$.

(2) Es gilt $A_{RZ} \cdot B_{ZE} = C_{RE}$ und somit für die Elemente:

$c_{11} = 8 \cdot 8 + 6 \cdot 3 + 10 \cdot 3 = 64 + 18 + 30 = 112$ (erste Zeile mal erste Spalte)
$c_{32} = 2 \cdot 10 + 3 \cdot 4 + 1 \cdot 4 = 36$ (dritte Zeile mal zweite Spalte)
$c_{43} = 0{,}5 \cdot 14 + 0 \cdot 6 + 0 \cdot 6 = 7$ (vierte Zeile mal dritte Spalte)

Damit ist

$$C_{RE} = \begin{pmatrix} 112 & 144 & 208 \\ 17 & 22 & 32 \\ 28 & 36 & 52 \\ 4 & 5 & 7 \end{pmatrix}$$

bestätigt und darf im Verlauf verwendet werden.

(3) $c_{11} = 112$: Es werden 112 ME (11,2 Tonnen) Kies für die Erstellung einer einfachen Garage E_1 benötigt.
$c_{42} = 5$: Für die Garage in gehobener Ausführung werden 5 ME (0,5 Tonnen) Isolationsgrundstoffe verwendet.

b) (1) Die Tagesproduktion von 12 Garagen E_1, 14 Garagen E_2, 8 Garagen E_3 wird als Spaltenvektor von rechts mit C_{RE} multipliziert:

$$C_{RE} \cdot \begin{pmatrix} 12 \\ 14 \\ 8 \end{pmatrix} = \begin{pmatrix} 112 & 144 & 208 \\ 17 & 22 & 32 \\ 28 & 36 & 52 \\ 4 & 5 & 7 \end{pmatrix} \cdot \begin{pmatrix} 12 \\ 14 \\ 8 \end{pmatrix} = \begin{pmatrix} 5024 \\ 768 \\ 1256 \\ 174 \end{pmatrix} \quad \text{(Angaben in ME)}$$

Somit werden für die Tagesproduktion insgesamt 502,4 Tonnen Kies, 76,8 Tonnen Zement, 125,6 Tonnen Eisen und 17,4 Tonnen Isolationsgrundstoffe verarbeitet.

(2) Die Anzahl benötigter Zwischenelemente ergibt sich analog mit der Zwischenprodukt-Endprodukt-Matrix:

$$B_{ZE} \cdot \begin{pmatrix} 12 \\ 14 \\ 8 \end{pmatrix} = \begin{pmatrix} 8 & 10 & 14 \\ 3 & 4 & 6 \\ 3 & 4 & 6 \end{pmatrix} \cdot \begin{pmatrix} 12 \\ 14 \\ 8 \end{pmatrix} = \begin{pmatrix} 348 \\ 140 \\ 140 \end{pmatrix} \quad \text{(Angaben in Stück)}$$

(3) Die Kosten sind jeweils als Zeilenvektoren von links mit den Bedarfsmatrizen zu multiplizieren:

$$(3\ \ 25\ \ 60\ \ 80) \cdot \begin{pmatrix} 112 & 144 & 208 \\ 17 & 22 & 32 \\ 28 & 36 & 52 \\ 4 & 5 & 7 \end{pmatrix} = (2761\ \ 3542\ \ 5104) \quad \text{(in €, Rohstoffkosten je Garage)}$$

$$(60 \quad 120 \quad 40) \cdot \begin{pmatrix} 8 & 10 & 14 \\ 3 & 4 & 6 \\ 3 & 4 & 6 \end{pmatrix} = (960 \quad 1240 \quad 1800)$$ (in €, Zwischenproduktkosten je Garage)

Endproduktkosten + Zwischenproduktkosten + Rohstoffkosten:
(1800 2800 5200) + (960 1240 1800) + (2716 3542 5104)
= (5521 7582 12 104)

Somit kostet eine Garage einfacher Ausführung 5521 € und eine Doppelgarage 12 104 € in der Herstellung.

(4) Für die Berechnung der gesamten Herstellungskosten der Produktion werden die Einzelpreise mit den produzierten Mengen multipliziert:

$$(5521 \quad 7582 \quad 12\,104) \cdot \begin{pmatrix} 12 \\ 14 \\ 8 \end{pmatrix} = 269\,232$$

Also entstehen bei der gegebenen Produktion Kosten in Höhe von 269 232 €.

c) Die Anzahl der Rohstoffe pro Zwischenprodukt (A_{RZ}) mit der Anzahl Zwischenprodukte multipliziert ergibt die Anzahl der dafür benötigten Rohstoffe:

$$A_{RZ} \cdot \vec{z} = \begin{pmatrix} 8 & 6 & 10 \\ 1 & 2 & 1 \\ 2 & 3 & 1 \\ 0{,}5 & 0 & 0 \end{pmatrix} \cdot \begin{pmatrix} z_1 \\ z_2 \\ z_3 \end{pmatrix} = \begin{pmatrix} 498 \\ 88 \\ 129 \\ 8 \end{pmatrix}$$

$\Leftrightarrow$
(I) $\quad 8 \cdot z_1 + 6 \cdot z_2 + 10 \cdot z_3 = 498$
(II) $\quad\quad z_1 + 2 \cdot z_2 + z_3 = 88$ $\quad$ III − II
(III) $\quad 2 \cdot z_1 + 3 \cdot z_2 + z_3 = 129$ $\quad \Rightarrow 32 - 16 + z_2 = 41, \; z_2 = 25$
(IV) $\quad 0{,}5 \cdot z_1 = 8 \quad \Rightarrow z_1 = 16$

Einsetzen in (II) ergibt: $z_3 = 88 - 16 - 50 = 22$
Es muss überprüft werden, ob (I) gilt: $8 \cdot 16 + 6 \cdot 25 + 10 \cdot 22 = 498$
Also können die Rohstoffe vollständig zu Zwischenprodukten (16 Z_1, 25 Z_2, 22 Z_3) verarbeitet werden.

Dass diese Zwischenprodukte möglicherweise vollständig zu Endprodukten aufgebraucht werden können, muss verneint werden, da hierfür Z_2 und Z_3 in gleichen Mengen vorhanden sein müssten. Rechnung:

$$B_{ZE} \cdot \begin{pmatrix} e_1 \\ e_2 \\ e_3 \end{pmatrix} = \begin{pmatrix} 8 & 10 & 14 \\ 3 & 4 & 6 \\ 3 & 4 & 6 \end{pmatrix} \cdot \begin{pmatrix} e_1 \\ e_2 \\ e_3 \end{pmatrix} = \begin{pmatrix} 16 \\ 25 \\ 22 \end{pmatrix} \Rightarrow \begin{matrix} 8 \cdot e_1 + 10 \cdot e_2 + 14 \cdot e_3 = 16 \\ 3 \cdot e_1 + 4 \cdot e_2 + 6 \cdot e_3 = 25 \\ 3 \cdot e_1 + 4 \cdot e_2 + 6 \cdot e_3 = 22 \end{matrix}$$

Die letzten beiden Gleichungen führen zum Widerspruch.

d) (1) Da die Garagen im gleichen Verhältnis produziert werden, reicht eine Variable e_1 für das Ungleichungssystem:

$$C_{RE} \cdot \begin{pmatrix} e_1 \\ e_1 \\ e_1 \end{pmatrix} \leq \begin{pmatrix} r_1 \\ 710 \\ 1450 \\ r_4 \end{pmatrix}, \text{ wobei } r_1 \text{ und } r_4 \text{ die Mengen an Rohstoffen } R_1 \text{ und } R_4 \text{ sind.}$$

Die mittleren beiden Ungleichungen ergeben:

$$17 \cdot e_1 + 22 \cdot e_1 + 32 \cdot e_1 \leq 710 \quad \Leftrightarrow \quad e_1 \leq \frac{710}{71} = 10$$

$$\wedge \quad 28 \cdot e_1 + 36 \cdot e_1 + 52 \cdot e_1 \leq 1450 \quad \Leftrightarrow \quad e_1 \leq \frac{1450}{116} = 12,5$$

Es können somit maximal 30 Garagen (je 10 von einem Typ) unter den alten Einkaufsbedingungen erstellt werden.

(2) Zement ist genügend vorhanden, sodass Eisen (R_3) die Produktion limitiert. Es sind insgesamt drei mal 12 Garagen (vgl. (1)) unter den Bedingungen herstellbar.

$$\text{Rohstoffe: } C_{RE} \cdot \begin{pmatrix} 12 \\ 12 \\ 12 \end{pmatrix} = \begin{pmatrix} 112 & 144 & 208 \\ 17 & 22 & 32 \\ 28 & 36 & 52 \\ 4 & 5 & 7 \end{pmatrix} \cdot \begin{pmatrix} 12 \\ 12 \\ 12 \end{pmatrix} = \begin{pmatrix} 5568 \\ 852 \\ 1392 \\ 192 \end{pmatrix}$$

$$\text{Rohstoffkosten alt: } \begin{pmatrix} 3 & 25 & 60 & 80 \end{pmatrix} \cdot \begin{pmatrix} 5568 \\ 852 \\ 1392 \\ 192 \end{pmatrix} = 136\,884$$

Hinzu kommt für $852 - 710 = 142$ ME (14,2 Tonnen) Zement ein Aufschlag von 50 % auf 25 € (12,5 €), also $142 \cdot 12,5$ € = 1775 €. Die Gesamtsumme der Rohstoffkosten beträgt damit 136 884 € + 1775 € = 138 659 €, was ein Plus von ca. 1,3 % bedeutet. Der auf den ersten Blick sehr hohe Zuschlag von 50 % auf Zement wirkt sich in einer Teuerung von 1,3 % bei der Produktion aus. Die Teuerung schlägt sich relativ moderat durch.

e) Das Gleichungssystem ist genau dann eindeutig lösbar, wenn die Koeffizientenmatrix vollen Rang besitzt:

$$\begin{pmatrix} 8 & 6 & 10 \\ 1 & 2 & 1 \\ 2 & 3 & 1 \end{pmatrix} \xrightarrow[4 \cdot \text{III} - \text{I}]{8 \cdot \text{II} - \text{I}} \begin{pmatrix} 8 & 6 & 10 \\ 0 & 10 & -2 \\ 0 & 6 & -6 \end{pmatrix} \xrightarrow{10 \cdot \text{III} - 6 \cdot \text{II}} \begin{pmatrix} 8 & 6 & 10 \\ 0 & 10 & -2 \\ 0 & 0 & -48 \end{pmatrix}$$

Damit ist der Rang 3. Das Gleichungssystem ist also in der Tat eindeutig lösbar. Die Lösungen können jedoch reine Bruchzahlen oder negative Zahlen sein, was beides nicht erlaubt ist. Die Aussage des Mitarbeiters ist somit falsch.

Gegenbeispiele:

$$\begin{pmatrix} 8 & 6 & 10 \\ 1 & 2 & 1 \\ 2 & 3 & 1 \end{pmatrix} \cdot \begin{pmatrix} z_1 \\ z_2 \\ z_3 \end{pmatrix} = \begin{pmatrix} 20 \\ 20 \\ 20 \end{pmatrix} \Rightarrow \quad z_1 = -15 \quad\quad z_2 = 15 \quad\quad z_3 = 5$$

$$\begin{pmatrix} 8 & 6 & 10 \\ 1 & 2 & 1 \\ 2 & 3 & 1 \end{pmatrix} \cdot \begin{pmatrix} z_1 \\ z_2 \\ z_3 \end{pmatrix} = \begin{pmatrix} 20 \\ 20 \\ 5 \end{pmatrix} \Rightarrow \quad z_1 = -32,5 \quad\quad z_2 = 17,5 \quad\quad z_3 = 17,5$$

Berufliches Gymnasium NRW – Mathematik (Wirtschaft/Verwaltung)
Lineare Algebra: Übungsaufgabe 4

Möbelfabrik

Gegeben ist die grafische Lösung eines Ungleichungssystems:

a) Geben Sie Ungleichungen an, die zu dem Ungleichungssystem passen.

b) Ermitteln Sie für das abgebildete Planungsvieleck eine Zielfunktion, sodass es genau eine optimale Lösung in C gibt, die ein Maximum liefert.

c) Bestimmen Sie eine Zielfunktion, sodass es mehrere optimale Lösungen zwischen B und C gibt, die ein Maximum liefern. Geben Sie zu dieser Zielfunktion die Lösungen an.

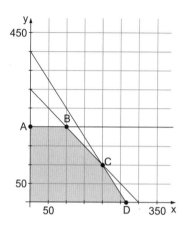

In einer Möbelfabrik werden die Sessel Relax (R) und Freddy (F) hergestellt. Die Herstellung erfolgt in 4 Arbeitsgängen an den Maschinen M_1, M_2, M_3 und M_4. Auf jeder Maschine kann immer gleichzeitig nur an einem Sessel gearbeitet werden. Die Arbeitszeit je Sessel, die zur Verfügung stehenden Betriebsstunden der Maschinen und die Gewinne sind folgender Tabelle zu entnehmen.

Betriebsstunden an Maschine	durchschnittliche Arbeitszeit pro Sessel in Stunden		maximale tägliche Betriebsstundenzahl
	Relax (R)	Freddy (F)	
M_1	0,25	0,50	7
M_2	0,25	0,25	5
M_3	0,50	–	8
M_4	–	0,50	6
Gewinn je Sessel in €	150	100	

d) Ermitteln Sie grafisch die Anzahl der Sessel Relax und Freddy, bei der der Gewinn maximal wird. Bestimmen Sie mögliche ungenutzte Maschinenlaufzeiten.

e) Die Gewinnsituation ändert sich kurzfristig. Die Möbelfabrik kann nun für beide Sessel je 150 € Gewinn erzielen.
Interpretieren Sie die neue Gewinnsituation.

Tipps und Hinweise

Teilaufgabe a
🖋 Stellen Sie zuerst die Gleichungen der Geraden auf, die das Planungspolygon begrenzen. Formen Sie diese dann zu Ungleichungen um. Die Ungleichung zu einer Geraden ist aber nicht eindeutig.

Teilaufgabe b
🖋 Für genau eine Lösung darf die Zielfunktion nicht parallel zu einer Geraden sein, die das Planungspolygon begrenzt. Sie muss stärker fallen als die Gerade durch B und C, aber weniger stark als die Gerade durch C und D.

Teilaufgabe c
🖋 Hier gilt die Umkehrung von b. Bei mehreren Lösungen muss die Zielgerade parallel zu einer Geraden sein, die das Planungspolygon begrenzt.

🖋 Auf Ganzzahligkeit der Lösungen muss aufgrund der Aufgabenstellung nicht geachtet werden.

Teilaufgabe d
🖋 Vergeben Sie die Variablen x und y für die Anzahl der jeweiligen Sessel.

🖋 Die Produktion ist begrenzt durch die maximale Betriebsstundenzahl. Überlegen Sie zuerst, wie viele Sessel Relax man an der Maschine M_1 herstellen kann. Stellen Sie dann die Ungleichung für beide Sessel auf.

🖋 Zur Bestimmung der Randfunktionen formen Sie die Ungleichungen nach y um.

🖋 Lineare Funktionen kann man auch mittels zweier Punkte, die nicht zu nah beieinanderliegen, zeichnen.

🖋 Nachdem Sie die Randfunktionen des Planungspolygons gezeichnet haben, schraffieren Sie den Lösungsraum.

🖋 Je weiter Sie die Zielgerade vom Koordinatenursprung schieben, desto höher wird der Gewinn, d. h., der y-Wert der Zielfunktion muss möglichst groß werden. Beachten Sie aber, dass die Zielgerade durch mindestens einen Punkt des Planungspolygons verlaufen muss.

🖋 Zur Ermittlung des Gewinns benötigen Sie die Koordinaten des Lösungspunktes.

🖋 Für die Bestimmung der Restbestände nutzen Sie die Koordinaten des Lösungspunktes und setzen diese in die Restriktionen ein.

Teilaufgabe e
🖋 Welcher Teil der Aufgabe bleibt gleich, welcher ändert sich?

🖋 Vergleichen Sie die Steigung der Zielfunktion mit der Steigung der Randfunktionen.

Lösung

a) Zuerst werden die Gleichungen der Geraden mithilfe des y-Achsenabschnitts und der Steigung aufgestellt und dann in eine Restriktion (Ungleichung) umgewandelt.

Gerade 1: Restriktionen
$y = -1,5x + 400$ $1,5x + y \leq 400$

Gerade 2:
$y = -x + 300$ $x + y \leq 300$

Gerade 3:
$y = 200$ $y \leq 200$

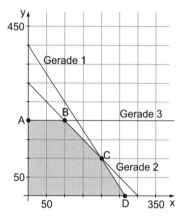

b) Eine mögliche Zielfunktion, die genau eine Lösung liefern soll, darf nicht die Steigung eine der begrenzenden Geraden haben, also nicht $m = -1$, $m = -1,5$ und $m = 0$. Damit C einzige Lösung wird, muss die Steigung der Zielfunktion zwischen der Steigung von Gerade 2 ($m = -1$) und der von Gerade 1 ($m = -1,5$) liegen.
Eine mögliche Zielfunktion wäre:
$$y = -\frac{4}{3}x + b \quad \text{bzw.} \quad Z = 40x + 30y \text{ mit } y = -\frac{4}{3}x + \frac{Z}{30}$$

c) Eine Zielfunktion, die zu mehreren optimalen Lösungen führt, muss die gleiche Steigung haben wie eine Randfunktion, sodass nicht eine Ecke des Lösungspolygons die Lösung ist, sondern eine Seite.

Für $m = -1$ ist $y = -x + b$, sodass eine Verschiebung der Geraden zu dem Lösungsbereich auf der Gerade 2 vom Punkt $B(100 | 200)$ bis $C(200 | 100)$ führt.
Mögliche Lösungen sind alle Punkte der Geraden
$y = -x + 300$ mit $100 \leq x \leq 200$.
Zum Beispiel:
$x = 180$ und $y = -180 + 300 = 120$

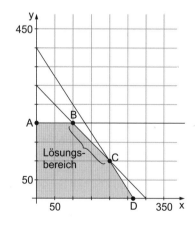

d) Gesucht sind die Produktionszahlen für die Sessel Relax und Freddy für einen maximalen Gewinn.

Festlegen der Bezeichnungen:
x   Anzahl der Sessel Relax
y   Anzahl der Sessel Freddy

Folgende Bedingungen sind gegeben:
Nichtnegativitätsbedingungen
(1) $x \geq 0$
(2) $y \geq 0$

Aus den einschränkenden Bedingungen (Restriktionen)
(3) Betriebsstundenzahl M_1: $0{,}25x + 0{,}5y \leq 7$
(4) Betriebsstundenzahl M_2: $0{,}25x + 0{,}25y \leq 5$
(5) Betriebsstundenzahl M_3: $0{,}5x \leq 8$
(6) Betriebsstundenzahl M_4: $0{,}5y \leq 6$

ergeben sich durch Umformungen nach y die Funktionen bzw. Geraden, die den Planungsbereich begrenzen:
(3) $y = -0{,}5x + 14$
(4) $y = -x + 20$
(5) $x = 16$
(6) $y = 12$

Die Zielfunktion lautet
$G = 150x + 100y$
und umgeformt:

(7) $y = -\dfrac{3}{2}x + \dfrac{G}{100}$

Die Graphen der Randfunktionen (3) bis (6) werden aufgrund der Nichtnegativitätsbedingungen in den 1. Quadranten des Koordinatensystems eingezeichnet.
Das von ihnen eingeschlossene Planungspolygon ergibt den Lösungsraum.
Um den maximalen Gewinn zu erzielen, muss der Graph der Zielfunktion möglichst weit nach oben geschoben werden. Der äußerste Punkt, an dem der Graph der Zielfunktion das Planungspolygon berührt, ist die Lösung (siehe Grafik auf der nächsten Seite).

Der Lösungspunkt ergibt $x = 16$ und $y = 4$, d. h., wenn 16 Sessel Relax und 4 Sessel Freddy hergestellt werden, dann wird der Gewinn maximal. Der Gewinn errechnet sich, wenn die Lösung in die Zielfunktion eingesetzt wird:
$150 \cdot 16 + 100 \cdot 4 = 2800$
Der Gewinn beträgt bei diesen Produktionsmengen 2800 €.

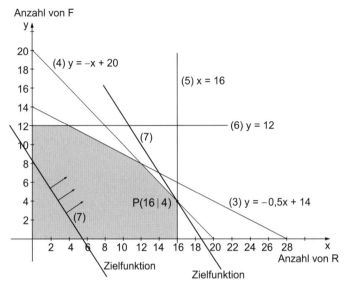

Ungenutzte Maschinenzeiten gibt es nur für M_1 und M_4, denn:
(1) $0{,}25 \cdot 16 + 0{,}5 \cdot 4 = 6$, zur Verfügung standen 7 Std., folglich bleibt 1 Std. ungenutzt.
(4) $0{,}5 \cdot 4 = 2$, zur Verfügung standen 6 Std., folglich bleiben 4 Std. ungenutzt.

Bei M_2 und M_3 werden die gesamten Zeiten genutzt und es bleibt kein Rest:
(2) $0{,}25 \cdot 16 + 0{,}25 \cdot 4 = 5$, zur Verfügung standen 5 Std.
(3) $0{,}5 \cdot 16 = 8$, zur Verfügung standen 8 Std.

e) Der Gewinn errechnet sich nun mit $G = 150x + 150y$, was umgeformt die Zielfunktion
$$y = -x + \frac{G}{150}$$
ergibt.
Die neue Zielfunktion ist parallel zur Begrenzungsfunktion der Restriktion (4). Die Lösung ist somit keine Ecke des Polygons, sondern ein Abschnitt der Gerade (4). Somit ergeben sich mehrere Gewinnmöglichkeiten, vom Punkt (12|8) bis zum Punkt (16|4), allerdings nur die ganzzahligen Punkte dieses Geradenabschnitts: (12|8), (13|7), (14|6), (15|5) und (16|4). Das Unternehmen müsste seine Produktionszahlen daher nicht umstellen.

Berufliches Gymnasium NRW – Mathematik (Wirtschaft/Verwaltung)
Lineare Algebra: Übungsaufgabe 5

Abteilungsverflechtung

Ein Unternehmen besteht aus drei produzierenden Abteilungen (A, B, C), die nach dem Leontief-Modell miteinander verknüpft sind. Die innerbetrieblichen Lieferungen und die Lieferungen an die Endverbraucher in Mengeneinheiten (ME) sind für einen Berichtszeitraum der Tabelle zu entnehmen.

Input / Output	Abteilung A	Abteilung B	Abteilung C	Konsum y
Abteilung A	**a**	20	30	30
Abteilung B	10	**b**	15	15
Abteilung C	20	20	**c**	20

Für die derzeitige gesamte Produktion der Abteilungen in ME gilt:
Abteilung A: 100 ME;   Abteilung B: 80 ME;   Abteilung C: 60 ME

a) Berechnen Sie die fehlenden Werte a, b, c und bestimmen Sie die Technologiematrix T.

b) Erklären Sie, was es bedeutet, dass die Abteilungen nach dem Leontief-Modell miteinander verknüpft sind.

c) In dem letzten Berichtszeitraum wurden von Abteilung A 200 ME, von Abteilung B 160 ME und von Abteilung C 120 ME produziert. Ermitteln Sie die zugehörige Abgabe an den Konsum und stellen Sie die dazugehörige Verflechtungssituation grafisch dar.

d) Für den nächsten Berichtszeitraum sind folgende Abgaben an den Konsum geplant:
Abteilung A: 32 ME;   Abteilung B: 21 ME;   Abteilung C: 42 ME
Berechnen Sie mithilfe der Leontief-Inversen die hierfür notwendigen Produktionsmengen der einzelnen Abteilungen.

Kontrolle: $L^{-1} = \begin{pmatrix} 1,75 & 1,5 & 1,25 \\ 0,6 & 2,8 & 1 \\ 0,5 & 1 & 1,5 \end{pmatrix}$

e) Beurteilen Sie, ob jede beliebige Nachfrage des Konsums erfüllt werden kann.

f) Firmeninterne Analysten schlagen vor, dass die Abteilungen besonders effektiv miteinander arbeiten können, wenn die Produktion im festen Verhältnis 3 : 2 : 1 (Abteilung A : Abteilung B : Abteilung C) erfolgt. Prüfen Sie, was das für die Abgabe an den Markt bedeuten würde.

g) In einer Planrechnung wird der Produktionsvektor
$$\vec{x}_t = \begin{pmatrix} 6t \\ 180 \\ 4t \end{pmatrix}$$
zugrunde gelegt. Die Abteilung A kann maximal 90 ME an den Konsum abgeben, Abteilung B muss aufgrund von Lieferbedingungen mindestens 60 ME bereitstellen. Die Abgabe von Abteilung C an den Konsum ist größer als null. Untersuchen Sie, für welche ganzzahligen t die Bedingungen erfüllt sind.

Tipps und Hinweise

Teilaufgabe a
- Die Summe aller Outputs einer Abteilung muss deren Produktionsmenge sein.
- Teilt man jedes Spaltenelement durch die zugehörige Abteilungsproduktion, so erhält man die Technologiematrix.

Teilaufgabe b
- Das Leontief-Modell kommt ursprünglich aus der Volkswirtschaftslehre und beschreibt die Vernetzung verschiedener Sektoren, die voneinander bezüglich ihrer Produktion abhängen. Dieses Verflechtungsgefüge ist konstant. Übertragen Sie das auf eine innerbetriebliche Verflechtung.

Teilaufgabe c
- Die Abgabe an den Konsum wird mit der Grundgleichung $\vec{x} - T \cdot \vec{x} = \vec{y}$ des Leontief-Modells bestimmt.

Teilaufgabe d
- Der Produktionsvektor ist gesucht. Die Grundgleichung muss nach dem Produktionsvektor umgestellt werden. Das geht nur mit der Leontief-Inversen, die zu berechnen ist.
- Achtung: Die Leontief-Inverse ist nicht die Inverse der Technologiematrix.

Teilaufgabe e
- Betrachten Sie die Koeffizienten der Leontief-Inversen.

Teilaufgabe f
- Drücken Sie die Produktionszahlen mit einer Variablen aus und setzen Sie sie danach in die Grundgleichung ein.

Teilaufgabe g

Der Konsumvektor ergibt sich in Abhängigkeit von t. Die einzelnen Elemente des Konsumvektors werden nun auf Nichtnegativität und auf die gegebenen Bedingungen hin überprüft.

Lösung

a) Zur Bestimmung der Werte a, b und c subtrahiert man von der Produktionsmenge die angegebenen Mengen für den Konsum und die innerbetrieblichen Lieferungen:

$a = 100 - 30 - 30 - 20 = 20$
$b = 80 - 15 - 15 - 10 = 40$
$c = 60 - 20 - 20 - 20 = 0$

Bestimmung der Technologiematrix:

$$T = \begin{pmatrix} \frac{20}{100} & \frac{20}{80} & \frac{30}{60} \\ \frac{10}{100} & \frac{40}{80} & \frac{15}{60} \\ \frac{20}{100} & \frac{20}{80} & 0 \end{pmatrix} = \begin{pmatrix} 0,2 & 0,25 & 0,5 \\ 0,1 & 0,5 & 0,25 \\ 0,2 & 0,25 & 0 \end{pmatrix}$$

b) Die Abteilungen hängen voneinander ab. Diese Abhängigkeit gibt die Technologiematrix wieder. Das Leontief-Modell besagt, dass diese Abhängigkeit konstant ist und somit die Technologiematrix unabhängig von der Höhe der Produktion oder dem Konsum feste Werte hat. Verändert sich die Produktionsmenge in einer Abteilung, hat das Auswirkungen auf die anderen Abteilungen und auf den Teil der Produktion, der in den Konsum fließt, nicht jedoch auf die Technologiematrix.

c) Aus der Grundgleichung $\vec{y} = \vec{x} - T \cdot \vec{x}$ des Leontief-Modells folgt:

$$\vec{y} = \begin{pmatrix} 200 \\ 160 \\ 120 \end{pmatrix} - \begin{pmatrix} 0,2 & 0,25 & 0,5 \\ 0,1 & 0,5 & 0,25 \\ 0,2 & 0,25 & 0 \end{pmatrix} \cdot \begin{pmatrix} 200 \\ 160 \\ 120 \end{pmatrix} = \begin{pmatrix} 60 \\ 30 \\ 40 \end{pmatrix}$$

Die Abgabe der Abteilung A an den Konsum beträgt 60 ME, die der Abteilung B 30 ME und die der Abteilung C 40 ME.

Für das Verflechtungsdiagramm zur vorgegebenen Produktion benötigt man die absoluten Zahlen der Lieferungen zwischen den Abteilungen. Dazu werden die Elemente von T mit den zugehörigen Produktionszahlen multipliziert:

$$\begin{pmatrix} 0,2 \cdot 200 & 0,25 \cdot 160 & 0,5 \cdot 120 \\ 0,1 \cdot 200 & 0,5 \cdot 160 & 0,25 \cdot 120 \\ 0,2 \cdot 200 & 0,25 \cdot 160 & 0 \end{pmatrix} = \begin{pmatrix} 40 & 40 & 60 \\ 20 & 80 & 30 \\ 40 & 40 & 0 \end{pmatrix}$$

Zugehöriges Verflechtungsdiagramm:

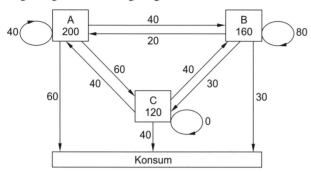

Da im Vergleich zur Aufgabenstellung die Produktion verdoppelt ist, müssen im Verflechtungsdiagramm die verdoppelten Werte der Ausgangstabelle stehen.

d) Die Leontief-Inverse $(E-T)^{-1}$ existiert in der Regel und ergibt sich aus der Umstellung der Grundgleichung:

$$\vec{y} = \vec{x} - T \cdot \vec{x} \quad | \text{ Ausklammern von } \vec{x}$$
$$\Leftrightarrow \quad \vec{y} = (E-T) \cdot \vec{x} \quad | \cdot (E-T)^{-1}$$
$$\Leftrightarrow \quad (E-T)^{-1} \cdot \vec{y} = \vec{x}$$

Sie wird berechnet, indem zunächst $E-T$ gebildet wird,

$$E-T = \begin{pmatrix} 1 & 0 & 0 \\ 0 & 1 & 0 \\ 0 & 0 & 1 \end{pmatrix} - \begin{pmatrix} 0{,}2 & 0{,}25 & 0{,}5 \\ 0{,}1 & 0{,}5 & 0{,}25 \\ 0{,}2 & 0{,}25 & 0 \end{pmatrix} = \begin{pmatrix} 0{,}8 & -0{,}25 & -0{,}5 \\ -0{,}1 & 0{,}5 & -0{,}25 \\ -0{,}2 & -0{,}25 & 1 \end{pmatrix},$$

und dann die Inverse $(E-T)^{-1}$ bestimmt wird:

$$\left(\begin{array}{ccc|ccc} 0{,}8 & -0{,}25 & -0{,}5 & 1 & 0 & 0 \\ -0{,}1 & 0{,}5 & -0{,}25 & 0 & 1 & 0 \\ -0{,}2 & -0{,}25 & 1 & 0 & 0 & 1 \end{array} \right) \quad \begin{array}{l} \\ 8 \cdot \text{II} + \text{I} \\ 4 \cdot \text{III} + \text{I} \end{array}$$

$$\left(\begin{array}{ccc|ccc} 0{,}8 & -0{,}25 & -0{,}5 & 1 & 0 & 0 \\ 0 & 3{,}75 & -2{,}5 & 1 & 8 & 0 \\ 0 & -1{,}25 & 3{,}5 & 1 & 0 & 4 \end{array} \right) \quad \begin{array}{l} 15 \cdot \text{I} + \text{II} \\ \\ 3 \cdot \text{III} + \text{II} \end{array}$$

$$\left(\begin{array}{ccc|ccc} 12 & 0 & -10 & 16 & 8 & 0 \\ 0 & 3{,}75 & -2{,}5 & 1 & 8 & 0 \\ 0 & 0 & 8 & 4 & 8 & 12 \end{array} \right) \quad \begin{array}{l} \text{I} + 1{,}25 \cdot \text{III} \\ 3{,}2 \cdot \text{II} + \text{III} \\ \end{array}$$

$$\left(\begin{array}{ccc|ccc} 12 & 0 & 0 & 21 & 18 & 15 \\ 0 & 12 & 0 & 7{,}2 & 33{,}6 & 12 \\ 0 & 0 & 8 & 4 & 8 & 12 \end{array} \right) \quad \begin{array}{l} \text{I} : 12 \\ \text{II} : 12 \\ \text{III} : 8 \end{array}$$

$$\left(\begin{array}{ccc|ccc} 1 & 0 & 0 & 1{,}75 & 1{,}5 & 1{,}25 \\ 0 & 1 & 0 & 0{,}6 & 2{,}8 & 1 \\ 0 & 0 & 1 & 0{,}5 & 1 & 1{,}5 \end{array} \right)$$

Für die Produktionsmengen ergibt sich somit:
$$\vec{x} = \begin{pmatrix} 1{,}75 & 1{,}5 & 1{,}25 \\ 0{,}6 & 2{,}8 & 1 \\ 0{,}5 & 1 & 1{,}5 \end{pmatrix} \cdot \begin{pmatrix} 32 \\ 21 \\ 42 \end{pmatrix} = \begin{pmatrix} 140 \\ 120 \\ 100 \end{pmatrix}$$

Abteilung A muss 140 ME, Abteilung B muss 120 ME und Abteilung C muss 100 ME produzieren, um die gegebene Nachfrage bedienen zu können.

e) Da die Elemente der Leontief-Inverse $L^{-1} = (E-T)^{-1}$ alle positiv und die Elemente des Nachfragevektors $\vec{y}$ immer größer oder gleich null sind, hat das Produkt daraus, nämlich der Produktionsvektor $\vec{x}$, ebenfalls nur Elemente, die größer oder gleich null sind. Daher gibt es zu jedem vorgegebenen Konsum eine ökonomisch sinnvolle Produktionsmenge (nicht negativ) und somit kann jede Nachfrage des Konsums erfüllt werden.

f) Das angegebene Verhältnis wird in allgemeiner Form aufgeschrieben und eingesetzt:
$$\vec{y} = \vec{x} - T \cdot \vec{x} = \begin{pmatrix} 3x \\ 2x \\ x \end{pmatrix} - \begin{pmatrix} 0{,}2 & 0{,}25 & 0{,}5 \\ 0{,}1 & 0{,}5 & 0{,}25 \\ 0{,}2 & 0{,}25 & 0 \end{pmatrix} \cdot \begin{pmatrix} 3x \\ 2x \\ x \end{pmatrix} = \begin{pmatrix} 1{,}4x \\ 0{,}45x \\ -0{,}1x \end{pmatrix}$$

In diesem Verhältnis kann nicht produziert werden, da $y_3 = -0{,}1x$ für alle positiven x negativ wird und so eine negative Nachfrage entstünde, was unsinnig ist.

g) Zunächst wird der Konsumvektor in Abhängigkeit von t bestimmt:
$$\vec{y} = \vec{x} - T \cdot \vec{x} = \begin{pmatrix} 6t \\ 180 \\ 4t \end{pmatrix} - \begin{pmatrix} 0{,}2 & 0{,}25 & 0{,}5 \\ 0{,}1 & 0{,}5 & 0{,}25 \\ 0{,}2 & 0{,}25 & 0 \end{pmatrix} \cdot \begin{pmatrix} 6t \\ 180 \\ 4t \end{pmatrix} = \begin{pmatrix} 2{,}8t - 45 \\ 90 - 1{,}6t \\ 2{,}8t - 45 \end{pmatrix}$$

Die Elemente des Konsumvektors müssen immer größer oder gleich null sein:
$$\begin{pmatrix} 2{,}8t - 45 \\ 90 - 1{,}6t \\ 2{,}8t - 45 \end{pmatrix} \geq \begin{pmatrix} 0 \\ 0 \\ 0 \end{pmatrix} \Leftrightarrow \begin{array}{l} t \geq 16{,}07 \\ t \leq 56{,}25 \\ t \geq 16{,}07 \end{array}$$

Des Weiteren müssen die Bedingungen aus der Aufgabenstellung gelten:
$$\begin{array}{ll} 2{,}8t - 45 \leq 90 & t \leq 48{,}21 \\ 90 - 1{,}6t \geq 60 \Leftrightarrow & t \leq 18{,}75 \\ 2{,}8t - 45 > 0 & t > 16{,}07 \end{array}$$

Da t ganzzahlig sein muss, ergibt sich aus den errechneten sechs Bedingungen für t, dass nur für $t = 17$ und $t = 18$ alle Bedingungen erfüllt sind.

Berufliches Gymnasium NRW – Mathematik (Wirtschaft/Verwaltung)
Lineare Algebra: Übungsaufgabe 6

Betriebsverflechtung

Drei Betriebe B I, B II und B III der chemischen Industrie beliefern sich gegenseitig und geben Produkte an den außerbetrieblichen Markt entsprechend dem Leontief-Modell ab. Der Warenfluss in Mengeneinheiten (ME) erfolgt entsprechend dem Gozintographen:

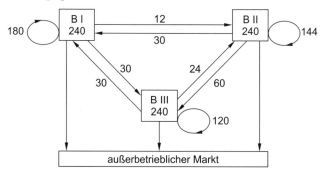

a) Berechnen Sie, wie viele Mengeneinheiten jede Abteilung für den Konsum produziert, und bestimmen Sie die Technologiematrix T.

b) Erklären Sie kurz die Bedeutung der Leontief-Inversen und zeigen Sie, dass gilt:
$$L^{-1} = \begin{pmatrix} 5,6 & 1,2 & 2 \\ 3 & 3,5 & 2,5 \\ 2 & 1 & 3 \end{pmatrix}$$

c) Berechnen Sie für eine Nachfrage am Markt von 20 ME von B I, 10 ME von B II und 70 ME von B III die zu produzierenden Mengen der Abteilungen und umgekehrt die Nachfragemengen bei einer Produktion von 200 ME (B I), 180 ME (B II) und 160 ME (B III).

d) In einer Planrechnung soll die Produktion in Betrieb B I 360 ME betragen. Der Betrieb B II soll dabei 35 ME, der Betrieb B III 75 ME an den Konsum abgeben. Bestimmen Sie die außerbetriebliche Marktabgabe von B I und die Produktionsmengen von B II und B III.

Zur Produktion benötigen die Betriebe Strom und Wasser. Der Verbrauch zur Herstellung je einer ME in den jeweiligen Betrieben beträgt:

	B I	B II	B III
Strom (kWh)	3	2	3
Wasser (m³)	1,5	2	3

Das Versorgungsunternehmen berechnet für 1 kWh Strom 0,30 €, für 1 m³ Wasser 5,50 €.

e) Es liegt eine Nachfrage von einem anderen Unternehmen von 30 ME von B I, 10 ME von B II und 100 ME von B III vor. Die Betriebe kalkulieren die Kosten. Berechnen Sie die für diese Nachfrage einzukalkulierenden Kosten für Strom und Wasser.

f) Der Preis pro ME für die an den Konsum abgegebenen Produkte beträgt bei dem Betrieb B I 200 € und bei den Betrieben II und III jeweils 100 €. In einer Planrechnung wird von folgendem Produktionsvektor ausgegangen:

$$\vec{x}_t = \begin{pmatrix} 80t - 2t^2 \\ 100t - 2{,}5t^2 \\ 45t \end{pmatrix}$$

Beurteilen Sie zunächst, für welche $t \in \mathbb{R}$ der Produktionsvektor ökonomisch sinnvoll ist, und zeigen Sie, dass für den Erlös $E(t) = -100t^2 + 4000t$ gilt.

g) Berechnen Sie zu Teilaufgabe f den maximalen Erlös, die dazugehörigen Produktionsmengen der Betriebe und die dabei anfallenden Kosten für Strom und Wasser.

Tipps und Hinweise

Teilaufgabe a
- Die gesuchten Mengen können dadurch erhalten werden, dass von der Gesamtproduktion die Outputwerte (Pfeile), jeweils bezogen auf einen Betrieb, abgezogen werden.
- Teilt man jeden Output durch die zugehörige Abteilungsproduktion, so erhält man die Technologiematrix.

Teilaufgabe b
- Aufgrund der Eindeutigkeit einer inversen Matrix meint „zeigen", eine Kontrollrechnung durchzuführen. Sie brauchen nicht die Inverse zu berechnen.

Teilaufgabe c
- Gesucht ist im ersten Teil der Produktionsvektor und im zweiten Teil der Konsumvektor.
- Arbeiten Sie mit der Grundgleichung $\vec{x} - T \cdot \vec{x} = \vec{y}$ des Leontief-Modells.

Teilaufgabe d
- Sinnvoll ist es, zuerst alle gegeben Größen in die Grundgleichung einzusetzen. Die gesuchten Werte werden durch Variable ausgedrückt. Durch Ausmultiplizieren erhält man ein Gleichungssystem mit drei Unbekannten, das dann zu lösen ist.

Teilaufgabe e
- Zuerst sind die Produktionszahlen zu bestimmen. Die Produktionszahlen bestimmen die benötigten Mengen an Strom und Wasser. Dann erst können die Kosten berechnet werden.

Teilaufgabe f
- Ein sinnvoller Produktionsvektor enthält nur Elemente, die größer oder gleich null sind. Der Erlös bezieht sich auf die Einnahmen der Mengen, die an den Markt bzw. in den Konsum gehen. Daher ist zuerst der Konsumvektor zu bestimmen.

Teilaufgabe g
- Der maximale Erlös liegt im Scheitelpunkt der Erlösfunktion (quadratische Funktion).
- Danach ist das berechnete t in den Produktionsvektor einzusetzen, um dann die gesuchten Größen zu berechnen.

Lösung

a) Zuerst wird die Technologiematrix bestimmt:
$$T = \begin{pmatrix} \frac{180}{240} & \frac{12}{240} & \frac{30}{240} \\ \frac{30}{240} & \frac{144}{240} & \frac{60}{240} \\ \frac{30}{240} & \frac{24}{240} & \frac{120}{240} \end{pmatrix} = \begin{pmatrix} 0{,}75 & 0{,}05 & 0{,}125 \\ 0{,}125 & 0{,}6 & 0{,}25 \\ 0{,}125 & 0{,}1 & 0{,}5 \end{pmatrix}$$

Mit der Grundgleichung $\vec{x} - T \cdot \vec{x} = \vec{y}$ kann der Konsumvektor bestimmt werden:
$$\begin{pmatrix} 240 \\ 240 \\ 240 \end{pmatrix} - \begin{pmatrix} 0{,}75 & 0{,}05 & 0{,}125 \\ 0{,}125 & 0{,}6 & 0{,}25 \\ 0{,}125 & 0{,}1 & 0{,}5 \end{pmatrix} \cdot \begin{pmatrix} 240 \\ 240 \\ 240 \end{pmatrix} = \begin{pmatrix} 18 \\ 6 \\ 66 \end{pmatrix}$$

Der Betrieb B I liefert 18 ME, der Betrieb B II liefert 6 ME und der Betrieb B III liefert 66 ME an den Markt.

b) Die Leontief-Inverse dient dazu, den Produktionsvektor zu bestimmen, wenn die Technologiematrix und der Konsumvektor gegeben sind. Dabei wird vorausgesetzt, dass die Verflechtung gemäß dem Leontief-Modell „fest" voneinander abhängt, was bedeutet, dass die Leontief-Inverse unabhängig von der Höhe der Nachfrage oder Gesamtproduktion stets konstant bleibt.

Die Leontief-Inverse ist die Inverse zur Matrix $E - T$, sodass $(E-T) \cdot L^{-1}$ berechnet wird:
$$(E-T) \cdot L^{-1} = \begin{pmatrix} 0{,}25 & -0{,}05 & -0{,}125 \\ -0{,}125 & 0{,}4 & -0{,}25 \\ -0{,}125 & -0{,}1 & 0{,}5 \end{pmatrix} \cdot \begin{pmatrix} 5{,}6 & 1{,}2 & 2 \\ 3 & 3{,}5 & 2{,}5 \\ 2 & 1 & 3 \end{pmatrix} = \begin{pmatrix} 1 & 0 & 0 \\ 0 & 1 & 0 \\ 0 & 0 & 1 \end{pmatrix} = E$$

Also ist L^{-1} die Leontief-Inverse.

c) Beim ersten Teil der Aufgabe ist der Produktionsvektor bei vorhandenen Nachfragemengen zu bestimmen. Dies gelingt mit der Leontief-Inversen:
$$\vec{x} = L^{-1} \cdot \vec{y} = \begin{pmatrix} 5{,}6 & 1{,}2 & 2 \\ 3 & 3{,}5 & 2{,}5 \\ 2 & 1 & 3 \end{pmatrix} \cdot \begin{pmatrix} 20 \\ 10 \\ 70 \end{pmatrix} = \begin{pmatrix} 264 \\ 270 \\ 260 \end{pmatrix}$$

Abteilung B I muss 264 ME, Abteilung B II muss 270 ME und Abteilung B III muss 75 ME produzieren, um der Nachfrage gerecht zu werden.

Beim zweiten Teil der Aufgabe ist der Konsumvektor bei vorhandenen Produktionszahlen zu bestimmen. Dazu kann die Grundgleichung benutzt werden:
$$\vec{y} = \vec{x} - T \cdot \vec{x} = \begin{pmatrix} 200 \\ 180 \\ 160 \end{pmatrix} - \begin{pmatrix} 0{,}75 & 0{,}05 & 0{,}125 \\ 0{,}125 & 0{,}6 & 0{,}25 \\ 0{,}125 & 0{,}1 & 0{,}5 \end{pmatrix} \cdot \begin{pmatrix} 200 \\ 180 \\ 160 \end{pmatrix} = \begin{pmatrix} 21 \\ 7 \\ 37 \end{pmatrix}$$

Abteilung B I kann 21 ME, Abteilung B II kann 7 ME und Abteilung B III kann 37 ME bei den gegebenen Produktionsmengen an den Markt abgeben.

d) Die gesuchten Werte des Produktions- und Konsumvektors werden mit Variablen ausgedrückt. Einsetzen in die Grundgleichung ergibt:

$$\vec{x} - T \cdot \vec{x} = \begin{pmatrix} 360 \\ x_2 \\ x_3 \end{pmatrix} - \begin{pmatrix} 0,75 & 0,05 & 0,125 \\ 0,125 & 0,6 & 0,25 \\ 0,125 & 0,1 & 0,5 \end{pmatrix} \cdot \begin{pmatrix} 360 \\ x_2 \\ x_3 \end{pmatrix} = \begin{pmatrix} y_1 \\ 35 \\ 75 \end{pmatrix} = \vec{y}$$

Ausmultiplizieren und Zusammenfassen führt zu folgendem Gleichungssystem:
$$-0,05x_2 - 0,125x_3 + 90 = y_1$$
$$0,4x_2 - 0,25x_3 - 45 = 35$$
$$-0,1x_2 + 0,5x_3 - 45 = 75$$

Die letzten beiden Zeilen bilden ein Gleichungssystem mit zwei Unbekannten, das die folgende Lösung besitzt:
$$\begin{matrix} 0,4x_2 - 0,25x_3 = 80 \\ -0,1x_2 + 0,5x_3 = 120 \end{matrix} \Leftrightarrow \begin{matrix} x_2 = 400 \\ x_3 = 320 \end{matrix}$$

Einsetzen in die erste Gleichung des obigen Gleichungssystems ergibt:
$$y_1 = -0,05 \cdot 400 - 0,125 \cdot 320 + 90 = 30$$

Die außerbetriebliche Marktabgabe von B I beträgt 30 ME, die Produktionsmenge von B II beträgt 400 ME, die von B III 320 ME.

e) Zu der gegebenen Nachfrage sind die Produktionszahlen mit der Leontief-Inversen zu bestimmen:

$$\vec{x} = L^{-1} \cdot \vec{y} = \begin{pmatrix} 5,6 & 1,2 & 2 \\ 3 & 3,5 & 2,5 \\ 2 & 1 & 3 \end{pmatrix} \cdot \begin{pmatrix} 30 \\ 10 \\ 100 \end{pmatrix} = \begin{pmatrix} 380 \\ 375 \\ 370 \end{pmatrix}$$

Der Produktionsvektor ist nun mit dem Verbrauch aus der angegebenen Tabelle zu multiplizieren:

$$\begin{pmatrix} 3 & 2 & 3 \\ 1,5 & 2 & 3 \end{pmatrix} \cdot \begin{pmatrix} 380 \\ 375 \\ 370 \end{pmatrix} = \begin{pmatrix} 3\,000 \\ 2\,430 \end{pmatrix} \quad \begin{matrix} \text{Verbrauch an Strom in kWh} \\ \text{Verbrauch an Wasser in m}^3 \end{matrix}$$

Die Verbrauchsmengen sind nun mit den Kosten zu multiplizieren:
$$(0,3 \quad 5,5) \cdot \begin{pmatrix} 3\,000 \\ 2\,430 \end{pmatrix} = 14\,265$$

Die für die gegebene Nachfrage einzukalkulierenden Kosten betragen 14 265 €.

f) Für den Produktionsvektor muss gelten, dass alle Elemente ≥ 0 sind. Wenn Linearfaktoren gebildet werden (t ausklammern), ist die Lösung abzulesen:
$$80t - 2t^2 \geq 0 \Leftrightarrow 2t \cdot (40-t) \geq 0 \Leftrightarrow t \geq 0 \text{ und } t \leq 40$$
$$100t - 2,5t^2 \geq 0 \Leftrightarrow 2,5t \cdot (40-t) \geq 0 \Leftrightarrow t \geq 0 \text{ und } t \leq 40$$
$$45t \geq 0 \Leftrightarrow t \geq 0$$

Mit $t \in [0; 40]$ ergeben sich ökonomisch sinnvolle Produktionszahlen.

Für den Konsumvektor in Abhängigkeit von t gilt:

$$\vec{y} = \vec{x} - T \cdot \vec{x} = \begin{pmatrix} 80t - 2t^2 \\ 100t - 2{,}5t^2 \\ 45t \end{pmatrix} - \begin{pmatrix} 0{,}75 & 0{,}05 & 0{,}125 \\ 0{,}125 & 0{,}6 & 0{,}25 \\ 0{,}125 & 0{,}1 & 0{,}5 \end{pmatrix} \cdot \begin{pmatrix} 80t - 2t^2 \\ 100t - 2{,}5t^2 \\ 45t \end{pmatrix}$$

$$= \begin{pmatrix} -0{,}375t^2 + 9{,}375t \\ -0{,}75t^2 + 18{,}75t \\ 0{,}5t^2 + 2{,}5t \end{pmatrix}$$

Zur Ermittlung des Erlöses (Preis × Menge) muss der Preisvektor (200 100 100) mit dem Konsumvektor multipliziert werden:

$$E(t) = (200 \quad 100 \quad 100) \cdot \begin{pmatrix} -0{,}375t^2 + 9{,}375t \\ -0{,}75t^2 + 18{,}75t \\ 0{,}5t^2 + 2{,}5t \end{pmatrix} = -100t^2 + 4\,000t$$

Somit lautet die Erlösfunktion $E(t) = -100t^2 + 4\,000t$.

g) Der maximale Erlös kann mithilfe der Differenzialrechnung berechnet werden. Für ein lokales Maximum gilt $E'(t) = 0$ und $E''(t) < 0$.
$E'(t) = -200t + 4\,000 = 0 \iff t = 20$
$E''(t) = -200$
$E''(20) = -200 < 0$, also ist $t = 20$ Maximalstelle.
Für $t = 20$ ist der Erlös maximal mit $E(20) = 40\,000$ €.

Zur Bestimmung der Produktionsmengen wird $t = 20$ in den Produktionsvektor eingesetzt:

$$\begin{pmatrix} 80 \cdot 20 - 2 \cdot 20^2 \\ 100 \cdot 20 - 2{,}5 \cdot 20^2 \\ 45 \cdot 20 \end{pmatrix} = \begin{pmatrix} 800 \\ 1000 \\ 900 \end{pmatrix} \begin{array}{l} \text{Produktion von B I} \\ \text{Produktion von B II} \\ \text{Produktion von B III} \end{array}$$

Für die anfallenden Kosten muss zunächst der Verbrauch an Strom und Wasser bestimmt werden:

$$\begin{pmatrix} 3 & 2 & 3 \\ 1{,}5 & 2 & 3 \end{pmatrix} \cdot \begin{pmatrix} 800 \\ 1000 \\ 900 \end{pmatrix} = \begin{pmatrix} 7100 \\ 5900 \end{pmatrix} \begin{array}{l} \text{Verbrauch an Strom} \\ \text{Verbrauch an Wasser} \end{array}$$

Um die Kosten zu ermitteln, ist der Verbrauch an Strom und Wasser mit den entsprechenden Preisen zu multiplizieren:

$$(0{,}3 \quad 5{,}5) \cdot \begin{pmatrix} 7100 \\ 5900 \end{pmatrix} = 34\,580$$

Die anfallenden Kosten bei der erlösmaximalen Produktion betragen 34 580 € (was zu einem Gewinn von 5 420 € führt).

Berufliches Gymnasium NRW – Mathematik (Wirtschaft/Verwaltung)
Stochastik: Übungsaufgabe 1

Koffer

Das Unternehmen Fernweh stellt Reisekoffer im Niedrigpreissektor her. Im Rahmen der Qualitätssicherung wird eine Kontrolle der Kofferschlösser durchgeführt. Von den Schlössern ist bekannt, dass nur 85 % einwandfrei sind. Es werden 500 Schlösser geliefert. Die Qualitätssicherung greift 25 Schlösser der Lieferung zufällig heraus.

a) Berechnen Sie die Wahrscheinlichkeit, dass höchstens 2 Schlösser defekt sind
 (1) nach dem Urnenmodell ohne Zurücklegen und
 (2) nach dem Urnenmodell mit Zurücklegen.
 Interpretieren Sie die Lösung.

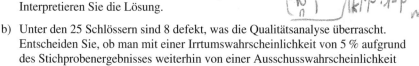

b) Unter den 25 Schlössern sind 8 defekt, was die Qualitätsanalyse überrascht. Entscheiden Sie, ob man mit einer Irrtumswahrscheinlichkeit von 5 % aufgrund des Stichprobenergebnisses weiterhin von einer Ausschusswahrscheinlichkeit von 15 % fehlerhafter Schlösser ausgehen kann.
 Beurteilen Sie Ihre Entscheidung.

c) Bestimmen Sie die Wahrscheinlichkeit, dass unter den 500 gelieferten Schlössern über 80 defekte Schlösser sind.

d) Die Stoffe für die Kofferbezüge stammen von 2 Lieferanten. Lieferant A liefert 30 % der Bezüge und bei ihm finden sich bei 5 % Fehler. Bei Lieferant B finden sich bei 3 % der Bezüge Fehler. Berechnen Sie die Wahrscheinlichkeiten,
 (1) mit der Stoffbezug von Lieferant B stammt und fehlerhaft ist,
 (2) ein zufällig ausgewählter Bezug, der fehlerfrei ist, von Lieferant A stammt und
 (3) ein zufällig ausgewählter Bezug, der fehlerhaft ist, ebenfalls von Lieferant A stammt.

e) Nach der Erfahrung kommt es bei 3 % der ausgelieferten Koffer zu Garantiefällen, die das Unternehmen 45 € kosten, und in 2 % zu Garantiefällen, die 87 € kosten. In 1 % der Fälle muss der Koffer komplett ersetzt werden.
 Der Koffer wird zu 125 € produziert und für 158 € verkauft.
 (1) Berechnen Sie, wie groß der zu erwartende Gewinn durchschnittlich pro ausgeliefertem Koffer ist.
 (2) Die Kosten der Garantiefälle sollen nicht vom eigentlichen Gewinn (33 €) abgezogen werden, sondern den Produktionskosten zugerechnet werden.
 Bestimmen Sie die neuen Produktionskosten.

(3) Die Garantiekosten sollen 3,70 € pro Koffer nicht überschreiten. Dies soll durch eine Reduzierung der Garantiefälle geschehen. Durch eine technische Innovation scheint es möglich, die Garantiefälle, bei denen der ganze Koffer ersetzt werden muss, zu verringern. Die anderen beiden Garantiefälle bleiben auf ihrem bisherigen Stand.

Berechnen Sie, auf wie viel Prozent sich die Garantiefälle, bei denen der ganze Koffer ersetzt wird, verringern müssten, damit die Garantiekosten von 3,70 € pro Koffer nicht überschritten werden.

Tipps und Hinweise

Teilaufgabe a

- Bei (1) ist die Anzahl der günstigen Fälle durch die Anzahl der möglichen Fälle zu teilen. Bei der Berechnung der Anzahl der günstigen Fälle sind die Möglichkeiten zu addieren, dass kein, ein und zwei defekte Schlösser gefunden werden.
- Die Anzahl der möglichen Fälle ist die Anzahl der verschiedenen 25-elementigen Teilmengen einer 500-elementigen Menge.
- Bei (2) ist die Binomialverteilung anzunehmen.
- Das Ergebnis aus (1) ist genauer. Warum?

Teilaufgabe b

- Die Anzahl gefundener defekter Schlösser spricht aufgrund ihrer Höhe gegen die zugrunde gelegte Ausschussquote von 15 %. Ziel ist es also, die Nullhypothese $p \leq 0{,}15$ zu verwerfen. Es muss rechtsseitig getestet werden, da ein hoher Wert defekter Schlösser gegen die Nullhypothese spricht.

Teilaufgabe c

- Bei großen Stichproben gibt es keine Binomialtabellen. Es muss mit GTR bzw. CAS oder der Näherungsformel von Moivre-Laplace gerechnet werden. Laplace-Bedingung beachten!

Teilaufgabe d

- Erstellen Sie ein Baumdiagramm (oder alternativ eine Vierfeldertafel). Anschaulich ist es, das Baumdiagramm auch noch umzukehren und die entsprechenden Wahrscheinlichkeiten an den Pfaden abzulesen.

Teilaufgabe e

- Legen Sie bei (1) den Gewinn pro Koffer ohne Garantiefälle fest. Überlegen Sie dann, welcher Verlust bei den drei einzelnen Garantiefällen auftritt. Alle vier Fälle treten mit unterschiedlichen Wahrscheinlichkeiten auf. Der Erwartungswert ergibt dann die Lösung.

- Bei (2) sind die Garantiekosten pro Koffer von dem Gewinn ohne Berücksichtigung der Garantiekosten abzuziehen.
- Legen Sie bei (3) die Zufallsgröße für die Garantiekosten pro Koffer fest. Geben Sie der Wahrscheinlichkeit, die verringert werden soll, eine Variable. Mit dem vorgegebenen Erwartungswert lässt sich die Wahrscheinlichkeit berechnen.

Lösung

a) X: Anzahl der defekten Schlösser

(1) Urnenmodell ohne Zurücklegen, es handelt sich um einen Laplace-Versuch.

Die Anzahl der möglichen Fälle beträgt: $|\Omega| = \binom{500}{25}$

Es sind $500 \cdot 0{,}85 = 425$ Schlösser nicht defekt und daher 75 Schlösser defekt. Die Anzahlen der Kombinationen von keinem, einem und zwei defekten Schlössern werden addiert und durch die Anzahl der insgesamt möglichen 25-elementigen Teilmengen der 500-elementigen Menge dividiert:

$$P(X \leq 2) = \frac{\binom{75}{0}\cdot\binom{425}{25} + \binom{75}{1}\cdot\binom{425}{24} + \binom{75}{2}\cdot\binom{425}{23}}{\binom{500}{25}} \approx 0{,}247$$

(2) Urnenmodell mit Zurücklegen, X ist jetzt binomialverteilt (n = 25, p = 0,15):

$$P(X \leq 2) = \binom{25}{0} \cdot 0{,}15^0 \cdot 0{,}85^{25} + \binom{25}{1} \cdot 0{,}15 \cdot 0{,}85^{24} + \binom{25}{2} \cdot 0{,}15^2 \cdot 0{,}85^{23}$$

$$= 0{,}85^{25} + 25 \cdot 0{,}15 \cdot 0{,}85^{24} + 300 \cdot 0{,}15^2 \cdot 0{,}85^{23}$$

$$\approx 0{,}254$$

Das genauere Modell ist das Urnenmodell ohne Zurücklegen, da ein geprüftes Schloss nicht ein zweites Mal getestet wird. Allerdings stellt bei großen Grundgesamtheiten die Binomialverteilung eine gute Annäherung an das Urnenmodell ohne Zurücklegen dar, da die Wahrscheinlichkeit p durch die Stichprobenentnahme praktisch unverändert bleibt und somit das Urnenmodell mit Zurücklegen und das Urnenmodell ohne Zurücklegen praktisch gleiche Zufallsexperimente liefern.

b) Hier handelt es sich um einen rechtsseitigen Test, da der hohe Wert an defekten Schlössern für eine Ausschussquote über 15 % spricht (H_1: p > 0,15).
X: Anzahl der defekten Schlösser, n = 25
H_0: p ≤ 0,15   Signifikanzniveau $\alpha = 0{,}05$
Die beiden Tabellenwerte
$P(X \geq 7) \approx 0{,}0695 > 0{,}05$ und
$P(X \geq 8) \approx 0{,}02547 < 0{,}05$
zeigen, dass der Ablehnungsbereich die Menge {8; 9; ...; 25} ist. Da 8 im Ablehnungsbereich liegt, muss die Nullhypothese verworfen werden. Mit 95 % Wahrscheinlichkeit liegt die Ausschussquote aufgrund des Tests nicht mehr bei 15 %.

Es muss also eine neue Ausschussquote bestimmt werden. Da jedoch der Stichprobenumfang n = 25 relativ gering für ein Testverfahren ist, sollte dieser zunächst in einem weiteren Test erhöht werden.

c) Es ist X: Anzahl der defekten Schlösser bei n = 500, p = 0,15.
Gesucht ist die Wahrscheinlichkeit P(X > 80), wobei X binomialverteilt ist.
Da keine Tabelle zur Binomialverteilung mit n = 500 zur Verfügung steht, muss mit der Näherungsformel von Moivre-Laplace gerechnet werden, wenn die Laplace-Bedingung erfüllt ist:
Wegen $\sigma^2 = n \cdot p \cdot (1-p) = 500 \cdot 0{,}15 \cdot 0{,}85 = 63{,}75 > 9$ gilt:

$$P(X > 80) = 1 - P(X \leq 80) \approx 1 - \Phi\left(\frac{80-\mu}{\sigma}\right) = 1 - \Phi\left(\frac{80 - 500 \cdot 0{,}15}{\sqrt{500 \cdot 0{,}15 \cdot 0{,}85}}\right)$$
$$\approx 1 - \Phi(0{,}626)$$

Aus der Tabelle der Gauß'schen Φ-Funktion liest man den nächstgelegenen Wert $\Phi(0{,}63) = 0{,}7357$ ab. Somit ist $P(X > 80) \approx 1 - 0{,}7357 = 0{,}2643$.
Die Wahrscheinlichkeit für mehr als 80 defekte Schlösser beträgt also ca. 26,4 %.

Mit einem CAS errechnet man den „genauen" Wert:
$P(X > 80) = \text{binomCdf}(500, 0.15, 81, 500) \approx 0{,}243053 \approx 24{,}3\%$

Diese Genauigkeit lässt sich auch ohne CAS mit der Näherungsformel von Moivre-Laplace erzielen, wenn das Korrekturglied 0,5 berücksichtigt wird:

$$P(X > 80) \approx 1 - \Phi\left(\frac{80 - \mu + 0{,}5}{\sigma}\right) \approx 1 - \Phi(0{,}69) = 1 - 0{,}7549 = 0{,}2451$$

d) Zuerst werden die Bezeichnungen festgelegt:
A für „Lieferant A" und B für „Lieferant B", F für „mit Fehler".
(1) Das Erstellen eines Baumdiagramms liefert die Lösung 0,021, wenn die Wahrscheinlichkeiten an dem Pfad B und F multipliziert werden.

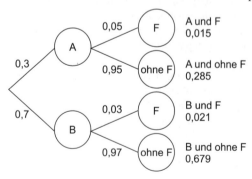

Für (2) und (3) ist es sinnvoll, das Baumdiagramm umzukehren. Dabei ist
$P(F) = P(A \cap F) + P(B \cap F) = 0,015 + 0,021 = 0,036$ und
$P(\text{ohne } F) = P(A \cap \text{ohne } F) + P(B \cap \text{ohne } F) = 0,285 + 0,679 = 0,964$.

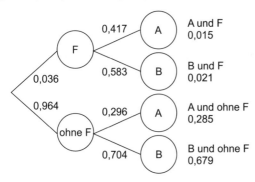

(2) Die gesuchte Wahrscheinlichkeit ergibt sich, indem man die Wahrscheinlichkeit von „A und ohne F" durch die Wahrscheinlichkeit von „ohne F" teilt:

$$P_{\text{ohne F}}(A) = \frac{P(A \cap \text{ohne } F)}{P(\text{ohne } F)} = \frac{0,285}{0,964} \approx 0,296$$

Die Wahrscheinlichkeit, unter den fehlerfreien Bezügen einen Bezug von Lieferant A zu finden, beträgt 29,6 %.

(3) Die gesuchte Wahrscheinlichkeit ergibt sich analog zu (2):

$$P_F(A) = \frac{P(A \cap F)}{P(F)} = \frac{0,015}{0,036} \approx 0,417$$

Die Wahrscheinlichkeit, unter den fehlerhaften Bezügen einen Bezug von Lieferant A zu finden, beträgt 41,7 %.

e) (1) X: Gewinn pro Koffer

Vom Verkaufspreis sind Produktionskosten und Garantiekosten abzuziehen.
In 3 % der Fälle: 158 € − 125 € − 45 € = −12 €
In 2 % der Fälle: 158 € − 125 € − 87 € = −54 €
In 1 % der Fälle: 158 € − 125 € − 125 € = −92 €
In 94 % der Fälle: 158 € − 125 € − 0 € = 33 €

Somit ergibt sich folgende Tabelle:

x_i	−12	−54	−92	33
$P(X = x_i)$	0,03	0,02	0,01	0,94

$E(X) = 0,03 \cdot (-12) + 0,02 \cdot (-54) + 0,01 \cdot (-92) + 0,94 \cdot 33$
$ = 28,66$

Pro Koffer ist ein Gewinn von 28,66 € zu erwarten.

(2) Die durchschnittlichen Garantiekosten pro Koffer sind die Differenz zwischen dem Stückgewinn, bei dem die Garantiekosten nicht berücksichtigt wurden, und dem Stückgewinn abzüglich der Garantiekosten (1):
33 € − 28,66 € = 4,34 €
Also betragen die neuen Produktionskosten eines Koffers 129,34 €.
Alternativ kann auch die Zufallsgröße neu definiert werden als Garantiekosten pro Koffer; dann ist entsprechend wie bei (1) zu rechnen.

(3) Die Wahrscheinlichkeit p für die Garantiekosten von 125 € muss bestimmt werden.

X: Garantiekosten pro Koffer

x_i	45	87	125	0
$P(X=x_i)$	0,03	0,02	p	0,95 − p

$$E(X) = 0,03 \cdot 45 + 0,02 \cdot 87 + p \cdot 125 + 0 \cdot (0,95 - p) \leq 3,70$$
$$\Leftrightarrow \quad 125 \cdot p + 3,09 \leq 3,70$$
$$\Leftrightarrow \quad p \leq 0,00488$$

Wenn die Wahrscheinlichkeit für eine Totalreparatur des Koffers höchstens 0,488 % beträgt, sinken die durchschnittlichen Garantiekosten auf maximal 3,70 €.

Berufliches Gymnasium NRW – Mathematik (Wirtschaft/Verwaltung)
Stochastik: Übungsaufgabe 2

Nakio

Die Nakio AG bezieht für ihre Handyproduktion bei drei verschiedenen Lieferanten A, B und C Akkumulatoren, die teilweise von Anfang an unbrauchbar sind, aber mitbezahlt werden. Die folgende Tabelle gibt Auskunft über die jeweiligen Bezugsmengen, die durchschnittlichen Ausschussquoten und die Einstandspreise in einer Bezugsperiode:

Lieferant	A	B	C
Bezugsmenge (Stück)	5 000	15 000	5 000
Ausschussquote (%)	6	4	5
Einstandspreis (€/Stück)	2,00	3,00	2,40

Vor dem Einbau der Akkumulatoren müssen die unbrauchbaren durch eine Überprüfung aussortiert werden.

a) (1) Berechnen Sie die durchschnittliche Anzahl brauchbarer Akkumulatoren, die in einer Bezugsperiode geliefert werden.

   (2) Bei der Preiskalkulation werden die Kosten für den Ausschuss auf die intakten Akkumulatoren umgelegt. Bestimmen Sie den kalkulatorischen durchschnittlichen Einstandspreis eines brauchbaren Akkumulators.

   (3) Der Einbau kostet 0,35 € pro Akkumulator. Ermitteln Sie den Verkaufspreis eines Akkumulators, wenn durch die Akkus allein in einer Bezugsperiode ein Gewinn von 28 620 € erzielt werden soll.

b) In einer Liefereinheit von 40 Akkumulatoren von Lieferant A befinden sich drei defekte Akkus. Es werden nacheinander zwei Akkus der Lieferung entnommen. Berechnen Sie die Wahrscheinlichkeiten folgender Ereignisse:
   B_1: Beide Akkus sind einwandfrei.
   B_2: Höchstens ein Akku ist defekt.
   B_3: Der zweite Akku ist defekt.
   B_4: Nur der zweite Akku ist defekt.
   B_5: Mindestens ein Akku ist einwandfrei.

c) Die Akkumulatoren der drei Lieferanten werden vermischt, um neutrale Qualitätsuntersuchungen zu garantieren. Dann wird ein Akku zur Prüfung entnommen. Erstellen Sie zu diesem Sachverhalt ein Baumdiagramm und entwickeln Sie eine Sechsfeldertafel.

Berechnen Sie die Wahrscheinlichkeiten folgender Ereignisse:
C_1: Der Akkumulator stammt von Lieferant A.
C_2: Der Akkumulator stammt von Lieferant B und ist unbrauchbar.
C_3: Der Akkumulator stammt nicht von Lieferant C und ist brauchbar.
C_4: Der Akkumulator ist unbrauchbar.

d) Zeigen Sie, dass bei einer beliebigen Liefereinheit des Lieferanten A mindestens 49 Akkus getestet werden müssen, um mit mindestens 95 % Sicherheitswahrscheinlichkeit mindestens einen defekten Akkumulator ($p=0{,}06$) zu erhalten.

e) Berechnen Sie den erwarteten Ausschuss an Akkus des Lieferanten A zur Stichprobe aus Teilaufgabe c und die dazugehörige Standardabweichung.

f) Lieferant A möchte seinen Lieferpreis erhöhen und behauptet, dass er durch eine Veränderung des Produktionsprozesses seine durchschnittliche Ausschussquote auf unter 3 % gesenkt hat. Der Lieferant A möchte dies durch einen Test nachweisen.

(1) Entwickeln Sie eine Entscheidungsregel über die Anzahl defekter Akkumulatoren in einer Stichprobe von 100, sodass Lieferant A mit 95 % Sicherheit recht gegeben werden kann.

(2) Das Testverfahren soll auf 350 Akkumulatoren, wiederum bei einer Irrtumswahrscheinlichkeit von 5 %, ausgeweitet werden. Beurteilen Sie die beiden Tests im Vergleich.

Tipps und Hinweise

Teilaufgabe a
- (1) Prozentrechnung.
- (2) Zu beachten ist, dass die unbrauchbaren Akkumulatoren mitbezahlt werden. Dies ergibt höhere Einstandspreise für brauchbare Akkumulatoren.
- (3) Verwenden Sie (1) und (2).

Teilaufgabe b
- Da die Grundgesamtheit 40 Akkumulatoren beträgt und somit als klein anzusehen ist, kann keine Binomialverteilung angenommen werden. Vielmehr liegen Laplace-Wahrscheinlichkeiten vor, wobei das Urnenmodell „Ziehen ohne Zurücklegen" verwendet werden kann. Die Wahrscheinlichkeiten der einzelnen Züge müssen miteinander multipliziert werden.
- Ein Baumdiagramm hilft, die Lösung zu veranschaulichen. Die Addition der entsprechenden Pfade ergibt dann jeweils die gesuchten Wahrscheinlichkeiten.

Teilaufgabe c

- Hier ist ein Baumdiagramm notwendig. Die Startäste beschreiben die Wahrscheinlichkeiten für die Lieferanten A, B, C, welche sich aus den Bezugsmengen ergeben. Auf der zweiten Stufe der Verästelung befinden sich die bedingten Wahrscheinlichkeiten, hier der Ausschuss der einzelnen Lieferanten. An den Astenden stehen die Wahrscheinlichkeiten der Schnitte, die man durch Pfadmultiplikation erhält.

- Die bekannte Vierfeldertafel wird um eine Reihe/Spalte erweitert, da drei Lieferanten vorhanden sind, die defekte oder nicht defekte Ware liefern. In der Tafel müssen die Wahrscheinlichkeiten des Eintretens beider Ereignisse (Schnittwahrscheinlichkeiten) stehen. Deren horizontale/vertikale Summen ergeben die Wahrscheinlichkeiten der Ereignisse.

- Die Wahrscheinlichkeiten der Ereignisse lassen sich aus dem Baumdiagramm und der Sechsfeldertafel ablesen. Genau genommen fließt der Satz von Bayes ein.

Teilaufgabe d

- Die Aussage „mindestens ein defekter Akku" bedeutet negiert „alle Akkus fehlerfrei". Es muss also mit dem Gegenereignis gerechnet werden: $P(A) = 1 - P(\overline{A})$.

- Über Logarithmen sollte man an dieser Stelle wissen, dass $\ln(a^n) = n \cdot \ln(a)$ und dass $\ln(a) < 0$ für $a < 1$.

Teilaufgabe e

- Für den Erwartungswert einer binomialverteilten Zufallsgröße gilt $\mu = n \cdot p$, für die Standardabweichung $\sigma = \sqrt{n \cdot p \cdot (1-p)}$.

Teilaufgabe f

- (1) Der Lieferant A will zeigen, dass sein Ausschuss weniger als 3 % beträgt. Dies ist zu 95 % bewiesen, wenn wenige Ausschussteile vorliegen, und zwar so wenige, dass die Hypothese „Ausschuss mindestens 3 %" auf dem Signifikanzniveau 5 % abgelehnt wird. Somit muss linksseitig getestet werden.

- (2) Da für $n = 350$ in der Regel keine Tabellen angeboten werden, muss mit der Näherungsformel von Moivre-Laplace (ohne Korrekturglied) bzw. σ-Umgebung gearbeitet werden.
Achtung: 90 %-Umgebung bedeutet Radius $1{,}64 \cdot \sigma$.

Lösung

a) (1) Die Anzahl brauchbarer Akkus beträgt:
$5\,000 \cdot 0{,}94 + 15\,000 \cdot 0{,}96 + 5\,000 \cdot 0{,}95 = 23\,850$

(2) Durchschnittlicher Einstandspreis:
$$\frac{5\,000 \cdot 2 + 15\,000 \cdot 3 + 5\,000 \cdot 2{,}4}{23\,850} \approx 2{,}81$$
Ein betriebsbereiter Akku kostet demnach durchschnittlich 2,81 €.

(3) Anzahl der brauchbaren Akkus (siehe (1)):
$5\,000 \cdot 0{,}94 + 15\,000 \cdot 0{,}96 + 5\,000 \cdot 0{,}95 = 23\,850$
Stückgewinn in einer Bezugsperiode:
$$\frac{28\,620}{23\,850} = 1{,}2 \; [\text{€}]$$
Verkaufspreis:
$1{,}20 + 0{,}35 + 2{,}81 = 4{,}36 \; [\text{€}]$

b) Es liegen Laplace-Wahrscheinlichkeiten vor, wobei das Urnenmodell „Ziehen ohne Zurücklegen" verwendet wird.

B_1: Beide Akkus sind einwandfrei:
$$P(B_1) = \frac{37}{40} \cdot \frac{36}{39} \approx 0{,}854$$

B_2: Höchstens ein Akku ist defekt („beide einwandfrei" plus „erster defekt, zweiter einwandfrei" plus „erster einwandfrei, zweiter defekt"):
$$P(B_2) = \frac{37}{40} \cdot \frac{36}{39} + \frac{3}{40} \cdot \frac{37}{39} + \frac{37}{40} \cdot \frac{3}{39} \approx 0{,}996$$

B_3: Der zweite Akku ist defekt („erster einwandfrei, zweiter defekt" plus „erster defekt, zweiter defekt"):
$$P(B_3) = \frac{37}{40} \cdot \frac{3}{39} + \frac{3}{40} \cdot \frac{2}{39} = \frac{3}{40} = 0{,}075$$

B_4: Nur der zweite Akku ist defekt („erster einwandfrei, zweiter defekt"):
$$P(B_4) = \frac{37}{40} \cdot \frac{3}{39} \approx 0{,}071$$

B_5: Mindestens ein Akku ist einwandfrei (höchstens ein Akku defekt, siehe (B_2)):
$P(B_5) \approx 0{,}996$

Man könnte sich die Lösungen ebenfalls über ein Baumdiagramm und Pfadmultiplikationen erschließen.

c) Ein Akku wird zur Prüfung entnommen. Er stammt also von einem der drei Lieferanten A, B, C, von denen man die Ausschussquoten kennt. D bezeichnet einen Defekt, $\overline{D}$ bezeichnet „keinen Defekt":

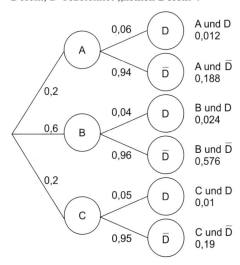

In der Sechsfeldertafel finden sich jeweils die Wahrscheinlichkeiten des Eintretens beider Ereignisse (Schnittmengen); die Summen geben die Wahrscheinlichkeiten der Ereignisse an. Mit dem Satz von Bayes würde man aus der Tafel die bedingten Wahrscheinlichkeiten erhalten.

	A	B	C	Summe
D (defekt)	0,012	0,024	0,01	0,046
$\overline{D}$ (nicht defekt)	0,188	0,576	0,19	0,954
Summe	0,2	0,6	0,2	1

C_1: Der Akkumulator stammt von Lieferant A:
$$P(C_1) = \frac{5\,000}{25\,000} = 0,2$$

C_2: Der Akkumulator stammt von Lieferant B und ist unbrauchbar:
$P(C_2) = P(B) \cdot P_B(D) = 0,6 \cdot 0,04 = 0,024$

C_3: Der Akkumulator stammt nicht von Lieferant C und ist brauchbar:
$P(C_3) = P(A \cap \overline{D}) + P(B \cap \overline{D}) = 0,188 + 0,576 = 0,764$

C_4: Der Akkumulator ist unbrauchbar:
$P(C_4) = P(A \cap D) + P(B \cap D) + P(C \cap D) = 0,012 + 0,024 + 0,01 = 0,046$

d) Die Zufallsgröße Z zählt die Anzahl defekter Akkumulatoren von Lieferant A. Z ist B(n; 0,06)-verteilt. Zu zeigen ist, dass n = 49 gilt.
Die Aussage ist gleichbedeutend mit $P(Z \geq 1) \geq 0{,}95$.

$$
\begin{aligned}
P(Z \geq 1) = 1 - P(Z = 0) &= 1 - 0{,}94^n \geq 0{,}95 &&\big| -1 \\
&\Leftrightarrow -0{,}94^n \geq -0{,}05 &&\big| \cdot (-1) \\
&\Leftrightarrow 0{,}94^n \leq 0{,}05 &&\big| \ln \\
&\Leftrightarrow n \cdot \ln(0{,}94) \leq \ln(0{,}05) &&\big| : \ln(0{,}94) \\
&\Leftrightarrow n \geq \frac{\ln(0{,}05)}{\ln(0{,}94)} \approx 48{,}42
\end{aligned}
$$

Also müssen 49 Akkus getestet werden, bis man mit 95 % Sicherheit einen defekten Akku gefunden hat.

Man sollte sich klar machen, dass in dieser Aussage dreimal mindestens steckt.

e) Bei einer Stichprobe von n = 49 und p = 0,06 gilt bei Binomialverteilung für den Erwartungswert
$\mu = n \cdot p = 49 \cdot 0{,}06 = 2{,}94$
und für die Standardabweichung:
$\sigma = \sqrt{n \cdot p \cdot (1 - p)} = \sqrt{49 \cdot 0{,}06 \cdot 0{,}94} \approx 1{,}66$

f) Da der Test aus der Sicht des Lieferanten A aufgebaut werden soll, muss das Gegenteil von seiner Behauptung als Hypothese H_0 aufgestellt werden, um es dann mit 95 % Sicherheit abzulehnen. Dann würde mit einer Irrtumswahrscheinlichkeit von 5 % die Gegenhypothese, die eigentliche Behauptung, angenommen.

(1) X: Anzahl defekter Akkumulatoren, n = 100
$H_1: p < 0{,}03$
$H_0: p \geq 0{,}03$ \hspace{2em} Signifikanzniveau $\alpha = 0{,}05$
X ist B(100; 0,03)-verteilt.
$P(X \leq 0) \approx 0{,}0476 < 0{,}05$, $P(X \leq 1) \approx 0{,}1946 > 0{,}05$ \hspace{1em} (Tabellenwerte)
Ablehnungsbereich: $\overline{A} = \{0\}$

Bei 100 geprüften Akkumulatoren wird die Hypothese $H_0: p \geq 0{,}03$ beibehalten, wenn mindestens ein defekter Akku auftritt. Gibt es keinen Defekt, so kann mit 95 % Sicherheit behauptet werden, dass der Ausschuss unter 3 % liegt und nur dann müsste Lieferant A recht gegeben werden. Letzteres ist das Ziel des Tests.

(2) X: Anzahl defekter Akkumulatoren, n = 350
$H_1: p < 0{,}03$
$H_0: p \geq 0{,}03$ \hspace{2em} Signifikanzniveau $\alpha = 0{,}05$
X ist B(350; 0,03)-verteilt.

Da für n = 350 in der Regel keine Tabellen angeboten werden, muss mit der Näherungsformel von Moivre-Laplace gearbeitet werden.

Laplace Bedingung:
$\sigma^2 = n \cdot p \cdot (1-p) = 350 \cdot 0{,}03 \cdot 0{,}97 = 10{,}185 > 9$ (erfüllt)

Gesucht ist g_ℓ so, dass $P(X \leq g_\ell) \approx \Phi\left(\frac{g_\ell - \mu}{\sigma}\right) \leq 0{,}05$ ist:

$$\Phi\left(\frac{g_\ell - \mu}{\sigma}\right) = 1 - \Phi\left(-\frac{g_\ell - \mu}{\sigma}\right) \leq 0{,}05 \quad \Leftrightarrow \quad \Phi\left(-\frac{g_\ell - \mu}{\sigma}\right) \geq 0{,}95$$

Aus der Tabelle zur Gauß'schen Summenfunktion liest man den Wert 1,65 ab, also $-\frac{g_\ell - \mu}{\sigma} \geq 1{,}65$ und somit:

$g_\ell \leq -1{,}65 \cdot \sigma + \mu = -1{,}65 \cdot \sqrt{350 \cdot 0{,}03 \cdot 0{,}97} + 350 \cdot 0{,}03 \approx 5{,}2342$

Der Ablehnungsbereich ist damit $\overline{A} = \{0; 1; \ldots; 5\}$.

Bei maximal 5 defekten Akkumulatoren (von 350 getesteten) hat der Lieferant A mit seiner Behauptung einer Qualitätssteigerung auf unter 3 % Ausschuss mit 95 % Sicherheitswahrscheinlichkeit recht.

Aufgrund der großen Stichprobe erscheint dieser Test für den Lieferanten günstiger. Wie man sieht, besteht keine Proportionalität: die Stichprobe hat um den Faktor 3,5 zugenommen, die Mächtigkeit des Ablehungsbereiches aber um den Faktor 6.

Alternative Lösung mit σ-Umgebung
Etwa 90 % der standardisierten Binomialverteilung liegen innerhalb eines Radius von $1{,}64 \cdot \sigma = 1{,}64 \cdot \sqrt{10{,}185} \approx 1{,}64 \cdot 3{,}19$ um den Erwartungswert $\mu = 350 \cdot 0{,}03 = 10{,}5$, wenn die Laplace-Bedingung erfüllt ist (siehe oben). Aufgrund der Symmetrie ergibt sich für die linke Grenze:
$P(X \leq g_\ell) \leq 0{,}05 \quad \Leftrightarrow \quad g_\ell \leq \mu - 1{,}64 \cdot \sigma \approx 10{,}5 - 1{,}64 \cdot 3{,}19 \approx 5{,}27$
Der obige Ablehnungsbereich $\overline{A} = \{0; 1; \ldots; 5\}$ wird bestätigt.

Berufliches Gymnasium NRW – Mathematik (Wirtschaft/Verwaltung)
Stochastik: Übungsaufgabe 3

Steuerelemente

Die Digitell GmbH stellt unter anderem Steuerelemente für Freisprechanlagen in Kraftfahrzeugen her. Bevor die Komponente freigegeben werden kann, wird sie in einer internen Qualitätskontrolle auf die zwei häufigsten Fehler überprüft. Eine nicht richtig funktionierende Elektronik tritt bei 5 % der Steuerelemente auf. Von den bezüglich der Elektronik nicht fehlerfreien Steuerelementen weisen 8 % einen Materialfehler auf. Ohne die beiden Mängel, also fehlerfrei, sind 87,4 % der Steuerelemente. Hat ein Steuerelement nur einen der beiden Fehler, so wird es zur Verwertungsabteilung weitergegeben, bei beiden Mängeln wird es recycelt.

a) Stellen Sie die Zusammenhänge in einem Baumdiagramm dar und bestimmen Sie die Wahrscheinlichkeiten der Ereignisse:
   (1) Ein material-defektes Steuerelement hat keinen Elektronikfehler.
   (2) Ein elektronik-defektes Steuerelement hat keinen Materialfehler.
   (3) Das Steuerelement hat einen Materialfehler.
   (4) Das Steuerelement muss recycelt werden.
   (5) Das Steuerelement muss zur Verwertungsabteilung.

b) Berechnen Sie die Wahrscheinlichkeit dafür, dass in einer Stichprobe von 5 zufällig entnommenen Steuerelementen
   (1) alle fehlerfrei sind;
   (2) genau eines fehlerhaft ist;
   (3) höchstens eines fehlerhaft ist;
   (4) mindestens eines fehlerhaft ist.

Ein leicht verändertes Produktionsverfahren führt dazu, dass statt zuvor 87,4 % nun 90 % fehlerfreie Steuerelemente hergestellt werden.

c) Die Qualität von 50 Steuerelementen wird analysiert.
   (1) Mit welcher Wahrscheinlichkeit findet sich die erwartete Menge defekter Elemente in der Stichprobe?
   (2) Wie wahrscheinlich ist eine defekte Menge zwischen 3 und 8 Elementen?
   (3) Wie wahrscheinlich sind mindestens 3 defekte Elemente?
   (4) Wie wahrscheinlich sind nur fehlerfreie Steuerelemente?

d) Die Qualitätsabteilung untersucht Steuerelemente ähnlicher Funktionsweise für zwei weitere Firmen, die keine eigene Qualitätskontrolle durchführen können, und stellt bei Firma B 20 % Ausschuss und bei Firma C 30 % Ausschuss fest. An einem Tag kommen 50 % der Steuerelemente von der eigenen Firma, 35 % von Firma B und 15 % von Firma C. Ein Steuerelement wird in der Qualitätsabteilung zufällig ausgesucht und überprüft.

(1) Bestimmen Sie die Wahrscheinlichkeit, mit der es Ausschuss ist.
(2) Ermitteln Sie die Wahrscheinlichkeiten, mit denen ein defektes Steuerelement von der eigenen Firma bzw. nicht von Firma C stammt.

e) Die defekten Steuerelemente werden von einer Maschine recycelt. 25 Steuerelemente fallen durchschnittlich an einem Arbeitstag (8 Stunden) an, die recycelt werden müssen. Das Recyceln eines Steuerelements dauert 15 Minuten. Die Defekte fallen bei den Steuerelementen unabhängig voneinander über den ganzen Tag verteilt an. Berechnen Sie, wie häufig ein Mitarbeiter warten muss (die Maschine recycelt gerade), wenn er ein Steuerelement recyceln lassen will. Beurteilen Sie, ob sich der Kauf einer zweiten Maschine lohnt, wenn dies bei mehr als 30 % Wartezeit der Fall ist.

f) Die Annahme H_0, dass das neue Produktionsverfahren der Digitell GmbH tatsächlich nur zu einem Ausschuss von höchstens 10 % führt, soll auf dem Signifikanzniveau von 5 % getestet werden. Bestimmen Sie eine Entscheidungsregel bei einer Stichprobe von 100 Steuerelementen.

g) Ermitteln Sie die Wahrscheinlichkeit dafür, dass von einem Ausschuss von 10 % ausgegangen wird, obwohl er tatsächlich bei etwa 16,67 % ($p = \frac{1}{6}$) liegt.

Tipps und Hinweise

Teilaufgabe a

Bereits an der Situationsbeschreibung ist zu erkennen, dass es um bedingte Wahrscheinlichkeiten geht. Bei einem zweistufigen Experiment müssen drei Wahrscheinlichkeiten gegeben sein, um ein vollständiges Baumdiagramm zeichnen zu können. Hier sind eine Elementarwahrscheinlichkeit, eine bedingte Wahrscheinlichkeit und die Wahrscheinlichkeit einer Schnittmenge gegeben.

Vom Baumdiagramm ist die Wahrscheinlichkeit eines Ausgangsastes, eines Folgeastes (bedingte Wahrscheinlichkeit) und eines Ergebnisses (Schnitt) gegeben. Entweder wird das umgekehrte Baumdiagramm oder der Satz von Bayes hinzugezogen.

Teilaufgabe b

Man muss davon ausgehen, dass es sich um ein Bernoulli-Experiment handelt. Die Binomialverteilung muss hier noch nicht verwendet werden. Man könnte sich kombinatorisch klar machen, wie viele Möglichkeiten es gibt, um dann die Einzelwahrscheinlichkeiten $p = 0{,}126$ bzw. $q = 0{,}874$ zu nutzen.
(1) alle fehlerfrei: $P(X = 0)$
(2) genau eines fehlerhaft: $P(X = 1)$
(3) höchstens eines fehlerhaft: $P(X \leq 1)$
(4) mindestens eines fehlerhaft: $P(X \geq 1)$

Teilaufgabe c

- Es liegt eine binomialverteilte Zufallsgröße vor, die die defekten Steuerelemente zählt. Der Erwartungswert ist $\mu = n \cdot p$.
- Achtung: Man mache sich klar, dass es bisweilen wenig aussagekräftig ist, nach der Wahrscheinlichkeit im Erwartungswert einer Binomialverteilung zu fragen, da dieser in der Regel keine natürliche Zahl ist.
- Es muss mit der Tabelle zur kumulierten Binomialverteilung gearbeitet werden:
  (1) $P(X = \mu)$
  (2) $P(3 < X < 8)$
  (3) $P(X \geq 3)$
  (4) $P(X = 0)$

Teilaufgabe d

- Gegeben sind bedingte Wahrscheinlichkeiten. Für (2) muss in umgekehrte Richtung gedacht werden. Die Lösung mit dem Satz von Bayes ist die schnellste.

Teilaufgabe e

- Man kann hier eine Binomialverteilung zugrunde legen. Die Wahrscheinlichkeit, dass die Maschine besetzt ist, beträgt 15 geteilt durch die gesamte Arbeitszeit.

Teilaufgabe f

- Beim Hypothesentest ist grundsätzlich darauf zu achten, aus welcher Sicht der Test gemacht werden soll. Die Aufgabenstellung hier gibt jedoch die Hypothese H_0: $p \leq 0{,}1$ vor, also einen rechtsseitigen Test, da große Werte gegen die Hypothese sprechen. Nur bei einem rechtsseitigen Test ist die Teilaufgabe f sinnvoll. Der Ablehnungsbereich wird mit $P(X \geq g_r) \leq 0{,}05$ bestimmt und nicht vereinfacht mit der Sigma-Umgebung (Laplace-Bedingung $n \cdot p \cdot q > 9$ nicht erfüllt).

Teilaufgabe g

- Es wird nach dem Fehler zweiter Art gefragt. Da in den Tabellen p vorgegeben ist, muss hier mit $p = \frac{1}{6}$ gerechnet werden. Mit CAS könnte $p > 0{,}1$ frei gewählt werden.

Lösung

a) Die im Text gegebenen Werte sind **hervorgehoben**.

Bezeichnungen im Folgenden: Ereignis E bedeutet „Elektronik okay", $\overline{E}$ „Elektronik defekt"; Ereignis M bedeutet „Material okay", $\overline{M}$ „Material defekt".

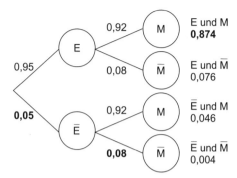

(1) Die Wahrscheinlichkeit, dass ein material-defektes Steuerelement keinen Elektronikfehler hat, enspricht der bedingten Wahrscheinlichkeit

$$P_{\overline{M}}(E) = \frac{P(E \cap \overline{M})}{P(\overline{M})} = \frac{P(E \cap \overline{M})}{P(E \cap \overline{M}) + P(\overline{E} \cap \overline{M})} = \frac{0{,}076}{0{,}076 + 0{,}004} = 0{,}95$$

und beträgt somit 95 %.

(2) Die Wahrscheinlichkeit, dass ein elektronik-defektes Steuerelement keine Materialfehler hat, liest man am Ast der zweiten Stufe im Baumdiagramm ab: $0{,}92 = 92\,\%$

(3) Die Wahrscheinlichkeit, dass das Steuerelement einen Materialfehler hat, berechnet sich als:

$P(\overline{M}) = P(E \cap \overline{M}) + P(\overline{E} \cap \overline{M}) = 0{,}076 + 0{,}004 = 0{,}08$

Mit 8 % Wahrscheinlichkeit tritt ein Materialfehler auf.

(4) Das Steuerelement muss recycelt werden, wenn beide Fehler auftauchen, $P(\overline{E} \cap \overline{M}) = 0{,}004$,

was 0,4 % entspricht.

(5) Das Steuerelement muss zur Verwertungsabteilung, wenn es genau einen der beiden Fehler hat:

$P(\overline{E}) + P(\overline{M}) - 2 \cdot P(\overline{E} \cap \overline{M}) = 0{,}05 + 0{,}08 - 2 \cdot 0{,}004 = 0{,}122$

Somit müssen 12,2 % der Steuerelemente zu Verwertungsabteilung.

Alternativ mit Baumdiagramm:

$P(E \cap \overline{M}) + P(\overline{E} \cap M) = 0{,}076 + 0{,}046 = 0{,}122$

Wegen $P_{\overline{M}}(E) = P(E)$ treten die Fehler unabhängig voneinander auf. Dies erkannt, könnte man die Rechnung teilweise abkürzen.

b) Da eine große Menge produziert wird, wird von einem Experiment mit Zurücklegen ausgegangen. Jedes der 5 Steuerelemente hat somit die gleiche Wahrscheinlichkeit für einen Defekt, nämlich p = 0,126:
  (1) alle fehlerfrei:
  $P(E_1) = 0,874^5 \approx 0,51 = 51\%$
  (2) genau eines fehlerhaft:
  $P(E_2) = 5 \cdot 0,126 \cdot 0,874^4 \approx 0,37 = 37\%$
  (3) höchstens eines fehlerhaft:
  $P(E_3) = P(E_1) + P(E_2) \approx 0,88 = 88\%$
  (4) mindestens eines fehlerhaft:
  $P(E_4) = P(\overline{E_1}) = 1 - P(E_1) \approx 0,49 = 49\%$

c) Man muss aufgrund der hohen Produktionsmenge von einer binomialverteilten Zufallsgröße X ausgehen, die die Anzahl der defekten Steuerelemente zählt. Es ist somit p = 0,1 und $P(X=k) = \binom{50}{k} \cdot 0,1^k \cdot 0,9^{50-k}$ für $k \leq 50$, $k \in \mathbb{N}_0$.
  (1) Erwartungswert: $\mu = n \cdot p = 50 \cdot 0,1 = 5$
  Der Wert für die Wahrscheinlichkeit kann entweder mit einem Taschenrechner berechnet oder mit einer Tabelle zur Binomialverteilung bzw. mit einer Tabelle zur kumulierten Binomialverteilung bestimmt werden. Letzteres:
  $P(X=5) = P(X \leq 5) - P(X \leq 4) \overset{\text{Tabelle}}{\approx} 0,6161 - 0,4312 = 0,1849 = 18,49\%$
  (2) Die Wahrscheinlichkeit für eine defekte Menge zwischen 3 und 8 Elementen ergibt sich aus:
  $P(4 \leq X \leq 7) = P(X \leq 7) - P(X \leq 3) \overset{\text{Tabelle}}{\approx} 0,8779 - 0,2503 = 0,6276 = 62,76\%$
  (3) Mindestens 3 defekte Elemente:
  $P(X \geq 3) = 1 - P(X \leq 2) \overset{\text{Tabelle}}{\approx} 1 - 0,1117 = 0,8883 = 88,83\%$
  (4) Nur fehlerfreie Steuerelemente:
  $P(X=0) = 0,9^{50} \approx 0,005 = 0,5\%$

d) Eine abstrakte Lösung ist ebenso möglich wie eine mit Baumdiagramm. Bezeichnungen: D defekt, A eigene Firma, B Firma B, C Firma C
  (1) $P(D) = 0,5 \cdot 0,1 + 0,35 \cdot 0,2 + 0,15 \cdot 0,3 = 0,165 \triangleq 16,5\%$
  Alternativ kann der Erwartungswert bestimmt werden:
  $\mu = 50 \cdot 0,1 + 35 \cdot 0,2 + 15 \cdot 0,3 = 16,5$
  Also beträgt die Wahrscheinlichkeit 16,5 %.
  (2) Defektes Steuerelement von der eigenen Firma A:
  $P_D(A) = \frac{P(A \cap D)}{P(D)} = \frac{P(A) \cdot P_A(D)}{P(D)} = \frac{0,5 \cdot 0,1}{0,165} \approx 0,303 \triangleq 30,3\%$
  Defektes Steuerelement nicht von Firma C:
  $P_D(\overline{C}) = 1 - P_D(C) = 1 - \frac{P(C) \cdot P_C(D)}{P(D)} = 1 - \frac{0,15 \cdot 0,3}{0,165} \approx 0,727 \triangleq 72,7\%$

e) X zählt die defekten Steuerelemente und ist mit $B(25; \frac{15}{8 \cdot 60}) = B(25; \frac{1}{32})$ binomialverteilt.
Wenn ein Mitarbeiter warten muss, dann muss mehr als ein defektes Steuerelement recycelt werden:
$P(X > 1) = P(X \geq 2) = 1 - P(X = 1) - P(X = 0)$
$= 1 - \binom{25}{1} \cdot \left(\frac{1}{32}\right)^1 \cdot \left(1 - \frac{1}{32}\right)^{24} - \binom{25}{0} \cdot \left(\frac{1}{32}\right)^0 \cdot \left(1 - \frac{1}{32}\right)^{25} \approx 0{,}1832$
Mit einer Wahrscheinlichkeit von 18,32 % muss ein Mitarbeiter warten, wenn er ein Steuerelement recyceln lassen will. Ein Kauf einer zweiten Maschine würde sich je nach Anschaffungspreis wahrscheinlich nicht lohnen.

f) Es liegt ein Signifikanztest auf 5 %-Niveau vor. Da große Werte gegen die Annahme sprechen, muss rechtsseitig getestet werden:
X zählt die defekten Steuerelemente, n = 100
$H_0: p \leq 0{,}1;$ $H_1: p > 0{,}1$ Signifikanzniveau $\alpha = 0{,}05$
$P(X \geq g_r) \leq 0{,}05 \Leftrightarrow 1 - P(X < g_r) \leq 0{,}05$
$\phantom{P(X \geq g_r) \leq 0{,}05} P(X < g_r) \geq 0{,}95$
$\phantom{P(X \geq g_r) \leq 0{,}05} \Leftrightarrow P(X \leq g_r - 1) \geq 0{,}95$
Tabelle
$\phantom{P(X \geq g_r) \leq 0{,}05} \Leftrightarrow g_r - 1 = 15$
Ablehnungsbereich: {16; 17; …; 100}

Entscheidungsregel: Bei 16 oder mehr als 16 defekten Steuerelementen ist die Ausschussquote von höchstens 10 % der Steuerelemente mit 95 % Sicherheitswahrscheinlichkeit falsch. Mit 95 % Sicherheit liegt dann eine höhere Ausschussquote vor. Bei 15 oder weniger defekten Steuerelementen muss die Annahme beibehalten werden.

Es ist folgender Schluss falsch: Die Behauptung ist zu 95 % richtig, wenn die Stichprobe echt weniger als 16 defekte Steuerelemente beinhaltet. Intuitiv ist klar, dass 12, 13, 14 oder gar 15 defekte Steuerelemente die Behauptung nicht wirklich stützen, da diese Werte über dem erwarteten Wert von 10 liegen.
Wenn Digitell über einen Test seine Vermutung mit 95 % Sicherheit beweisen wollte, so müsste linksseitig H_1 getestet werden. Dann käme man bei Ablehnung (wenig Ausschuss in der Stichprobe) zu einer Entscheidung für H_0 und würde nur in 5 % der Fälle irren.

g) Es ist die Wahrscheinlichkeit des Annahmebereichs aus obigem Test bei $p = \frac{1}{6}$ zu bestimmen (Fehler 2. Art):
$p = \frac{1}{6}$; $P(X \leq 15) \approx 0{,}3877$ (Tabelle)
Man behält die Hypothese $H_0: p \leq 0{,}1$ mit 38,77 % Wahrscheinlichkeit irrtümlich bei, wenn in Wirklichkeit $p = \frac{1}{6}$ beträgt.

Berufliches Gymnasium NRW – Mathematik (Wirtschaft/Verwaltung)
Stochastik: Übungsaufgabe 4

Verwaltungsberufsgenossenschaft

Die Verwaltungsberufsgenossenschaft VBG plant die Durchführung von Gesundheitsvorträgen in Großfirmen. Dabei werden insbesondere Maßnahmen im Bereich Arbeitssicherheit und Gesundheitsschutz thematisiert. Aus Erfahrung weiß man, dass 75 % der geladenen Angestellten einer Firma zu einem Vortrag erscheinen.

a) Begründen Sie, warum es sinnvoll ist, bei der Befragung mehrerer Angestellter, ob sie zum Vortrag erscheinen oder nicht, von einem sich wiederholenden Bernoulli-Experiment auszugehen.

b) Berechnen Sie die Wahrscheinlichkeiten dafür, dass von 100 geladenen Angestellten
   (1) genau 25 nicht erscheinen;
   (2) zwischen 70 und 80 erscheinen;
   (3) mindestens 30 nicht erscheinen;
   (4) höchstens 80 erscheinen.

c) Für 100 geladene Gäste steht ein Saal mit 80 Sitzplätzen zur Verfügung. Der Moderator des Vortrags behauptet, da nur 75 % der Eingeladenen kommen, dass mit 95 % Wahrscheinlichkeit jeder einen Sitzplatz erhält. Überprüfen Sie die Behauptung und ermitteln Sie eventuell die erforderliche Anzahl an Sitzplätzen.

d) Bei einem Vortrag von drei Stunden sitzen 60 Männer im Vortragssaal. Von den 60 Männern gehen durchschnittlich 50 Männer während des Vortrags auf Toilette, unabhängig voneinander und gleichmäßig über den Tag verteilt. Sie benötigen durchschnittlich 5 Minuten für einen Toilettengang. Aufgrund von Umbaumaßnahmen steht nur eine Toilette zur Verfügung. Berechnen Sie die Wahrscheinlichkeit, dass ein Mann vor der Toilette warten muss.

e) Bestimmen Sie, wie viele Angestellte befragt werden müssen, damit mindestens einer mit einer Sicherheit von mehr als 99 % nicht am Vortrag teilnimmt.

f) Überrascht stellt die VBG fest, dass beim letzen Vortrag 143 von 160 möglichen Angestellten zum Vortrag erschienen sind. Die nächste Veranstaltung, zu der 100 Personen geladen sind, soll zu 95 % Auskunft darüber geben, ob sich die Teilnahmequote verbessert hat. Ermitteln Sie die Anzahl an Teilnehmern, die dafür mindestens erreicht werden muss.

g) Die VBG geht aufgrund verstärkter Werbemaßnahmen von einer Teilnahmewahrscheinlichkeit von 80 % aus. Bestimmen Sie mit dieser Wahrscheinlichkeit den Fehler zweiter Art zur letzten Stichprobe und interpretieren Sie seine Bedeutung.

Tipps und Hinweise

Teilaufgabe a

Theorie und Praxis weichen nur scheinbar voneinander ab. Das Urnenmodell ohne Zurücklegen ist bei großen Grundgesamtheiten praktisch gleich mit dem Urnenmodell mit Zurücklegen. Man beachte immer: Wenn kombinatorisch gearbeitet werden soll, muss die Größe der Grundgesamtheit gegeben sein.

Teilaufgabe b

Es muss eine binomialverteilte Zufallsgröße X definiert werden, sodass die Wahrscheinlichkeiten der vier Ereignisse $P(X=75)$, $P(70<X<80)$, $P(X<70)$, $P(X\leq 80)$ lauten könnten. Es ist sinnvoll, beide Varianten der Verteilung von X durchzurechnen, mit $p=0{,}75$ und mit $p=0{,}25$. Bei $p=0{,}75$ ist die Tabellenarbeit etwas schwieriger.

Teilaufgabe c

Es ist $P(X\leq k)$ zu betrachten.

Teilaufgabe d

Man kann von einer Binomialverteilung ausgehen. Die Wahrscheinlichkeit für den Toilettengang eines Mannes beträgt 5 zu 180, da die Toilettengänge während der Vortragszeit gleichmäßig verteilt sind.

Teilaufgabe e

Die Formulierung „mindestens einer nimmt nicht teil" bedeutet negiert „alle nehmen teil". Es muss also mit dem Gegenereignis gerechnet werden. Über Logarithmen sollte man an dieser Stelle wissen, dass $\ln(a^n)=n\cdot\ln(a)$ und dass $\ln(a)<0$ für $a<1$.

Teilaufgabe f

Ein Hypothesentest funktioniert praktisch wie ein indirekter Beweis. Man behauptet das Gegenteil von dem, was man zeigen möchte, und hofft auf Ablehnung. Dann ist das Gegenteil auf dem vorgegebenen Signifikanzniveau richtig.

Da hier eine Beteiligung an der letzten Veranstaltung von fast 90 % angegeben ist, glaubt man an eine höhere Beteiligungsquote als 75 %, sodass man $p\leq 0{,}75$ testen muss. Große Werte sprechen gegen die Nullhypothese, also ist die rechte Grenze gefragt.

Teilaufgabe g

Der Fehler zweiter Art gibt die Wahrscheinlichkeit an, mit der eine falsche Nullhypothese irrtümlich angenommen wird. Um ihn zu berechnen, muss man eine alternative Wahrscheinlichkeit kennen oder zugrunde legen, mit der dann die Wahrscheinlichkeit des Annahmebereichs der Nullhypothese bestimmt wird.

Wenn Ergebnisse bezüglich des Fehlers zweiter Art interpretiert werden sollen, so ist es oft hilfreich, eine weitere Alternativwahrscheinlichkeit vergleichend heranzuziehen. Der Fehler 2. Art kann sich dann deutlich ändern.

Lösung

a) Es sollte von einer Binomialverteilung ausgegangen werden, da eine große Grundgesamtheit vorliegt. Streng genommen handelt es sich bei der Befragung eines Firmenangestellten um ein Zufallsexperiment ohne Zurücklegen, da niemand doppelt befragt wird. Da jedoch die Grundgesamtheit groß ist, ist die Wahrscheinlichkeit für jede Person, also jeden Zug, nahezu identisch. In der Praxis wird also von stochastischer Unabhängigkeit ausgegangen, was theoretisch falsch ist. Die Ergebnisse sind jedoch annähernd gleich.

Da darüber hinaus keine Zahlenwerte zur Größe der Grundgesamtheit vorliegen, kann nur mit einer binomialverteilten Zufallsgröße gerechnet werden.

b) Die Zufallsgröße X zähle die teilnehmenden Angestellten unter den 100 Befragten. X ist binomialverteilt mit $p=0{,}75$ und $n=100$.

(1) Genau 25 erscheinen nicht:
$P(X=75) = B(100;\ 0{,}75;\ 75) = F(100;\ 0{,}75;\ 75) - F(100;\ 0{,}75;\ 74)$
$\overset{\text{Tabelle}}{\approx} 0{,}5383 - 0{,}4465 = 0{,}0918 = 9{,}18\,\%$

(2) Zwischen 70 und 80 erscheinen:
$P(70 < X < 80) = F(100;\ 0{,}75;\ 79) - F(100;\ 0{,}75;\ 70) \overset{\text{Tabelle}}{\approx} 0{,}8512 - 0{,}1495$
$= 0{,}7017 = 70{,}17\,\%$

(3) Mindestens 30 erscheinen nicht:
$P(X < 70) = F(100;\ 0{,}75;\ 69) \overset{\text{Tabelle}}{\approx} 0{,}1038 = 10{,}38\,\%$

(4) Höchstens 80 erscheinen:
$P(X \leq 80) = F(100;\ 0{,}75;\ 80) \overset{\text{Tabelle}}{\approx} 0{,}9005 = 90{,}05\,\%$

Achtung: In der Tabelle ist 1 − „abgelesenem Wert zu $p=0{,}25$" zu betrachten.

c) X sei wie in Teilaufgabe b definiert. Gesucht ist k, sodass $P(X \leq k) \geq 0{,}95$.

Aus der Tabelle entnimmt man:
$P(X \leq 81) \approx 0{,}9370$ und $P(X \leq 82) \approx 0{,}9624$

Also muss man für 82 Sitzplätze sorgen, damit mit 95 % Wahrscheinlichkeit jeder einen Sitzplatz erhält. Die Behauptung des Moderators ist also falsch.

d) Die Zufallsgröße X zählt die Männer, die zur Toilette gehen. X ist binomialverteilt mit $B(50;\ \frac{5}{180}) = B(50;\ \frac{1}{36})$.

Wenn ein Mann warten muss, dann muss mehr als einer den Gang zur Toilette antreten, daher:
$P(X > 1) = P(X \geq 2) = 1 - P(X \leq 1) = 1 - P(X = 0) - P(X = 1)$
$= 1 - \binom{50}{0} \cdot \left(\frac{1}{36}\right)^0 \cdot \left(1 - \frac{1}{36}\right)^{50} - \binom{50}{1} \cdot \left(\frac{1}{36}\right)^1 \cdot \left(1 - \frac{1}{36}\right)^{49} \approx 0{,}4062$

Mit ca. 40,6 % Wahrscheinlichkeit muss ein Mann beim Toilettengang warten.

e) Ereignis A: Von n gefragten Angestellten nimmt mindestens einer nicht an der Veranstaltung teil.
Gegenereignis $\overline{A}$: Von n gefragten Angestellten nehmen alle an der Veranstaltung teil.

$$\begin{aligned}P(A)=1-P(\overline{A}) &= 1-0{,}75^n > 0{,}99 &&|-1\\ &\Leftrightarrow -0{,}75^n > -0{,}01 &&|\cdot(-1)\\ &\Leftrightarrow 0{,}75^n < 0{,}01 &&|\ln\\ &\Leftrightarrow n\cdot\ln(0{,}75) < \ln(0{,}01) &&|:\ln(0{,}75)\\ &\Leftrightarrow n > \frac{\ln(0{,}01)}{\ln(0{,}75)} \approx 16{,}0078\end{aligned}$$

Also müssen mindestens 17 Teilnehmer gefragt werden, bis man mit 99 % Sicherheit jemanden befragt hat, der nicht an der Veranstaltung teilnimmt.

f) Da beim letzten Vortrag $\frac{143}{160} \approx 0{,}894 = 89{,}4\,\%$ erschienen sind, wurde ein hoher Wert gefunden, der gegen die alte Vermutung spricht. Es muss also rechtsseitig getestet werden.
X zählt die Angestellten, die zum Vortrag erscheinen, n = 100.
Nullhypothese H_0: $p \leq 0{,}75$;   Signifikanzniveau $\alpha = 0{,}05$

$$\begin{aligned}P(X \geq g_r) \leq 0{,}05 &\Leftrightarrow 1-P(X<g_r) \leq 0{,}05\\ &\Leftrightarrow 1-P(X\leq g_r-1) \leq 0{,}05\\ &\Leftrightarrow P(X\leq g_r-1) \geq 0{,}95\\ &\overset{\text{Tabelle}}{\Leftrightarrow} g_r-1 \geq 82\\ &\Leftrightarrow g_r \geq 83\end{aligned}$$

Falls 83 oder mehr Personen erscheinen werden, ist die alte Behauptung von 75 % Teilnahme mit 95 % Sicherheit falsch. Die Teilnehmerquote wird mit Sicherheit mehr als 75 % betragen und man irrt dabei mit einer Wahrscheinlichkeit von 0,05.

g) Es sei also X jetzt B(100; 0,8)-verteilt. Es ist die Wahrscheinlichkeit des Annahmebereichs aus Teilaufgabe f zu bestimmen:
$P(X \leq 82) \overset{\text{Tabelle}}{\approx} 0{,}7288 = 72{,}88\,\%$

Man würde also in fast drei viertel der Fälle die Nullhypothese $p=0{,}75$ annehmen, obwohl $p=0{,}8$ stimmt.

Wenn als Alternative zu $p=0{,}75$ anstelle von $p=0{,}8$ sogar $p=0{,}9$ angenommen werden könnte, so wäre der Fehler zweiter Art wesentlich geringer:
$P_{0{,}9}(X \leq 82) \overset{\text{Tabelle}}{\approx} 0{,}01 = 1\,\%$

Damit wäre die Nullhypothese mit einem Versuchsergebnis innerhalb des Annahmebereichs mit 99 % Sicherheit bestätigt.

Berufliches Gymnasium NRW – Mathematik (Wirtschaft/Verwaltung)
Übungsaufgabensatz für das CAS-Abitur: Lineare Algebra

Das Unternehmen Schreiblust produziert verschiedene Schreibstifte und Stiftesets für unterschiedliche Abnehmer (Werbegeschenke, Schule etc.).

© interact images / www.sxc.hu

Aufgabe 1

Schreiblust erstellt drei verschiedene Kugelschreibersets. Dazu werden aus den Rohstoffen R_1 bis R_4 Kugelschreiber K_1 bis K_3 produziert, die dann in die verschiedenen Sets S_1 bis S_3 zusammengefasst werden. Der Materialfluss in Mengeneinheiten (ME) ist den folgenden Tabellen zu entnehmen.

	K_1	K_2	K_3
R_1	1	2	1
R_2	2	0	3
R_3	1	2	4
R_4	2	3	1

	S_1	S_2	S_3
K_1	1	1	1
K_2	2	3	2
K_3	2	4	4

a) Auf dem Lager befinden sich 850 ME von R_1, 1 140 ME von R_2, 1 810 ME von R_3 und 1 160 ME von R_4. Die Rohstoffbestände sollen vollständig aufgebraucht werden.
Berechnen Sie, wie viele Sets zusammengebaut werden können.

b) In einer anderen Produktionsperiode liegt der Lagerbestand bei 1 000 ME von R_1, 1 500 ME von R_2, 2 000 ME von R_3 und 1 400 ME von R_4.
Untersuchen Sie, ob das Lager ebenfalls vollständig durch die Produktion der Sets geräumt werden kann.

c) Folgende Produktionssituation liegt vor:
Ein Großkunde bestellt 500 ME von S_3, die Sets S_1 und S_2 sollen in einem Verhältnis von 2 : 3 produziert werden. Auf dem Lager befinden sich noch 12 800 ME von R_2 und 20 000 von R_3.
Berechnen Sie die Mengen der Sets von S_1 und S_2, die produziert werden sollen, und den Rohstoffbedarf von R_1 und R_4.

d) Im Folgenden sei t ein produktionsbedingter Parameter, der auf die Kugelschreiber-Set-Matrix B_{KS} Einfluss nimmt:

$$B_{KS} = \begin{pmatrix} 1 & 1+t & 1 \\ 2 & 3-2t & 2 \\ 2 & 4 & 4-2t \end{pmatrix}, \quad t \in \mathbb{R}$$

(1) Geben Sie den sinnvollen Definitionsbereich von t bezüglich der Matrix B_{KS} an.

(2) Im Lager befinden sich noch 700 ME von Kugelschreiber K_1, 1 800 ME von Kugelschreiber K_2 und 2 400 ME von Kugelschreiber K_3.
Bestimmen Sie den sinnvollen Definitionsbereich für t bezüglich der Produktionsmengen.

(3) Bestimmen Sie den sinnvollen Definitionsbereich für t bezüglich der Matrix B_{KS} und der Produktionsmengen.

e) Das Unternehmen Schreiblust stellt neue Sets zusammen. Die Matrix, die die Kugelschreiber K_1 bis K_3 in ME pro Mengeneinheit der Sets S_1^* bis S_3^* angibt, ist durch die Matrix D_{KS^*} angegeben:

$$D_{KS^*} = \begin{pmatrix} 1 & 1,5 & 1 \\ 2 & 3 & 2 \\ 2 & 4 & 4 \end{pmatrix}$$

Im Lager befinden sich noch 650 ME von K_1, 1 300 ME von K_2 und 2 000 ME von K_3. Untersuchen Sie, wie viele ganzzahlige ME von den Sets hergestellt werden können.

Tipps und Hinweise

Teilaufgabe a
Berechnen Sie zuerst die Matrix C_{RS}, die angibt, wie viele ME der Rohstoffe für die Herstellung der Sets benötigt werden.

Teilaufgabe b
Stellen Sie ein Gleichungssystem wie in a mit den neuen Zahlen auf.

Teilaufgabe c
Hier ist es sinnvoll, zuerst das vollständige Gleichungssystem aufzustellen und die Unbekannten mit Variablen zu versehen. Versuchen Sie das angegebene Verhältnis mit einer Variablen zu beschreiben.

Teilaufgabe d
(1) Die Matrix B_{KS} gibt die Kugelschreiber pro Set an. Die Elemente dieser Matrix dürfen nicht negativ sein. Das gilt es zu überprüfen.

(2) Stellen Sie zuerst die passende Matrizengleichung auf. Lösen Sie dann die Matrizengleichung. Die Lösung ist abhängig von t. Da der Lösungsvektor die ME der Sets angibt, dürfen auch diese Elemente nicht negativ sein. Stellen Sei dazu Ungleichungen auf und lösen Sie diese auf. Aus den drei Lösungen wählen Sie die aus, die für alle gelten.

Teilaufgabe e
Die Lösung ist mehrdeutig, alle Elemente der Lösung müssen positiv oder gleich null sowie ganzzahlig sein.

Lösung

a) Zuerst wird die Matrix C_{RS} berechnet, die angibt, wie viele Rohstoffe pro Set benötigt werden:

$$C_{RS} = A_{RK} \cdot B_{KS} = \begin{pmatrix} 7 & 11 & 9 \\ 8 & 14 & 14 \\ 13 & 23 & 21 \\ 10 & 15 & 12 \end{pmatrix}$$

Folgende Matrizengleichung ist zu lösen, um die Mengen der Sets (x_1, x_2 und x_3) zu berechnen:

$$C_{RS} \cdot \begin{pmatrix} x_1 \\ x_2 \\ x_3 \end{pmatrix} = \begin{pmatrix} 850 \\ 1140 \\ 1810 \\ 1160 \end{pmatrix}$$

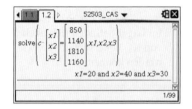

Es können 20 ME von S_1, 40 ME von S_2 und 30 ME von S_3 zusammengebaut werden.

b) Folgende Matrizengleichung ist zu lösen, um die Mengen der Sets (x_1, x_2 und x_3) zu berechnen:

$$C_{RS} \cdot \begin{pmatrix} x_1 \\ x_2 \\ x_3 \end{pmatrix} = \begin{pmatrix} 1\,000 \\ 1\,500 \\ 2\,000 \\ 1\,400 \end{pmatrix}$$

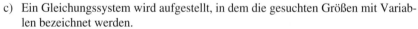

Das CAS liefert, dass die Matrizengleichung nicht lösbar ist. Wenn man die reduzierte Diagonalform der Koeffizientenmatrix bildet, sieht man das an der letzten Zeile, die besagt, dass
$0 \cdot x_1 + 0 \cdot x_2 + 0 \cdot x_3 = 1$
sein müsste.

Somit kann das Lager nicht vollständig geräumt werden.

c) Ein Gleichungssystem wird aufgestellt, in dem die gesuchten Größen mit Variablen bezeichnet werden.

Die Lösung dieses Systems ergibt, dass
$2 \cdot x = 2 \cdot 100 = 200$ ME von S_1 und
$3 \cdot x = 3 \cdot 100 = 300$ ME von S_2
hergestellt werden.
Von R_1 werden 9 200 ME und von R_4 werden 12 500 ME benötigt.

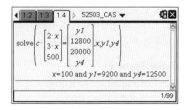

d) (1) Da die Matrix ME von Kugelschreibern angibt, müssen alle Elemente der Matrix größer oder gleich 0 sein:
$1 + t \geq 0 \iff t \geq -1$
$3 - 2t \geq 0 \iff t \leq 1,5$
$4 - 2t \geq 0 \iff t \leq 2$
Somit ergibt sich für t folgender Definitionsbereich:
$t \in [-1; 1,5]$

(2) Zur Bestimmung der Produktionsmenge ist eine Matrizengleichung zu lösen. Der Vektor $\vec{x}$ gibt die Produktionsmengen in Abhängigkeit von t an. Für die Produktionsmengen muss gelten, dass alle Elemente nicht kleiner als null sein dürfen.

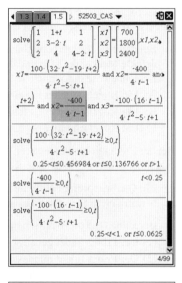

Die einzelnen Produktionsmengen werden überprüft, für welches t sie nicht negativ sind.

Aus allen drei Lösungen ergibt sich als Definitionsbereich für t:
$t \in\ ]-\infty; 0,0625]$

(3) Aus (1) und (2) folgt:
$t \in [-1; 0,0625]$

e) Zur Bestimmung der Anzahlen der Sets ist wieder eine Gleichung aufzustellen, die dann mit der Koeffizientenmatrix gelöst wird.
Das Ergebnis zeigt, dass der Rang der Matrix (2) kleiner ist als die Anzahl der Variablen (3). Somit ist die Gleichung mehrdeutig lösbar.
Der Lösungsvektor lautet:
$$\vec{x} = \begin{pmatrix} -400 + 2t \\ 700 - 2t \\ t \end{pmatrix}$$

Da die Anzahl der Sets nicht negativ sein kann, dürfen die Elemente des Vektors nicht kleiner als null sein:
$-400 + 2t \geq 0 \iff t \geq 200$
$700 - 2t \geq 0 \iff t \leq 350$

Es soll t ganzzahlig und $t \in [200; 350]$ sein, d. h., es können von S_1^* 0 bis 300 ME, von S_2^* 0 bis 300 ME und von S_3^* 200 bis 350 ME hergestellt werden.

Berufliches Gymnasium NRW – Mathematik (Wirtschaft/Verwaltung)
Übungsaufgabensatz für das CAS-Abitur: Stochastik

Aufgabe 2

Bestimmte Kugelschreiber des Unternehmens Schreiblust nutzen einige Abnehmer als Werbegeschenke für ihre Kunden. Bei der Produktion treten je nach Art des Kugelschreibers verschiedene Fehler auf.

a) Bei den Kugelschreibern können zwei voneinander unabhängige Fehler auftreten: defekte Mechanik (3 %) und defekte Mine (2 %).
Berechnen Sie die Wahrscheinlichkeiten für die folgenden Ereignisse:
A: Ein Kugelschreiber hat eine defekte Mechanik und auch eine defekte Mine.
B: Ein Kugelschreiber ist fehlerfrei.
C: Ein Kugelschreiber hat eine defekte Mine, aber keine defekte Mechanik.

Bei der Produktion einer anderen Art von Kugelschreiber treten mit einer Wahrscheinlichkeit von 5 % defekte Kugelschreiber auf.

b) Ein Qualitätsprüfer entnimmt der laufenden Produktion zufällig 70 Kugelschreiber. Erläutern Sie, warum es sich um ein Bernoulli-Experiment handelt.

c) Berechnen Sie die Wahrscheinlichkeiten für folgende Ereignisse (n = 70):
(1) Der Prüfer findet genau sechs defekte Kugelschreiber.
(2) Der Prüfer findet mindestens fünf defekte Kugelschreiber.
(3) Der Prüfer findet höchstens drei defekte Kugelschreiber.
(4) Der Prüfer findet mehr als zwei und weniger als sechs defekte Kugelschreiber.
(5) Der Prüfer findet mindestens 48 funktionierende Kugelschreiber.

d) (1) Der Qualitätsprüfer benötigt dringend einen defekten Kugelschreiber. Er möchte aber möglichst wenige Kugelschreiber der Produktion entnehmen. Berechnen Sie, wie viele Kugelschreiber der Prüfer mindestens entnehmen muss, damit mit einer Wahrscheinlichkeit von mehr als 90 % mindestens ein defekter Kugelschreiber dabei ist.
(2) Untersuchen Sie, wie viele Kugelschreiber der Qualitätsprüfer der Produktion entnehmen muss, damit er mit einer Wahrscheinlichkeit von mehr als 90 % mindestens zwei defekte Kugelschreiber findet.

e) Die Herstellungskosten eines Kugelschreibers betragen 0,30 €. Der Herstellerbetrieb strebt einen Reingewinn von 10 % des Umsatzes an. Die Abgabe der Kugelschreiber erfolgt für 0,40 €. Allerdings wird der Reingewinn dadurch verringert, dass sich der Betrieb den Abnehmern gegenüber verpflichtet hat, defekte Kugelschreiber zurückzunehmen und durch extra geprüfte zu ersetzen. Pro Ersatz entsteht 1 € an zusätzlichen Kosten. Beurteilen Sie, ob unter diesen Bedingungen der angestrebte Gewinn voraussichtlich erwirtschaftet werden kann.

f) Die 23 Außendienstmitarbeiter von Schreiblust benötigen für 12 % ihrer Arbeitszeit einen Arbeitsplatz (Schreibtisch mit PC) im Unternehmen. Berechnen Sie die Anzahl der Arbeitsplätze, die Schreiblust mindestens bereitstellen muss, damit sie mit mindestens 90 % Wahrscheinlichkeit ausreichen.

Ein Großabnehmer des Unternehmens Schreiblust erhält das Angebot eines Konkurrenten. Dieser beziffert den erwarteten Anteil fehlerhafter Kugelschreiber in seiner Produktion auf höchstens 4 %. Der Großabnehmer prüft mit einem Signifikanztest auf dem 10 %-Niveau das Angebot in einer Stichprobe von 150 Kugelschreibern.

g) Das Testergebnis wird in der Geschäftsleitung unterschiedlich interpretiert:
Mitglied A hat ein hohes Vertrauen in das Angebot des Konkurrenten und behauptet, die durchschnittliche Ausschussquote liegt unter 4 %.
Mitglied B hält den Konkurrenten für unsolide und behauptet, der Ausschuss liegt über dem von Schreiblust (5 % Ausschusswahrscheinlichkeit).
(1) Beurteilen Sie, bei welchen Prüfergebnissen A und bei welchen B den Hersteller wechseln würde. Geben Sie jeweils eine Entscheidungsregel an.
(2) Bestimmen Sie für Mitglied A die konkrete Irrtumswahrscheinlichkeit.
(3) Die Ausschusswahrscheinlichkeit liegt tatsächlich unter 4 %.
Berechnen Sie, wie sich der Fehler 2. Art zu verschiedenen Ausschusswahrscheinlichkeiten verändert. Der Ablehnungsbereich sei $\overline{A} = \{0; 1; 2\}$.
Erläutern Sie das Ergebnis.

h) Das folgende Diagramm zeigt eine kumulierte Binomialverteilung. Dabei gibt k die Anzahl der defekten Kugelschreiber in einer Stichprobe von 100 Stück an.

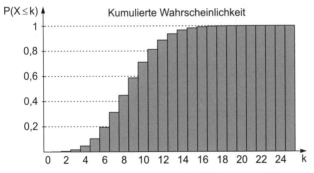

Geben Sie allein unter Zuhilfenahme des Diagramms die ungefähren Wahrscheinlichkeiten für folgende Ereignisse an:
(1) Es werden maximal sechs defekte Kugelschreiber gefunden.
(2) Es werden mehr als zwölf defekte Kugelschreiber gefunden.
(3) Es werden mehr als 20 defekte Kugelschreiber gefunden.
(4) Es werden genau sechs defekte Kugelschreiber gefunden.
(5) Es ist $100 \cdot p$ ganzzahlig. Geben Sie den Erwartungswert und p an.

Tipps und Hinweise

Teilaufgabe a

*Hier kann es hilfreich sein, zuerst ein Baumdiagramm zu zeichnen.

Teilaufgabe c

*Achten Sie bei den Intervallen genau auf die Grenzen.

Teilaufgabe d

*(1) Setzen Sie die gegebenen Größen in die Formel der Binomialverteilung ein (n ist dabei unbekannt). Nutzen Sie zur Lösung der Gleichung Ihr CAS.

*(2) Die Aufgabe ist analog zu (1) zu lösen. Man kann die Lösung jedoch nicht durch Lösen der Gleichung bestimmen, sondern muss sinnvoll probieren. Das gesuchte n muss deutlich größer sein als in (1).

Teilaufgabe f

*Überlegen Sie sich, was gegeben und was gesucht ist. Sie können mit dem CAS sinnvolle Werte suchen. Orientieren Sie sich am Erwartungswert.

Teilaufgabe g

*(1) Sie müssen sowohl für Mitglied A als auch für Mitglied B einen Test durchführen. Die Behauptung ist immer H_1. Beachten Sie die Wahrscheinlichkeiten.

*(3) Der Fehler 2. Art wird mit der wirklichen Wahrscheinlichkeit und dem Annahmebereich gebildet.

Teilaufgabe h

*Machen Sie sich die Bedeutung einer einzelnen Säule klar. Die Säule über $k=8$ bedeutet, dass alle Einzelwahrscheinlichkeiten bis einschließlich acht aufsummiert werden.

Lösung

a) Für eine gute Übersicht bietet sich
ein Baumdiagramm an, dem man die
Lösungen entnehmen kann.
M: Mine funktioniert
$\overline{M}$: Mine defekt
K: Mechanik funktioniert
$\overline{K}$: Mechanik defekt

P(A) = 0,03 · 0,02 = 0,0006 = 0,06 %
P(B) = 0,97 · 0,98 = 0,9506 = 95,06 %
P(C) = 0,97 · 0,02 = 0,0194 = 1,94 %

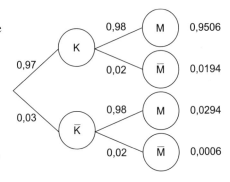

b) Hier handelt es sich um ein Bernoulli-Experiment, da das Experiment nur zwei Ausgänge (defekt oder nicht defekt) hat und jede Stufe des Experiments die gleiche Wahrscheinlichkeit von p = 0,05 für einen defekten Kugelschreiber hat.

c) X zählt die defekten Kugelschreiber
und ist mit n = 70 binomialverteilt.
Die Lösungen können mit dem CAS
berechnet werden.

(1) $P(X = 6) \approx 0,0769 = 7,69\,\%$

(2) $P(X \geq 5) \approx 0,2721 = 27,21\,\%$

(3) $P(X \leq 3) \approx 0,5339 = 53,39\,\%$

(4) $P(3 \leq X \leq 5) \approx 0,5490 = 54,90\,\%$

(5) Mindestens 48 funktionierende
Kugelschreiber bedeutet höchstens
22 defekte.
$P(X \leq 22) \approx 1 = 100\,\%$

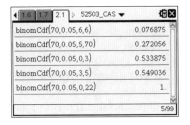

d) (1) X zählt die defekten Kugelschreiber
und ist binomialverteilt. n ist gesucht.
$P(X \geq 1) = 1 - P(X = 0) > 0,9$

$$1 - \binom{n}{0} \cdot 0,05^0 \cdot (1-0,05)^n > 0,9$$
$$1 - 0,95^n > 0,9$$
$$n > 44,89$$

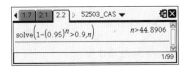

Der Qualitätsprüfer muss der Produktion mindestens 45 Kugelschreiber entnehmen, um mit mehr als 90 % Wahrscheinlichkeit mindestens einen defekten zu finden.

(2) X zählt die defekten Kugelschreiber und ist binomialverteilt. n ist gesucht.
$P(X \geq 2) > 0,9$
Auch mit einem CAS ist die Gleichung, um n zu bestimmen, nicht leicht aufzulösen. Dann nutzt man den TR zum systematischen Suchen.
Für $n \geq 77$ ist die Wahrscheinlichkeit, mindestens 2 defekte Kugelschreiber zu finden, größer als 90 %.
Alternativ kann eine Tabelle angelegt werden.

e) X zählt die Kosten für einen Kugelschreiber. Bei defekten Kugelschreibern kommt zu den Herstellungskosten von 0,30 € noch 1 € hinzu.

x_i	0,30	1,30
$P(X = x_i)$	0,95	0,05

$E(X) = 0,3 \cdot 0,95 + 1,3 \cdot 0,05 = 0,35$
Die Kugelschreiber verursachen Kosten von 35 Cent pro Stück. 10 % vom Umsatz (40 Cent) sind 4 Cent. Der Reingewinn von 4 Cent kann erreicht werden, da $40 - 35 = 5 > 4$.

f) X zählt die Außendienstmitarbeiter, die im Unternehmen einen Schreibtisch benötigen, und ist binomialverteilt mit $n = 23$.
$P(X \leq k) > 0,9$
k wird mit dem CAS durch systematisches Suchen gefunden. Der Erwartungswert liegt bei 2,76, also ist es sinnvoll, rechts von E(X) zu suchen, da nach einer Wahrscheinlichkeit von größer als 90 % gefragt ist.

$P(X \leq 4) \approx 0,8665 = 86,65 \%$
$P(X \leq 5) \approx 0,9504 = 95,04 \%$

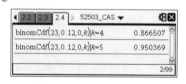

Wenn fünf Schreibtische vorgehalten werden, dann hat jeder Außendienstmitarbeiter mit mehr als 90 % (genauer: 95,04 %) Wahrscheinlichkeit einen Schreibtisch.

g) (1) **Mitglied A**
X zählt die defekten Kugelschreiber und ist mit $n = 150$ binomialverteilt.
$H_1: p < 0,04$ $\qquad H_0: p \geq 0,04$ $\qquad \alpha = 0,1$
Kleine Werte sprechen gegen H_0 und für H_1.

$P(X \leq k) \leq 0{,}1$

$P(X \leq 2) \approx 0{,}0584$

$P(X \leq 3) \approx 0{,}1458$

$\overline{A} = \{0; 1; 2\}$

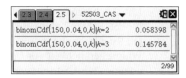

Entscheidungsregel: Wenn in der Stichprobe höchstens 2 defekte Kugelschreiber gefunden werden, dann ist die Wahrscheinlichkeit für einen defekten Kugelschreiber unter 4 %.
Dies kann mit mindestens 90 % Sicherheitswahrscheinlichkeit bzw. höchstens 10 % Irrtumswahrscheinlichkeit behauptet werden.

Mitglied B
X zählt die defekten Kugelschreiber und ist mit n = 150 binomialverteilt.

$H_1: p > 0{,}05$ $\qquad H_0: p \leq 0{,}05$ $\qquad \alpha = 0{,}1$

Große Werte sprechen gegen H_0 und für H_1.

$P(X \geq k) \leq 0{,}1$

$P(X \geq 11) \approx 0{,}1322$

$P(X \geq 12) \approx 0{,}0740$

$\overline{A} = \{12; \ldots; 150\}$

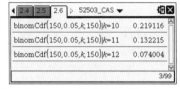

Entscheidungsregel: Wenn in der Stichprobe mindestens 12 defekte Kugelschreiber gefunden werden, dann ist die Wahrscheinlichkeit für einen defekten Kugelschreiber über 5 %.
Dies kann mit mindestens 90 % Sicherheitswahrscheinlichkeit bzw. höchstens 10 % Irrtumswahrscheinlichkeit behauptet werden.

(2) Die konkrete Irrtumswahrscheinlichkeit ist die Wahrscheinlichkeit des Ablehnungsbereichs und beträgt:
$P(X \leq 2) \approx 0{,}0584 = 5{,}84 \%$

(3) Der Fehler 2. Art gibt die Wahrscheinlichkeit für die Ablehnung von H_1 an, obwohl H_1 zutrifft. H_0 wird behauptet, wenn das Ergebnis in den Annahmebereich von H_0 fällt, der hier $A = \{3; \ldots; 150\}$ beträgt. Berechnung der Wahrscheinlichkeit des Annahmebereichs für verschiedene p:

$P_{0{,}039}(X \geq 3) \approx 0{,}9347$

$P_{0{,}035}(X \geq 3) \approx 0{,}8990$

$P_{0{,}03}(X \geq 3) \approx 0{,}8307$

$P_{0{,}025}(X \geq 3) \approx 0{,}7266$

$P_{0{,}02}(X \geq 3) \approx 0{,}5791$

$P_{0{,}01}(X \geq 3) \approx 0{,}1905$

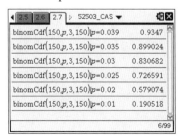

Mit abnehmender Wahrscheinlichkeit für p wird auch die Wahrscheinlichkeit für den Fehler 2. Art geringer. Wenn die Wahrscheinlichkeit für einen defekten Kugelschreiber tatsächlich bei 0,039 liegt, wird der Fehler 2. Art mit einer Wahrscheinlichkeit von 93,47 % gemacht, d. h., die Chance, dass H_1 angenommen wird, ist sehr gering. Die wahre Wahrscheinlichkeit muss deutlich unter 4 % liegen, um sie auf dem angegebenen Signifikanzniveau zeigen zu können.

h) X zählt die defekten Kugelschreiber.

(1) $P(X \leq 6) \approx 0{,}19$
Die Höhe der Säule bei $k=6$ ergibt ungefähr 0,19.

(2) $P(X > 12) = 1 - P(X \leq 12) \approx 1 - 0{,}9 = 0{,}1$
Die Höhe der Säule bei $k=12$ liegt bei ungefähr 0,9.

(3) $P(X > 20) \approx 1 - P(X \leq 20) \approx 1 - 1 = 0$
Die Höhe der Säule bei $k=20$ liegt bei nahezu 1.

(4) $P(X = 6) = P(X \leq 6) - P(X \leq 5) \approx 0{,}19 - 0{,}1 = 0{,}09$
Die Höhe der Säule bei $k=5$ muss von der Höhe der Säule bei $k=6$ abgezogen werden.

(5) $P(X \leq 8) \approx 0{,}45$
$P(X \leq 9) \approx 0{,}59$
Da der Erwartungswert $E(X) = 100 \cdot p$ ganzzahlig ist, muss $E(X) = 9$ und $p = 0{,}09$ gelten.

Berufliches Gymnasium NRW – Mathematik (Wirtschaft/Verwaltung)
Übungsaufgabensatz für das CAS-Abitur: Analysis

Das Unternehmen Schreiblust untersucht seine Kosten- und Absatzstruktur.
Insgesamt gilt: ME gleich Mengeneinheiten und GE gleich Geldeinheiten.

Aufgabe 3

a) Die Gesamtkosten für die Produktionsmenge eines bestimmten Monats sind für ein Jahr der folgenden Tabelle zu entnehmen. Mit einer ganzrationalen Funktion dritten Grades können die Gesamtkosten beschrieben werden.
Bestimmen Sie die Kostenfunktion.

Monat	Produktions-menge (ME)	Gesamt-kosten (GE)
Januar	30	2 910,00
Februar	38	3 013,68
März	57	3 362,52
April	48	3 114,48
Mai	50	3 150,00
Juni	20	2 550,00
Juli	28	2 864,88
August	35	2 985,00
September	38	3 013,68
Oktober	48	3 114,48
November	44	3 064,56
Dezember	80	5 910,00

Rechnen Sie im Folgenden mit:
$K(x) = 0{,}04x^3 - 4{,}8x^2 + 200x + 150$
Die Stückkosten pro Monat sollen 90 GE/ME nicht überschreiten.

b) Stellen Sie die Funktion auf, die die Stückkosten in Abhängigkeit von der Produktionsmenge beschreibt, und untersuchen Sie, in welchen Monaten die Stückkosten unter 90 GE/ME bleiben.

c) Berechnen Sie das Minimum der Stückkostenfunktion und interpretieren Sie diesen Wert.

Im Folgenden sei $b \in \mathbb{R}$ ein Parameter, der den Einfluss der Energiekosten auf die Kostenfunktion beschreibt:
$K_b(x) = 0{,}04x^3 - bx^2 + 200x + 150$

d) Prüfen Sie, für welche Werte von b eine ertragsgesetzliche Kostenfunktion vorliegt.

e) Skizzieren Sie zum Term $0{,}04x^3 - bx^2 + 200x + 150$ zwei Graphen, sodass keine ertragsgesetzliche Kostenfunktion dargestellt wird. Beschreiben Sie den Verlauf der Graphen in Abhängigkeit von b.

Das Unternehmen will einen neuartigen Kugelschreiber auf den Markt bringen. Der tägliche Absatz wird modelliert durch die Funktion:
$A(t) = 1{,}5 \cdot t \cdot e^{-0{,}02 \cdot t}$, $t \in [0;\ 200]$

f) Berechnen Sie den Wendepunkt und erläutern Sie seine ökonomische Bedeutung im Sachzusammenhang.
(Zur Kontrolle: Wendepunkt $W(100\,|\,20{,}3)$)

Ab dem Zeitpunkt des Wendepunktes vermutet man, dass der Absatz linear zurückgeht und mit der Funktion g beschrieben werden kann:
$g(t) = -0{,}203t + 40{,}6$, $t \in [100;\ 200]$

g) Berechnen Sie die Fläche zwischen den Graphen von g(t) und A(t) über [100; 200] und erläutern Sie die Bedeutung der Fläche im Sachzusammenhang.

Zur Beschreibung der Absatzzahlen wird mit der stückweise definierten Funktion
$$A_{neu}(t) = \begin{cases} 1{,}5 \cdot t \cdot e^{-0{,}02 \cdot t}, & 0 \leq t \leq 100 \\ (-0{,}1 \cdot t + 260) \cdot e^{-2}, & 100 < t \leq 200 \end{cases}$$
gerechnet.

h) Untersuchen Sie, ob die Funktion A_{neu} stetig und differenzierbar ist. Beschreiben Sie im Sachzusammenhang die Bedeutung der Stetigkeit und Differenzierbarkeit.

Tipps und Hinweise

Teilaufgabe a

Suchen Sie die Produktionsmengen heraus, bei denen die Gesamtkosten ganze Zahlen sind.

Teilaufgabe b

Hier gibt es mehrere Möglichkeiten. Man kann die Wertetabelle des CAS nutzen, eine Gleichung aufstellen oder in der angegebenen Tabelle die Gesamtkosten durch die Produktionsmenge pro Monat teilen.

Teilaufgabe c

Das Minimum der Stückkostenfunktion hat eine Bedeutung für das Unternehmen in wirtschaftlich schwierigen Zeiten.

Teilaufgabe d

Eine ertragsgesetzliche Kostenfunktion ist streng monoton steigend, hat im ökonomisch sinnvollen Bereich einen Wendepunkt mit Krümmungswechsel von degressiv zu progressiv und einen nicht negativen y-Achsenabschnitt.

Die erste Ableitung ist eine Parabel, mit der man Monotonie und den Krümmungswechsel bestimmen kann.

Teilaufgabe e

Nutzen Sie für die Skizze Ihre Ergebnisse aus d, z. B. ein Graph ohne strenge Monotonie, ein Graph mit Krümmungswechsel im negativen Bereich.

Teilaufgabe g

Die Fläche zwischen den Absatzfunktionen gibt den Gesamtabsatz an. Die gesuchte Fläche kann man am besten über die Differenzfunktion bestimmen.

Teilaufgabe h

Bei t = 100 müssen für die Stetigkeit die Funktionswerte der Abschnittsfunktionen übereinstimmen, für die Differenzierbarkeit zusätzlich die Ableitungswerte.

Lösung

In der Abiturklausur müssen in den Screenshots ersichtliche Rechnungen dokumentiert werden.

a) Um die Funktion möglichst genau bestimmen zu können, ist es sinnvoll, nur die ganzen Zahlen zu nutzen.

Die gesuchte Kostenfunktion lautet:
$K(x) = 0{,}04x^3 - 4{,}8x^2 + 200x + 150$

b) Die Funktionsgleichung der Stückkosten wird gebildet durch:

$$k(x) = \frac{K(x)}{x}$$

Da mit der Stückkostenfunktion weiter gearbeitet wird, ist es sinnvoll, diese einzuspeichern.

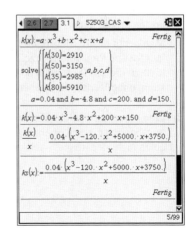

Mehrere Möglichkeiten stehen zur Verfügung.

Eine Möglichkeit besteht darin, die Wertetabelle zu nutzen und bei den entsprechenden Produktionsmengen nachzuschauen.

In der Tabelle kann abgelesen werden, dass bis auf den Januar, Juni und Juli die Stückkosten unter 90 GE/ME bleiben.

Alternativ lösbar mit der Ungleichung:
k(x) ≤ 90

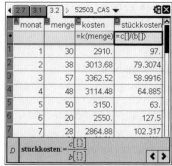

Nur in den Monaten, in denen die Produktionsmenge zwischen 32,87 ME und 88,42 ME liegt, bleiben die Stückkosten bei höchstens 90 GE/ME.

c) Für das Minimum muss gelten:
k'(x_M) = 0 und k''(x_M) > 0

Das Minimum der Stückkostenfunkton liegt im Punkt Min(60,51 | 58,49).

Das Minimum der Stückkostenfunktion ist das Betriebsoptimum. Bei dieser Menge kann der Betrieb mit den geringsten Stückkosten produzieren.

Man nennt das Betriebsoptimum auch die langfristige Preisuntergrenze, da der Betrieb zu diesem Preis noch produzieren kann, ohne Verlust zu machen.

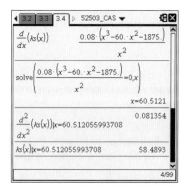

d) Eine ertragsgesetzliche Kostenfunktion ist monoton steigend (i), hat im Definitionsbereich einen Krümmungswechsel von degressiv nach progressiv (ii) und einen nicht negativen y-Achsenabschnitt, hier 150.

Der Graph von $K_b'(x) = 0{,}12x^2 - 2bx + 200$ ist eine nach oben geöffnete Parabel, hat also ein Minimum, somit hat $K_b(x)$ einen Wendepunkt. Aufgrund des Minimums liegt eine Rechts-/Linkskrümmung vor (ii).

Um $K_b'(x) \geq 0$ (monoton steigend) zu zeigen, löst man $K_b'(x) = 0$. Für $b^2 - 24 < 0$ gibt es keine Nullstellen, die Parabel liegt also für $-4{,}899 < b < 4{,}899$ im positiven Bereich. K_b ist für $b \in [-4{,}89; 4{,}89]$ monoton steigend (i). Die Wendestelle liegt bei $x = 8{,}33b$ und liegt nur für $b \geq 0$ im Definitionsbereich. Insgesamt ergibt sich also ein ertragsgesetzlicher Kostenverlauf von K_b für $b \in [0; 4{,}89]$.

Bei ertragsgesetzlichem Kostenverlauf gilt für die Koeffizienten einer ganzrationalen Funktion dritten Grades $f(x) = ax^3 + bx^2 + cx + d$: $a > 0$, $b < 0$, $c > 0$, $d > 0$ und $b^2 \leq 3ac$ (siehe Übungsaufgabe 1 auf Seite 1 ff.) K_b verläuft also ertragsgesetzlich, wenn $b > 0$ und $b^2 \leq 3 \cdot 0{,}04 \cdot 200$, also wenn $0 < b \leq \sqrt{24}$.

e) Für $b < 0$ verschiebt sich der Wendepunkt in den negativen Bereich, für $b > 0$ in den positiven Bereich. Für größere b hat die Funktion Minimum und Maximum. Wenn b sich null annähert, nähert sich der Graph der y-Achse an.

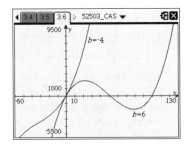

f) Für den Wendepunkt gelten als hinreichend:
$A''(t) = 0$ und $A'''(t) \neq 0$
Der Wendepunkt liegt im Punkt W(100 | 20,3).

Der Wendepunkt gibt den Punkt an, an dem der Graph von A(t) am stärksten fällt, d. h., an dieser Stelle geht der Absatz der Kugelschreiber am stärksten zurück. Vor dem Wendepunkt nimmt der Absatzrückgang zu, nach dem Wendepunkt verlangsamt sich der Absatzrückgang.

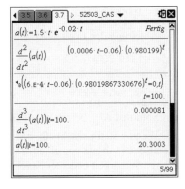

g) Es ist hilfreich, sich die Graphen anzeigen zu lassen. Um ein sinnvolles Intervall zu haben, ist die Sättigungsmenge zu berechnen, also die Gleichung g(t)=0 zu lösen:

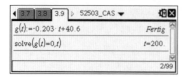

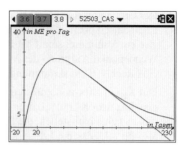

Die Sättigungsmenge liegt bei t = 200.

Das Integral ist in den Grenzen der Wendestelle der Funktion A und der Nullstelle der Funktion g zu berechnen.

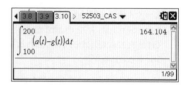

Der Flächeninhalt beträgt 164,1 Flächeneinheiten, was im Sachzuammenhang 164,1 ME Kugelschreiber bedeutet, die durch die neue Absatzfunktion im Intervall [100; 200] weniger abgesetzt werden.

h) A_{neu} besteht aus zwei auf $\mathbb{R}^+$ stetigen Abschnittsfunktionen. Der stetige Übergang bei t = 100 ist gegeben, da:

$1{,}5 \cdot 100 \cdot e^{-0{,}02 \cdot 100} = 150 e^{-2}$

$(-1{,}1 \cdot 100 + 100 \cdot 160) \cdot e^{-2} = 150 e^{-2}$

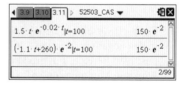

Beide Abschnittsfunktionen sind differenzierbar (Exponentialfunktion, lineare Funktion). A_{neu} ist bei t = 100 differenzierbar, wenn die Ableitungen der beiden Abschnittsfunktionen bei t = 100 übereinstimmen.

Ableitung der ersten Abschnittsfunktion:

$(1{,}5t \cdot e^{-0{,}02t})' = (1{,}5 - 0{,}03t) \cdot e^{-0{,}02t}$

$t = 100$: $-\dfrac{3}{2} e^{-2}$

Ableitung der zweiten Abschnittsfunktion:

$((-1{,}1t + 260) \cdot e^{-2})' = -\dfrac{11}{10} e^{-2}$

$-\dfrac{3}{2} e^{-2} \neq -\dfrac{11}{10} e^{-2}$

Somit ist A_{neu} bei t = 100 nicht differenzierbar.

Wenn h stetig anschließt, bedeutet das, dass es keine Absatzsprünge gibt, sich also der Absatz von einem Tag auf den anderen nicht sehr verändert. Die Differenzierbarkeit bedeutet Knickfreiheit, sodass sich der Absatz zu jedem Zeitpunkt gleichmäßig verändert.

Prüfungsaufgaben

Berufliches Gymnasium NRW – Mathematik ohne CAS (Wirtschaft/Verwaltung)
Zentrale Abiturprüfung 2012 Grundkurs – Aufgabe 1: Lineare Algebra

Beschreibung der Ausgangssituation (Gesamtpunktzahl 45 Punkte)
Das Unternehmen BEL FRUTI verarbeitet u. a. Papayas und Ananas und füllt sie in Konservendosen ab. Um entsprechende Rabatte zu erhalten, müssen mindestens 50 Mengeneinheiten (ME) Ananas pro Tag geordert werden. Die Früchte werden zunächst auf der Maschine M_1 gewaschen und geschält. Die Maschine muss regelmäßig gereinigt werden, sodass sie nur 19 Stunden pro Tag eingesetzt werden kann. Die Früchte werden anschließend auf einer zweiten Maschine M_2 portioniert und danach auf der Maschine M_3 in Dosen verfüllt.

Punkte

1.1 Die Produktionsleitung soll die Verarbeitungsmengen von Papayas und Ananas bestimmen, die zu einem maximalen Deckungsbeitrag in Geldeinheiten (GE) führen.
Alle zur Lösung erforderlichen Informationen sind den nachfolgenden Tabellen zu entnehmen:

	Papaya Minuten/ME	Ananas Minuten/ME	Maximale Auslastung Minuten/Tag
M_1	2	3	1 140
M_2	1,5	3	900
M_3	1	1	450

	Papaya	Ananas
Mindestbestellmenge in ME	0	50
Stückdeckungsbeiträge in GE/ME	0,6	1

1.1.1 Zeigen Sie, dass zur Lösung des Optimierungsproblems die nachfolgenden Bedingungen gelten (x_1 = ME Papayas und x_2 = ME Ananas):

$x_1, x_2 \geq 0$;

$x_2 \geq 50$;

$x_2 \leq -\dfrac{2}{3}x_1 + 380$;

$x_2 \leq -0,5 x_1 + 300$;

$x_2 \leq -x_1 + 450$ 6

1.1.2 Zeichnen Sie mit den vorgegebenen Angaben aus 1.1.1 den zur grafischen Lösung des Optimierungsproblems erforderlichen Planungsbereich in das Koordinatensystem in Anlage 1. 6

1.1.3 Bestimmen Sie die jeweilige Verarbeitungsmenge für Papayas und Ananas, um den Deckungsbeitrag zu maximieren. 5

1.1.4 Berechnen Sie den maximalen Deckungsbeitrag sowie die Auslastungszeiten der Maschinen. 6

1.1.5 Begründen Sie, dass es keine Mengenkombination gibt, bei der die maximal mögliche Laufzeit der Maschine M_1 voll ausgenutzt wird, ohne die anderen Restriktionen zu verletzen. 5

1.2 Die Produktionspalette wird um Mangokonserven erweitert.
Die zur Verfügung stehenden Maschinenzeiten bleiben erhalten, die Mindestbestellmenge entfällt.
An Maschine 1 benötigen die Mangos 2 Minuten/ME.
An den Maschinen 2 und 3 benötigen die Mangos je 1 Minute/ME.
Der Stückdeckungsbeitrag je ME der Mangos beträgt 1,5 GE.
Mithilfe des Simplex-Algorithmus soll die optimale Bestellmenge zur Maximierung des Deckungsbeitrags ermittelt werden.

1.2.1 Bestimmen Sie mithilfe der Angaben in 1.1 und 1.2 das Starttableau (1. Tableau) zur Lösung des Optimierungsproblems, welches zur Anwendung des Simplex-Algorithmus benötigt wird. 5

1.2.2 Leiten Sie durch Anwendung des Simplex-Algorithmus nur das dem Starttableau folgende Tableau (2. Tableau) her. 6

1.2.3 Interpretieren Sie das von Ihnen in 1.2.2 hergeleitete Tableau in Bezug auf die Produktionszahlen, die Auslastung der Maschinen sowie den Deckungsbeitrag und weiterer Optimierungsmöglichkeiten. 6

Anlage 1: Koordinatensystem zu Aufgabe 1.1.2

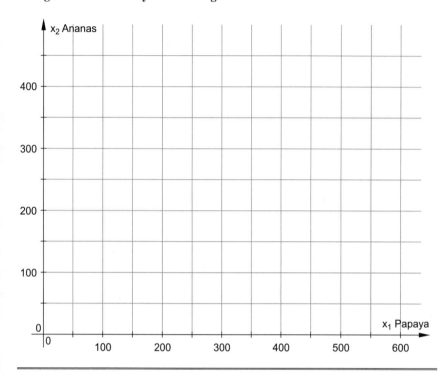

Tipps und Hinweise

Teilaufgabe 1.1.1
🖋 Die Bedingungen ergeben sich daraus, dass Produktionszahlen grundsätzlich positiv sind, eine Mindestbestellmenge für Ananas nötig ist und die Maschinen beschränkte Kapazitäten haben (Tabelle).

Teilaufgabe 1.1.2
🖋 Aus den Restriktionen 1.1.1 ergeben sich die Randgeraden, die den Planungsbereich (bzw. Lösungsraum, Lösungspolygon oder zulässigen Produktionsbereich) umschließen.

Teilaufgaben 1.1.3 und 1.1.4
🖋 Setzt man die zu den Eckpunkten gehörenden Mengen in die Zielfunktion ein, so ist der höchste Wert auch der optimale.

🖋 Alternativ zeichnet man zunächst eine feste Zielfunktion ein, indem man den Deckungsbeitrag auf zum Beispiel 50 GE festlegt. Da der Deckungsbeitrag maximiert werden soll, muss die Zielgerade so weit wie möglich nach außen verschoben werden. Der dadurch gefundene äußere Punkt ist genau ablesbar.

🖋 Durch Einsetzen des optimalen Punkts in die Maschinenbelegzeiten erhält man die Auslastungszeiten.

Teilaufgabe 1.1.5
🖋 Betrachten Sie die zu M_1 gehörige Randgerade in ihrer Lage zum Lösungsbereich.

Teilaufgabe 1.2.1
🖋 Ergänzt man die Angaben zur Verarbeitung der Mangos in der angegebenen Tabelle, so erhält man das Ausgangstableau, wobei lediglich die Schlupfvariablen (Maschinenzeiten) ergänzt werden müssen.

Teilaufgabe 1.2.2
🖋 Pivotspalte (Spalte mit höchstem Wert in Zielzeile) und Pivotzeile (kleinster Engpasswert) werden zunächst bestimmt, um dann mit dem Gaußalgorithmus das zweite Tableau zu berechnen.

Teilaufgabe 1.2.3
🖋 Ein Tableau ist dann optimal, wenn kein Element der Zielzeile größer als null ist.

🖋 Im zweiten Tableau ist nach einem Produkt (Mangos) optimiert worden. Also ist die Produktionsmenge dieses Produkts abzulesen (andere Produkte 0 ME). Dabei wird eine Maschine voll ausgelastet, die anderen beiden Maschinen haben noch Kapazitäten (aber nicht mehr die vollen).

Lösung

1.1.1 Nichtnegativitätsbedingung für Produktionsmengen:
$x_1, x_2 \geq 0$

Mindestbestellmenge Ananas:
$x_2 \geq 50$

Maschinenzeiten 1:
$2x_1 + 3x_2 \leq 1140 \quad \Leftrightarrow \quad x_2 \leq -\frac{2}{3}x_1 + 380$

Maschinenzeiten 2:
$1,5x_1 + 3x_2 \leq 900 \quad \Leftrightarrow \quad x_2 \leq -\frac{1}{2}x_1 + 300$

Maschinenzeiten 3:
$x_1 + x_2 \leq 450 \quad \Leftrightarrow \quad x_2 \leq -x_1 + 450$

1.1.2 Aus den Restriktionen erhält man die Randgeraden, die zum folgenden, in die Anlage 1 einzutragenden Planungsbereich (Lösungspolygon bzw. zulässigen Produktionsbereich) führen.

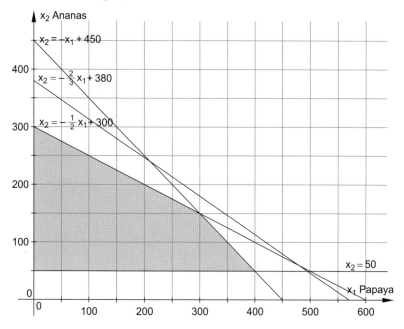

1.1.3 Es wird geprüft, welcher der drei (relevanten) Eckpunkte des Lösungspolygons den größten Deckungsbeitrag liefert:
P(0|300): $0{,}6 \cdot 0 + 1 \cdot 300 = 300$ [GE]
P(300|150): $0{,}6 \cdot 300 + 1 \cdot 150 = 330$ [GE]
P(400|50): $0{,}6 \cdot 400 + 1 \cdot 50 = 290$ [GE]
Die zum höchsten Deckungsbeitrag führenden optimalen Bestellmengen sind 300 ME Papaya und 150 ME Ananas.

Alternativ kann die Zielfunktion bestimmt und verschoben werden:
$0{,}6x_1 + x_2 = Z \Leftrightarrow x_2 = -0{,}6x_1 + Z$

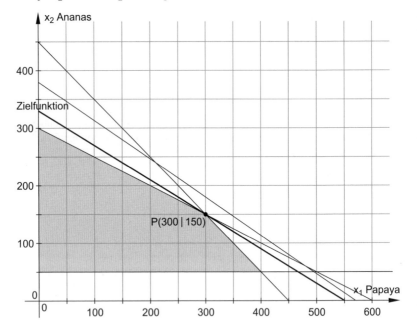

1.1.4 Maximaler Deckungsbeitrag:
$0{,}6 \cdot 300 + 1 \cdot 150 = 330$ [GE]

Auslastungszeit Maschine 1:
$2 \cdot 300 + 3 \cdot 150 = 1\,050$ [Minuten]

Auslastungszeit Maschine 2:
$1{,}5 \cdot 300 + 3 \cdot 150 = 900$ [Minuten]

Auslastungszeit Maschine 3:
$1 \cdot 300 + 1 \cdot 150 = 450$ [Minuten]

1.1.5 Eine Produktionsmengenkombination mit maximaler Maschinenauslastung M_1 muss auf der Restriktionsgeraden zu Maschine M_1 liegen. Da diese Gerade jedoch oberhalb des Planungsvielecks verläuft (siehe Zeichnung), kann die Maschinenzeit von M_1 nicht vollständig ausgenutzt werden. Die anderen beiden Bedingungen (zu M_2 und M_3) sind restriktiver.

1.2.1 Das erste Tableau (Starttableau) lautet:
x_1: Papaya, x_2: Ananas, x_3: Mango in ME;
u_1, u_2, u_3: Restlaufzeiten M_1, M_2, M_3 in Minuten

		x_1	x_2	x_3	u_1	u_2	u_3		Engpass	
I	M_1	2	3	2	1	0	0	1 140	570	I + (−2) · III
II	M_2	1,5	3	1	0	1	0	900	900	II + (−1) · III
III	M_3	1	1	1	0	0	1	450	450	
IV		0,6	1	1,5	0	0	0	Z		IV + (−1,5) · III

1.2.2 Die dritte Spalte ist die Pivotspalte, da der Deckungsbeitrag 1,5 GE/ME am höchsten ist. Die dritte Zeile ist die Pivotzeile, da dort der Engpass 450 : 1 = 450 am geringsten ist. Die Umformung mit dem Gauß-Algorithmus ergibt als mögliches zweites Tableau:

	x_1	x_2	x_3	u_1	u_2	u_3	
M_1	0	1	0	1	0	−2	240
M_2	0,5	2	0	0	1	−1	450
M_3	1	1	1	0	0	1	450
	−0,9	−0,5	0	0	0	−1,5	Z − 675

Das Tableau ist nicht eindeutig festgelegt; eine Zeile kann mit einer Zahl multipliziert sein.

1.2.3 Das 2. Tableau ist bereits optimal, da in der letzten Zeile kein positiver Wert auftaucht. Somit lassen sich die folgenden Produktionszahlen ablesen: Papaya 0 ME, Ananas 0 ME, Mango 450 ME. Bei dieser Produktion wird Maschine 1 mit 900 Minuten (freie Kapazität 240 Minuten), Maschine 2 mit 450 Minuten (freie Kapazität 450 Minuten) und Maschine 3 mit 450 Minuten (keine freie Kapazität) benötigt. Unter diesen Produktionsbedingungen wird ein Deckungsbeitrag von 675 GE erreicht.

Berufliches Gymnasium NRW – Mathematik ohne CAS (Wirtschaft/Verwaltung)
Zentrale Abiturprüfung 2012 Grundkurs – Aufgabe 2: Analysis

Beschreibung der Ausgangssituation (Gesamtpunktzahl 45 Punkte)
Die von BEL FRUTI produzierten Papaya- und Ananaskonserven werden in Weißblechdosen abgefüllt. Lieferant der Weißblechdosen ist die Interkonserv GmbH, die aus speziellem Weißblech fruchtsäureresistente Konservendosen produziert. Die Interkonserv GmbH ist einer von vielen Herstellern und agiert entsprechend am Markt.

Punkte

2.1 Von der ertragsgesetzlich verlaufenden Kostenentwicklung der Weißblechdosenproduktion sind die folgenden Angaben bekannt (Angaben in Mengeneinheiten (ME) und Geldeinheiten (GE)).
(1) $K(5) = E(5) = 67,5$
(2) $K(0) = 20$
(3) $K'(5) = 3,5$
(4) $k'_{var}(11) = 0$

Dabei sind K die ganzrationale Gesamtkostenfunktion dritten Grades, k_{var} die Funktion der variablen Stückkosten und E die lineare Erlösfunktion.

2.1.1 Interpretieren Sie die Gleichungen (1) bis (4) im Hinblick auf ihre ökonomische Bedeutung. 6

2.1.2 Stellen Sie mithilfe der obigen Angaben ein lineares Gleichungssystem zur Ermittlung der Gleichung der Gesamtkostenfunktion auf, **ohne** dieses zu lösen. 5

2.2 Gehen Sie im Folgenden von der Kostenfunktion K mit
$K(x) = 0,1x^3 - 2,2x^2 + 18x + 20$
aus (x in ME und K(x) in GE).

2.2.1 Ermitteln Sie das Minimum der Grenzkostenfunktion K'. 6

2.2.2 Weisen Sie nach, dass es mehr als eine Produktionsmenge gibt, für welche die Grenzkosten 3,5 GE/ME betragen. 3

2.3 Die Interkonserv GmbH möchte ihre Produktpalette um eine weitere Dosenart erweitern.
Vor dem Produktionsbeginn wird für die Geschäftsleitung der Interkonserv GmbH eine Präsentation mehrerer Umsatzszenarien bei gleich bleibender Kostenentwicklung erstellt, welche in den unten stehenden Abbildungen 1 bis 4 dargestellt sind.

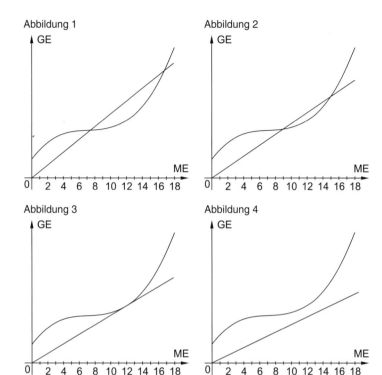

2.3.1 Beurteilen Sie aus mathematisch-ökonomischer Sicht die in den Abbildungen 1 bis 4 dargestellten Umsatzszenarien hinsichtlich der jeweiligen Gewinnsituation.

6

2.3.2 Versehentlich ist bei der Erstellung der Präsentation einem Mitarbeiter ein Eingabefehler unterlaufen, sodass die in Abbildung 5 dargestellte Kurve als Kostenkurve ausgegeben wurde. Der Fehler wurde jedoch sofort bemerkt.

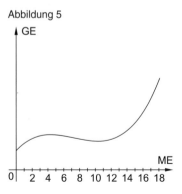

Begründen Sie mathematisch-ökonomisch, weshalb der nebenstehende Graph nicht dem Graphen einer ertragsgesetzlichen Kostenfunktion entsprechen kann.

3

2.4 Um die künftigen Produktionsmengen der Dosen besser planen zu können, wurde eine Absatz-Möglichkeiten-Studie in Auftrag gegeben. Die Funktion f mit der Gleichung

$$f(t) = (-0{,}25 \cdot t^3 + 121 \cdot t) \cdot e^{-0{,}2 \cdot t}$$

prognostiziert laut Marktforschungsinstitut die Absatzentwicklung in ihrem Definitionsbereich für die Zeit nach der Markteinführung (Zeitpunkt $t=0$). Dabei gibt $t>0$ die Zeit in Monaten und f(t) den Absatz in ME/Monat an.

2.4.1 Ermitteln Sie, bis zu welchem Zeitpunkt t die Funktion f positive Absatzmengen prognostiziert (ökonomischer Definitionsbereich). 7

2.4.2 Bestimmen Sie den prognostizierten Absatz in ME/Monat zum Zeitpunkt $t=10$. 3

2.4.3 Prüfen Sie mithilfe der notwendigen Bedingung, ob die Absatzfunktion f ihr Maximum etwa zum Zeitpunkt $t=4{,}5526$ erreicht. Auf die Überprüfung der hinreichenden Bedingung soll verzichtet werden. 6

Tipps und Hinweise

Teilaufgabe 2.1.1
- Was bedeutet es für den Gewinn des Unternehmens, wenn Kosten und Erlöse gleich sind?
- Wie berechnet man die Fixkosten, wie die Grenzkosten und wie das Betriebsminimum?

Teilaufgabe 2.1.2
- Gehen Sie von der allgemeinen Funktionsgleichung $K(x) = a \cdot x^3 + b \cdot x^2 + c \cdot x + d$ aus.

Teilaufgabe 2.2.1
- Das Minimum der Grenzkosten entspricht der Wendestelle der Kostenfunktion.

Teilaufgabe 2.2.2
- Entweder lösen Sie die quadratische Gleichung $K'(x) = 3{,}5$ oder Sie argumentieren mit dem Tiefpunkt der Grenzkostenparabel aus 2.2.1.

Teilaufgabe 2.3.1
- Gehen Sie auf die Gewinnzone und das Gewinnmaximum (falls vorhanden) ein.

Teilaufgabe 2.3.2
- Eine ertragsgesetzliche Kostenfunktion steigt streng monoton.

Teilaufgabe 2.4.1
- Die Nullstelle der Absatzfunktion ist entscheidend.

Teilaufgabe 2.4.2
- Der Absatz im 10. Monat ist $f(10)$.

Teilaufgabe 2.4.3
- Die notwendige Bedingung ist $f'(t) = 0$. Mit Überprüfung ist Einsetzen gemeint. Bei einem gerundeten $t = 4{,}5526$ kann nur annähernd 0 herauskommen.

Lösung

2.1.1 Zur ökonomischen Bedeutung der Gleichungen:
(1) Bei 5 ME sind die Kosten und Erlöse gleich und betragen jeweils 67,5 GE. Dort befindet sich die Gewinnschwelle (Break-Even-Point) oder die Gewinngrenze.
(2) Die Fixkosten betragen 20 GE.
(3) Bei 5 ME betragen die Grenzkosten 3,5 GE/ME.
(4) Die variablen Stückkosten sind bei 11 ME wegen $k'_{var}(11) = 0$ minimal oder maximal. Maximal ist jedoch auszuschließen, da die Kostenfunktion ertragsgesetzlich ist. Somit liegt bei 11 ME das Betriebsminimum.

2.1.2 Die allgemeine Kostenfunktion, deren erste Ableitung und die Ableitung der variablen Stückkostenfunktion lauten:

$K(x) = a \cdot x^3 + b \cdot x^2 + c \cdot x + d$
$K'(x) = 3a \cdot x^2 + 2b \cdot x + c$
$k'_{var}(x) = 2a \cdot x + b$

Daraus ergibt sich das lineare Gleichungssystem:
(1) $\quad 125a + 25b + 5c + d = 67,5$
(2) $\quad\quad\quad\quad\quad\quad\quad d = 20$
(3) $\quad\quad 75a + 10b + c = 3,5$
(4) $\quad\quad\quad\quad 22a + b = 0$

2.2.1 Für die Grenzkosten und deren erste beiden Ableitungen gilt:
$K'(x) = 0,3x^2 - 4,4x + 18$
$K''(x) = 0,6x - 4,4$
$K'''(x) = 0,6$

Notwendige Bedingung für Grenzkostenminimum (Wendestelle): $K''(x) = 0$

$K''(x) = 0 \iff x = \frac{22}{3} = 7,\bar{3}$

Dazu hinreichend ist das vorausgesetzte Ertragsgesetz.

Alternativ:

$K'''\left(\frac{22}{3}\right) = 0,6 > 0$

Bei einer Ausbringungsmenge von ca. 7,33 ME sind die Grenzkosten mit $K'(7,33) \approx 1,87$ GE/ME minimal.

2.2.2 Mit der p-q-Formel kann gezeigt werden, dass es zwei Produktionsmengen x_1 und x_2 gibt:

$$K'(x) = 0{,}3x^2 - 4{,}4x + 18 = 3{,}5 \quad |-3{,}5$$
$$\Leftrightarrow \quad 0{,}3x^2 - 4{,}4x + 14{,}5 = 0 \quad |:0{,}3$$
$$\Leftrightarrow \quad x^2 - 14\tfrac{2}{3}x + 48\tfrac{1}{3} = 0$$
$$\Leftrightarrow \quad x_{1,2} = 7\tfrac{1}{3} \pm \sqrt{\left(7\tfrac{1}{3}\right)^2 - 48\tfrac{1}{3}}$$
$$\Leftrightarrow \quad x_1 = 5 \;\wedge\; x_2 = 9\tfrac{2}{3}$$

Alternativ kann auch ohne Rechnung argumentiert werden: Im Grenzkostenminimum liegen die Grenzkosten unter 3,5, jedoch davor (anfängliche Grenzkosten 18 GE/ME) und danach (Grenzkosten steigen unendlich an) liegen bei zwei bestimmten Produktionsmengen Grenzkosten von 3,5 GE/ME.

2.3.1 Die erste Abbildung wäre für das Unternehmen die günstigste, da dort der Gewinn am größten ist. Der maximale Gewinn würde bei ca. 12 ME bis 14 ME erzielt, die Gewinnzone geht von etwa 8 ME bis 16 ME.

Auch in der zweiten Abbildung gibt es eine Gewinnzone, die jedoch kleiner ist (etwa 9 ME bis 15 ME). Auch der maximal mögliche Gewinn ist kleiner – etwa ein Drittel von Situation 1.

In der dritten Abbildung wird ohne Gewinn produziert. Im günstigsten Fall wird betriebsoptimal produziert: bei ca. 12 ME kein Verlust und kein Gewinn, also genaue Kostendeckung.

In der letzten Abbildung ist ersichtlich, dass der Preis so gering ist, dass immer mit Verlust produziert wird.

2.3.2 Eine ertragsgesetzliche Kostenkurve muss streng monoton steigen, da in diesem Modell bei erhöhter Produktion auch die Kosten steigen. Der Graph aus Abbildung 5 ist jedoch zwischen ca. 5 ME und 10 ME monoton fallend.

2.4.1 Die Funktionswerte der Absatzfunktion sollen positiv sein:
$$f(t) > 0 \;\Leftrightarrow\; (-0{,}25t^3 + 121t)\cdot e^{-0{,}2\cdot t} > 0 \quad |:e^{-0{,}2\cdot t}$$
$$\Leftrightarrow \quad -0{,}25t^3 + 121t > 0 \quad |:(-0{,}25t)$$
$$\underset{t>0}{\Leftrightarrow} \quad t^2 - 484 > 0 \quad |+484 \text{ und } \sqrt{\;}$$
$$\underset{t>0}{\Leftrightarrow} \quad t < 22$$

Bis zum Zeitpunkt $t = 22$ Monate werden positive Absatzzahlen prognostiziert, d. h.:
$$D_{\text{ök}} = [0;\,22]$$

2.4.2 Der Absatz im 10. Monat beträgt:
$$f(10) = (-0,25 \cdot 10^3 + 121 \cdot 10) \cdot e^{-0,2 \cdot 10} \approx 129,92 \, [\text{ME}]$$

2.4.3 Die notwendige Bedingung für ein Maximum in t ist $f'(t) = 0$.

Berechnung der ersten Ableitung mit der Produktregel:
$$f'(t) = u'(t) \cdot v(t) + u(t) \cdot v'(t)$$

Mit
$$u(t) = -0,25t^3 + 121t \;\Rightarrow\; u'(t) = -0,75t^2 + 121,$$
$$v(t) = e^{-0,2 \cdot t} \;\Rightarrow\; v'(t) = -0,2 e^{-0,2 \cdot t}$$

folgt:
$$\begin{aligned}
f'(t) &= u'(t) \cdot v(t) + u(t) \cdot v'(t) \\
&= (-0,75t^2 + 121) \cdot e^{-0,2 \cdot t} + (-0,25t^3 + 121t) \cdot (-0,2 e^{-0,2 \cdot t}) \\
&= -0,75t^2 \cdot e^{-0,2 \cdot t} + 121 \cdot e^{-0,2 \cdot t} + 0,25t^3 \cdot 0,2 \cdot e^{-0,2 \cdot t} - 121t \cdot 0,2 \cdot e^{-0,2 \cdot t} \\
&= (0,05t^3 - 0,75t^2 - 24,2t + 121) \cdot e^{-0,2 \cdot t}
\end{aligned}$$

Einsetzen des vorgegebenen Werts für t liefert:
$$f'(4,5526) = (0,05 \cdot 4,5526^3 - 0,75 \cdot 4,5526^2 - 24,2 \cdot 4,5526 + 121) \cdot e^{-0,2 \cdot 4,5526}$$
$$\approx 0,00014 \approx 0$$

Die notwendige Bedingung für eine Maximalstelle der Absatzfunktion ist praktisch erfüllt, sodass bei ca. 4,5526 ein Maximum liegt.

Berufliches Gymnasium NRW – Mathematik ohne CAS (Wirtschaft/Verwaltung)
Zentrale Abiturprüfung 2012 Grundkurs – Aufgabe 3: Stochastik

Beschreibung der Ausgangssituation (Gesamtpunktzahl 45 Punkte)
BEL FRUTI produziert Papaya- und Ananaskonserven im Verhältnis 2 : 1.
Direkt nach dem Verschließen der Dosen wird auf die Deckel eine Artikelnummer gedruckt.
Das Etikettieren der Dosen erfolgt anschließend an einer separaten Maschine. Aufgrund technischer Störungen fällt die Etikettiermaschine mehrere Tage aus. Da die vorhandenen Früchte aber verarbeitet werden müssen, wird die Produktion der Konserven fortgesetzt und die nicht etikettierten Dosen werden zwischengelagert.
Nach einigen Tagen befinden sich mehrere Tausend Dosen, davon zwei Drittel Papaya und ein Drittel Ananas, im Lager, welches in chaotischer Lagerhaltung organisiert ist.
Für die Qualitätskontrolle wählt ein Mitarbeiter fünfzig Dosen ohne Beachtung der Artikelnummer aus verschiedenen Stellen des Lagers zufällig aus.

Punkte

3.1 Gehen Sie davon aus, dass die Anzahl der Ananaskonserven unter den fünfzig ausgewählten Dosen als eine binomialverteilte Zufallsgröße mit den Parametern n = 50 und $p = \frac{1}{3}$ betrachtet werden darf.
Bestimmen Sie die Wahrscheinlichkeiten folgender Ereignisse:
E_1: Es werden genau 16 Ananaskonserven gefunden.
E_2: Es werden höchstens 20 Ananaskonserven gefunden.
E_3: Es werden mehr als 22 Ananaskonserven gefunden.
E_4: Es werden mehr als 13, aber weniger als 19 Ananaskonserven gefunden.
E_5: Es werden höchstens 38 Papaya-Konserven gefunden. 13

Bisher wurden die Papayakonserven mit Glucose-Fructose-Sirup gesüßt. Um den Kaloriengehalt der Konserven zu reduzieren, soll stattdessen ein Zuckerersatzstoff verwendet werden, ohne dass es zu einer geschmacklichen Veränderung kommt.

3.2 Ein Mitarbeiter behauptet: „In weniger als 30 Prozent aller Fälle erkenne ich am Geschmack nicht, welches Süßungsmittel verwendet wurde."
Diese Aussage möchte er durch einen einseitigen Signifikanztest untermauern. Dazu lässt er sich 50 zufällig ausgewählte Papaya-Proben vorlegen, die jeweils entweder mit Glucose-Fructose-Sirup oder dem Zuckerersatzstoff gesüßt sind.

3.2.1 Begründen Sie, warum der Mitarbeiter in einem Signifikanztest die Hypothese H_0: $p \geq 0{,}3$ testet. 5

3.2.2 Leiten Sie die Entscheidungsregel für den Test her, wenn eine Irrtumswahrscheinlichkeit von $\alpha = 0{,}05$ akzeptiert wird. 10

3.2.3 Der Mitarbeiter erkennt 42 Proben richtig.
Beurteilen Sie die Bedeutung dieses Testergebnisses unter Berücksichtigung der Wahrscheinlichkeit des Fehlers 1. Art (α-Fehler). 4

3.3 Zwei Drittel der Papayakonserven werden herkömmlich gesüßt („normale Papaya").
Ein Drittel der Papayakonserven werden als „Papaya-Light" mit dem Zuckerersatzstoff gesüßt.
Nach weiteren Testreihen kann davon ausgegangen werden:
- Der Mitarbeiter benennt „normale Papaya" in drei Viertel aller Fälle als „herkömmlich gesüßt".
- „Papaya Light" benennt er in fünf Sechstel aller Fälle als „nicht herkömmlich gesüßt".

Es wird eine Papayakonserve zufällig ausgewählt und vom Mitarbeiter verkostet, der dann die verwendete Süßungsart („herkömmlich gesüßt" oder „nicht herkömmlich gesüßt") benennt.

3.3.1 Zeichnen Sie zu diesem Versuch eine Vierfeldertafel oder ein vollständiges Baumdiagramm. 8

3.3.2 Der Mitarbeiter benennt die Probe als „herkömmlich gesüßt".
Bestimmen Sie die bedingte Wahrscheinlichkeit, dass er mit seiner Aussage recht hat. 5

Tipps und Hinweise

Teilaufgabe 3.1
- $P(E_1)$ kann durch Subtraktion benachbarter Tabellenwerte oder mit der Bernoulli-Formel bestimmt werden. Die anderen Wahrscheinlichkeiten sind aus der Tabelle abzulesen.
- Bei E_5 werden mindestens 12 Ananaskonserven gefunden.

Teilaufgabe 3.2.1
- In jedem Hypothesentest ist H_0 die Gegenhypothese zu dem, was man zeigen will (H_1).

Teilaufgabe 3.2.2
- Der Ablehnungsbereich von H_0: $p \geq 0{,}3$ ist zu bestimmen. Kleine Werte sprechen gegen H_0, sodass $P([0; k]) \leq 0{,}05$ zu lösen ist (Tabelle).

Teilaufgabe 3.2.3
- Wenn 8 falsch eingeordnete Konserven (42 erkannte Proben) im Ablehnungsbereich von H_0 liegen, so hat der Mitarbeiter seine Behauptung praktisch gezeigt; wenn 8 im Annahmebereich liegt, so ist keine Aussage möglich.
- Die Wahrscheinlichkeit für den Fehler erster Art gibt die Irrtumswahrscheinlichkeit dafür an, dass dem Mitarbeiter aufgrund des Ergebnisses recht gegeben wird: $\alpha = P([0; 8])$ mit $p = 0{,}3$

Teilaufgabe 3.3.1
- Es ist sinnvoll, mit der Wahrscheinlichkeit für Papaya-Light auf der ersten Stufe des Baumdiagramms zu beginnen. Die zweite Stufe bezieht sich auf den Mitarbeiter.
- Bei einer Vierfeldertafel sind die Wahrscheinlichkeiten der Schnittereignisse einzutragen.

Teilaufgabe 3.3.2
- Gesucht ist die Wahrscheinlichkeit für eine normale Papaya unter der Bedingung, dass der Mitarbeiter behauptet hat, sie sei herkömmlich gesüßt.

Lösung

3.1 Die Zufallsgröße X zählt die Anzahl der Ananasdosen. X ist $B(50; \frac{1}{3})$-verteilt.

$$P(E_1) = P(X=16) = \binom{50}{16} \cdot \left(\frac{1}{3}\right)^{16} \cdot \left(\frac{2}{3}\right)^{34} \approx 0{,}1178 = 11{,}78\,\%$$

Die folgenden Wahrscheinlichkeiten der Ereignisse werden mit der Tabelle zur kumulierten Binomialverteilung für $n=50$ bestimmt:

$P(E_2) = P(X \leq 20) \approx 0{,}8741 = 87{,}41\,\%$

$P(E_3) = P(X > 22) = 1 - P(X \leq 22) \approx 1 - 0{,}9576 = 0{,}0424 = 4{,}24\,\%$

$P(E_4) = P(13 < X < 19) = P(X \leq 18) - P(X \leq 13)$
$ \approx 0{,}7126 - 0{,}1715 = 0{,}5411 = 54{,}11\,\%$

$P(E_5) = P(X \geq 12) = 1 - P(X \leq 11) \approx 1 - 0{,}0570 = 0{,}9430 = 94{,}3\,\%$

3.2.1 Der Mitarbeiter behauptet, dass er mit $p < 0{,}3$ den Süßstoff einer beliebigen Probe Papayas nicht erkennt. (Er hat also eine Trefferquote von über 70 %.) Dies will er zeigen und damit ist diese Behauptung die H_1-Hypothese. Das stochastische Beweisverfahren des Hypothesentests funktioniert so, dass das Gegenteil der Behauptung H_1, nämlich H_0: $p \geq 0{,}3$, abgelehnt werden muss, um die Aussage H_1 zu zeigen. In diesem Sinne wird H_0 getestet (auf Ablehnung).

3.2.2 Es soll die Behauptung des Mitarbeiters auf dem 5 %-Signifikanzniveau gezeigt werden:

H_1: $p < 0{,}3$

H_0: $p \geq 0{,}3$

X zählt die Anzahl nicht richtig erkannter Proben und ist $B(50; 0{,}3)$-verteilt.

Berechnung des Ablehnungsbereichs bei $\alpha \leq 0{,}05$:

$P(X \leq 9) \approx 0{,}0402 < 0{,}05$

$P(X \leq 10) \approx 0{,}0789 > 0{,}05$

Der Ablehnungsbereich von H_0 ist $\overline{A} = \{0, 1, \ldots, 9\}$.

Entscheidungsregel:
Wenn der Mitarbeiter in einer Stichprobe von 50 Papayas nur maximal 9 nicht richtig einordnet (also mindestens 41 richtig erkennt), so hat er seine Behauptung mit 95 % Sicherheitswahrscheinlichkeit gezeigt.

3.2.3 Die 42 richtigen Einordnungen bedeuten 8 falsche, was im Ablehnungsbereich von H_0 liegt. Damit hat der Mitarbeiter seine Behauptung, dass er den Süßstoff herausschmeckt, gezeigt. Die Irrtumswahrscheinlichkeit liegt bei
$P(X \leq 8) \approx 0{,}0183 = 1{,}83\,\%$.

3.3.1 L: = „Papaya Light";
$\overline{L}$: = nicht „Papaya light" (normal)
H: = Mitarbeiter behauptet „herkömmlich gesüßt";
$\overline{H}$: = Mitarbeiter behauptet „nicht herkömmlich gesüßt"

Vierfeldertafel: Baumdiagramm:

	H	$\overline{H}$	Summe
L	$\frac{1}{18}$	$\frac{5}{18}$	$\frac{1}{3}$
$\overline{L}$	$\frac{1}{2}$	$\frac{1}{6}$	$\frac{2}{3}$
Summe	$\frac{5}{9}$	$\frac{4}{9}$	1

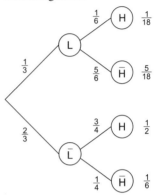

3.3.2 Gesucht ist die Wahrscheinlichkeit für eine normale Papaya ($\overline{L}$) unter der Bedingung, dass der Mitarbeiter behauptet hat, sie sei herkömmlich gesüßt (H).

$$P_H(\overline{L}) = \frac{P(\overline{L} \cap H)}{P(H)}$$

$$= \frac{\frac{1}{2}}{\frac{1}{18} + \frac{1}{2}} = \frac{\frac{1}{2}}{\frac{5}{9}} = \frac{9}{10} = 90\,\%$$

Die Wahrscheinlichkeit $P(\overline{L} \cap H)$ ergibt sich durch Pfadmultiplikation, die von P(H) durch Addition der Pfade. In der Vierfeldertafel liest man diese Wahrscheinlichkeiten direkt ab.

Eine Lösung mit umgekehrtem Baumdiagramm ist ebenso möglich.

Berufliches Gymnasium NRW – Mathematik mit CAS (Wirtschaft/Verwaltung)
Zentrale Abiturprüfung 2012 Grundkurs – Aufgabe 1: Analysis

Beschreibung der Ausgangssituation (Gesamtpunktzahl 45 Punkte)
SolisE ist ein Industrieunternehmen im Bereich der Solartechnik. SolisE produziert u. a. Solarmodule und die zugehörigen Trägersysteme.

Punkte

1.1 Zur Produktion eines Trägersystems stehen zwei vorhandene Maschinen zur Verfügung. Das Unternehmen geht daher von einer ganzrationalen Kostenfunktion 5. Grades aus. Zur Bestimmung der Kostenfunktion sind folgende Daten bekannt:
- Die fixen Kosten betragen 460 Geldeinheiten (GE).
- Bei einer Produktion von 4 Mengeneinheiten (ME) entstehen Gesamtkosten von 1 380 GE und bei einer Produktion von 8 ME entstehen Gesamtkosten von 2 300 GE.
- Die Grenzkosten bei einer Produktion von 2 ME betragen 46 GE/ME.
- Die Grenzkostenfunktion besitzt zwei lokale Tiefpunkte. Diese liegen bei 2 ME und bei 6 ME.

Leiten Sie die ganzrationale Gesamtkostenfunktion her. 9

Gehen Sie im Folgenden von der Gesamtkostenfunktion K mit
$K(x) = 1,5x^5 - 30x^4 + 220x^3 - 720x^2 + 1\,126x + 460$
(x in ME und K(x) in GE) aus. Bei 8,5 ME liegt die Kapazitätsgrenze.

1.2 Skizzieren Sie den Graphen der Gesamtkostenfunktion in das Koordinatensystem in Anlage 1. 5

1.3 Aufgrund des ungewöhnlichen Verlaufs der Gesamtkostenfunktion interessiert sich die Controllingabteilung für die Wendepunkte.

1.3.1 Berechnen Sie die Wendepunkte des Graphen der Funktion K sowie die Grenzkosten an den Wendestellen. 8

1.3.2 Vergleichen Sie die Grenzkosten in den Wendepunkten im Hinblick auf die Veränderung der Gesamtkosten. 6

1.4 Berechnen Sie das Betriebsoptimum und die langfristige Preisuntergrenze. 6

1.5 Der Geschäftsführer von SolisE möchte Aufschluss über die Gewinnsituation haben, wenn für ein Trägersystem ein Preis von 324 GE/ME erzielt werden kann.

1.5.1 Bestimmen Sie die Gewinnzone. 5

1.5.2 Berechnen Sie die gewinnmaximale Ausbringungsmenge sowie den maximalen Gewinn. 6

Anlage 1: Koordinatensystem zu Aufgabe 1.2

Tipps und Hinweise

Teilaufgabe 1.1
- Es ist bei CAS notwendig, das Abspeichern von Funktionen genau zu kennen.
- Das CAS sollte in der Lage sein, den allgemeinen Term der Kostenfunktion fünften Grades abzuleiten, sodass die sechs Bedingungen zu einem übersichtlichen Gleichungssystem führen.
- Ein Tiefpunkt bei den Grenzkosten bedeutet eine Nullstelle der zweiten Ableitung.

Teilaufgabe 1.3.1
- Wendepunkte werden mit der zweiten Ableitung bestimmt. Vergessen Sie nicht die hinreichende Bedingung.

Teilaufgabe 1.3.2
- Die Grenzkosten sind verschieden hoch. Es kann auch eine Aussage über das Krümmungsverhalten gemacht werden.

Teilaufgabe 1.4
- Das Betriebsoptimum kann über das Minimum der Stückkosten, aber auch über den Schnittpunkt von Grenzkosten und Stückkosten bestimmt werden.

Teilaufgabe 1.5.1
- Die Gewinnfunktion ergibt sich aus Erlösen minus Kosten. Über die Nullstellen kommt man zur Gewinnzone. Achtung: Es muss geprüft werden, zwischen welchen Nullstellen der Gewinn positiv ist.

Teilaufgabe 1.5.2
- Das Gewinnmaximum wird mit der ersten und zweiten Ableitung bestimmt.

Lösung

1.1 Die allgemeine Kostenfunktion und deren ersten beiden Ableitungen lauten:
$K(x) = a \cdot x^5 + b \cdot x^4 + c \cdot x^3 + d \cdot x^2 + e \cdot x + f$
$K'(x) = 5a \cdot x^4 + 4b \cdot x^3 + 3c \cdot x^2 + 2d \cdot x + e$
$K''(x) = 20a \cdot x^3 + 12b \cdot x^2 + 6c \cdot x + 2d$

Aus den sechs Bedingungen ergeben sich die sechs Gleichungen:
$K(0) = 460$; $\quad K(4) = 1380$;
$K(8) = 2300$; $\quad K'(2) = 46$;
$K''(2) = 0$; $\quad K''(6) = 0$

Das Lösen des linearen Gleichungssystems ergibt die Lösung:
$a = 1{,}5$; $\quad b = -30$; $\quad c = 220$;
$d = -720$; $\quad e = 1126$; $\quad f = 460$

Dies führt zur Funktionsgleichung:
$K(x) = 1{,}5x^5 - 30x^4 + 220x^3 - 720x^2 + 1126x + 460$

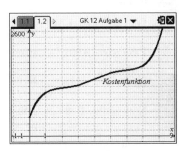

1.2 Die Zeichnung erfolgt in die Anlage 1, wobei aufgrund des vorgegebenen Gitters dort folgende Skalierung günstig ist:

x-Achse: 1, 2, …, 8
y-Achse: 150, 300, …, 2550

1.3.1 Die Wendestellen werden mit der zweiten Ableitung (notwendige Bedingung) berechnet:
$K'(x) = 7{,}5x^4 - 120x^3 + 660x^2 - 1440x + 1126$
$K''(x) = 30x^3 - 360x^2 + 1320x - 1440$

Notwendige Bedingung:
$K''(x) = 0 \Leftrightarrow x_1 = 2,\ x_2 = 4,\ x_3 = 6$

Dazu hinreichend:
$K'''(2) = 240 \neq 0$
$K'''(4) = -120 \neq 0$
$K'''(6) = 240 \neq 0$

Somit gibt es drei Wendestellen:
$x_1 = 2 \wedge x_2 = 4 \wedge x_3 = 6$

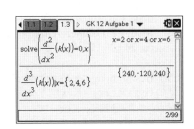

Berechnung der Wendepunkte:
$K(2) = 1160 \Rightarrow WP_1(2|1160)$
$K(4) = 1380 \Rightarrow WP_2(4|1380)$
$K(6) = 1600 \Rightarrow WP_3(6|1600)$

Berechnung der Grenzkosten in GE/ME an den Wendestellen:
$K'(2) = 46$
$K'(4) = 166$
$K'(6) = 46$

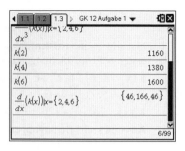

1.3.2 Die Grenzkosten sind bei 4 ME erheblich größer als bei 2 ME und 6 ME, wo sie gleich sind. Da Wendestellen Extremstellen der ersten Ableitungsfunktion sind, liegen bei 2 ME und 6 ME Minima der Grenzkostenfunktion und bei 4 ME liegt ein Maximum der Grenzkostenfunktion. Aufgrund dieser Eigenschaften (Minimum, Maximum der Ableitung) findet bei 2 ME und 6 ME ein Wechsel von einer degressiven zu einer progressiven Kostenzunahme, bei 4 ME ein Wechsel von einer progressiven zu einer degressiven Kostenzunahme statt.

1.4 Das Betriebsoptimum wird mit dem Minimum der Stückkostenfunktion berechnet:

$$k(x) = \frac{K(x)}{x} = 1{,}5x^4 - 30x^3 + 220x^2 - 720x + 1126 + \frac{460}{x}$$

$$k'(x) = 6x^3 - 90x^2 + 440x - 720 - \frac{460}{x^2}$$

$$k''(x) = 18x^2 - 180x + 440 + \frac{920}{x^3}$$

Notwendige Bedingung für Minimum:
$k'(x) = 0 \Leftrightarrow x_0 \approx 7{,}02$

Dazu hinreichend:
$k''(x_0) \approx 66{,}19 > 0 \Rightarrow$ Minimalstelle

Langfristige Preisuntergrenze:
$k(x_0) \approx 243{,}20$

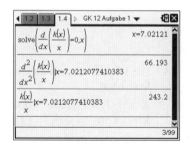

Bei ca. 7,02 ME liegt die betriebsoptimale Ausbringungsmenge und die langfristige Preisuntergrenze beträgt dort ca. 243,20 GE/ME.

1.5.1 Bestimmung der Gewinnfunktion:
$G(x) = E(x) - K(x)$
$ = 324x - K(x)$
$ = -1{,}5x^5 + 30x^4 - 220x^3 + 720x^2 - 802x - 460$

Berechnung der Gewinnzone:
G(x) = 0 ⇔ $x_1 \approx -0{,}406$,
$x_2 \approx 4{,}515$,
$x_3 \approx 8{,}285$

Da $G(2) < 0, G(6) > 0, G(10) < 0$, liegt die Gewinnzone zwischen ca. 4,515 ME und ca. 8,285 ME.

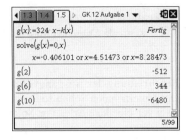

1.5.2 Berechnung des Gewinnmaximums mit den ersten beiden Ableitungen der Gewinnfunktion:

$G'(x) = -7{,}5x^4 + 120x^3 - 660x^2 + 1440x - 802$
$G''(x) = -30x^3 + 360x^2 - 1320x + 1440$

Notwendige Bedingung für Gewinnmaximum:
G'(x) = 0 ⇔ $x_1 \approx 0{,}82$, $x_2 \approx 7{,}18$

x_1 liegt nicht in der Gewinnzone, daher ist nur x_2 weiter zu untersuchen.

Dazu hinreichend:
$G''(x_2) \approx -580{,}12 < 0$ ⇒ Maximalstelle

Die gewinnmaximale Ausbringungsmenge beträgt somit ca. 7,18 ME, der maximale Gewinn liegt bei $G(x_2) \approx 573{,}81$ [GE].

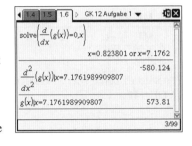

Berufliches Gymnasium NRW – Mathematik mit CAS (Wirtschaft/Verwaltung)
Zentrale Abiturprüfung 2012 Grundkurs – Aufgabe 2: Lineare Algebra

Beschreibung der Ausgangssituation (Gesamtpunktzahl 45 Punkte)
Das Unternehmen SolisE stellt auf ihren Maschinen M1, M2 und M3 unter anderem zwei verschiedene Arten von Solarmodulen her: Soleco1 und Soleco2.

Die folgende Tabelle zeigt je Maschine die Bearbeitungszeit der Solarmodule und die maximal zur Verfügung stehende Maschinenlaufzeit in einem Produktionszeitraum.

Maschine	Bearbeitungszeit in Minuten je ME		Zur Verfügung stehende Maschinenlaufzeit in Minuten
	Soleco1	Soleco2	
M1	1	3	120
M2	2	4	180
M3	3	1	240

Für Soleco1 beträgt der Stückdeckungsbeitrag 24 GE/ME und für Soleco2 16 GE/ME.

Punkte

2.1 SolisE untersucht den Deckungsbeitrag in Abhängigkeit von den Produktionszahlen.

2.1.1 Zeichnen Sie zu den gegebenen Bedingungen den zulässigen Produktionsbereich für die Produktionsmengen von Soleco1 und Soleco2 in das Koordinatensystem in Anlage 2.   10

2.1.2 Ermitteln Sie mithilfe Ihrer Zeichnung den maximalen Deckungsbeitrag sowie die dazugehörige Mengenkombination der beiden Solarmodule.   6

2.1.3 Damit die Präsenz am Markt sichergestellt ist, sollen mindestens 10 ME von Soleco2 produziert und verkauft werden.
Untersuchen Sie, welche Auswirkungen dies auf den Deckungsbeitrag hat.   6

2.2 Mit Soleco3 soll zusätzlich in einer anderen Produktionsperiode ein drittes Solarmodul in Produktion gehen. Die Herstellung einer Mengeneinheit von Soleco3 benötigt 1 Minute auf M1, 4 Minuten auf M2 und 3 Minuten auf M3. Der Stückdeckungsbeitrag beträgt 30 GE/ME. Die Angaben für Soleco1 und Soleco2 bleiben unverändert. Mithilfe des Simplex-Algorithmus sollen der maximale Deckungsbeitrag und die zugehörigen Produktionsmengen bestimmt werden.

2.2.1 Stellen Sie das zugehörige Starttableau (1. Tableau) auf.   6

2.2.2 Berechnen Sie nur das folgende Simplextableau (2. Tableau).   8

2.2.3 Beurteilen Sie, ob aus diesem 2. Tableau bereits die optimalen Produktionsmengen zur Maximierung des Deckungsbeitrags abgelesen werden können. 3

2.2.4 Interpretieren Sie das 2. Tableau in Bezug auf die Produktionszahlen, die Auslastung der Maschinen und den Deckungsbeitrag. 6

Anlage 2: Koordinatensystem zu Aufgabe 2.1.1

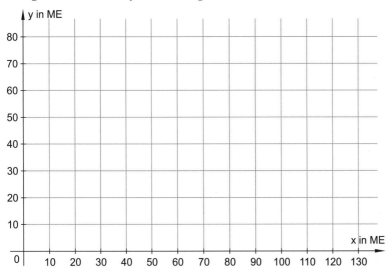

Tipps und Hinweise

Teilaufgabe 2.1.1
Zunächst müssen die Variablen und die Restriktionen (Tabellenzeile) festgelegt werden. Aus den Restriktionen ergeben sich die Randgeraden, die den Lösungsraum (zulässiger Produktionsbereich) umschließen.

Teilaufgabe 2.1.2
Zeichnen Sie zunächst eine feste Zielfunktion ein, indem sie den Deckungsbeitrag auf zum Beispiel 500 GE festlegen. Da der Deckungsbeitrag maximiert werden soll, muss die Zielgerade so weit wie möglich nach außen verschoben werden. Der dadurch gefundene äußere Punkt ist nicht genau ablesbar und muss mit einer Rechnung (Gleichstellen der Terme der entsprechenden Randgeraden) bestimmt werden.

Teilaufgabe 2.1.3
Die zusätzliche Restriktion $y \geq 10$ verkleinert den Lösungsraum. Der optimale Punkt kann jetzt genau abgelesen werden.

Teilaufgabe 2.2.1
Ergänzt man das Produkt Soleco3 in der angegebenen Tabelle, so erhält man dadurch das Ausgangstableau, wobei lediglich die Schlupfvariablen (Maschinenzeiten) ergänzt werden müssen.

Teilaufgabe 2.2.2
Pivotspalte (Spalte mit höchstem Wert in Zielzeile) und Pivotzeile (kleinster Engpasswert) werden zunächst bestimmt, um dann mit dem Gaußalgorithmus das zweite Tableau zu berechnen.

Teilaufgabe 2.2.3
Ein Tableau ist dann optimal, wenn kein Element der Zielzeile größer als null ist.

Teilaufgabe 2.2.4
Im zweiten Tableau ist nach einem Produkt optimiert worden. Also ist die Produktionsmenge dieses Produkts abzulesen (andere Produkte 0 ME). Dabei wird eine Maschine voll ausgelastet, die anderen beiden Maschinen haben noch Kapazitäten (aber nicht mehr die vollen).

Lösung

2.1.1 x = Anzahl Module Soleco1 in ME; y = Anzahl Module Soleco2 in ME
Restriktionen:
$x \geq 0, \quad y \geq 0$

$x + 3y \leq 120 \quad \Rightarrow \quad y = -\dfrac{1}{3}x + 40$

$2x + 4y \leq 180 \quad \Rightarrow \quad y = -\dfrac{1}{2}x + 45$

$3x + y \leq 240 \quad \Rightarrow \quad y = -3x + 240$

Daraus ergibt sich das untenstehende Lösungspolygon mit dem zulässigen Produktionsbereich, welches in Anlage 2 einzutragen ist.
Es ist bereits die Zielfunktion (siehe 2.1.2) eingezeichnet.

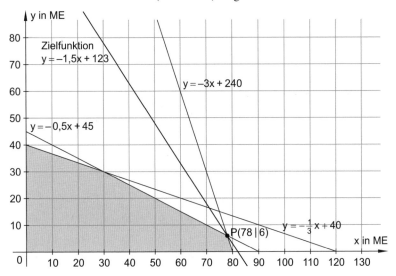

2.1.2 Zielfunktion:

$DB = 24x + 16y \quad \Leftrightarrow \quad y = -1{,}5x + \dfrac{DB}{16}$

Mithilfe der Verschiebung der Zielfunktion ergibt sich die optimale Lösung $x = 78$, $y = 6$. Der Punkt kann nicht genau abgelesen werden, ergibt sich aber als Schnittpunkt der Geraden $y = -0{,}5x + 45$ und $y = -3x + 240$.
Gleichsetzen der Terme und Einsetzen ergibt:
$-3x + 240 = -0{,}5x + 45 \quad \Leftrightarrow \quad x = 78$
$y = -3 \cdot 78 + 240 = 6$

Der maximale Deckungsbeitrag ist somit $DB = 24 \cdot 78 + 16 \cdot 6 = 1968$, bei einer Produktion von 78 ME Soleco1 und 6 ME Soleco2.

2.1.3 Die zusätzliche Restriktion $y \geq 10$ bewirkt eine Verkleinerung des Lösungsraums parallel zur x-Achse um 10 ME. Der sich durch Verschiebung der Zielfunktion ergebende neue optimale Punkt liegt bei P(70|10). Der optimale Deckungsbeitrag $DB = 24 \cdot 70 + 16 \cdot 10 = 1\,840$ verringert sich. Er wird bei 70 ME von Soleco1 und 10 ME von Soleco2 erreicht.

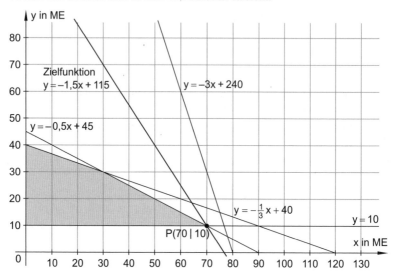

2.2.1 Das erste Tableau (Starttableau) lautet:
(x, y, z bezeichne die Anzahlen von Soleco1, 2, 3 in ME.)

		x	y	z	u_1	u_2	u_3		Engpass	
I	M_1	1	3	1	1	0	0	120	120	$I + (-\frac{1}{4}) \cdot II$
II	M_2	2	4	4	0	1	0	180	45	$\frac{1}{4} \cdot II$
III	M_3	3	1	3	0	0	1	240	80	$III + (-\frac{3}{4}) \cdot II$
IV		24	16	30	0	0	0	DB		$IV + (-7,5) \cdot II$

2.2.2 Die dritte Spalte ist die Pivotspalte, da der Deckungsbeitrag 30 GE/ME am höchsten ist.
Die zweite Zeile ist die Pivotzeile, da dort der Engpass $180 : 4 = 45$ am geringsten ist.

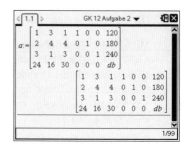

Umformung mit dem Gauß-Algorithmus ergibt als mögliches zweites Tableau:

	x	y	z	u_1	u_2	u_3	
M_1	0,5	2	0	1	−0,25	0	75
M_2	0,5	1	1	0	0,25	0	45
M_3	1,5	−2	0	0	−0,75	1	105
	9	−14	0	0	−7,5	0	DB − 1 350

Das Tableau ist nicht eindeutig festgelegt; eine Zeile kann mit einer Zahl multipliziert sein.

Mögliche Rechnung mit dem CAS:

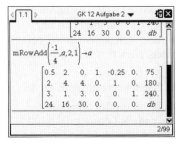
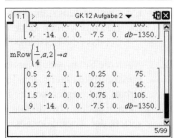

2.2.3 Das 2. Tableau ist noch nicht optimal, da in der letzten Zeile noch ein positiver Wert auftaucht. Eine Produktion und somit der Absatz von Soleco1 wird den Deckungsbeitrag noch steigern können.

2.2.4 Aus dem 2. Tableau lassen sich die folgenden Produktionszahlen ablesen: Soleco1 0 ME, Soleco2 0 ME, Soleco3 45 ME. Bei dieser Produktion wird Maschine 1 mit 45 Minuten (freie Kapazität 75 Minuten), Maschine 3 mit 135 Minuten (freie Kapazität 105 Minuten) und Maschine 2 mit 180 Minuten (keine freie Kapazität) benötigt. Unter diesen Produktionsbedingungen wird ein Deckungsbeitrag von 1 350 GE erreicht.

Berufliches Gymnasium NRW – Mathematik mit CAS (Wirtschaft/Verwaltung)
Zentrale Abiturprüfung 2012 Grundkurs – Aufgabe 3: Stochastik

Beschreibung der Ausgangssituation (Gesamtpunktzahl 45 Punkte)
Das Unternehmen SolisE produziert im Monat April 8 000 Solarmodule und kauft 4 000 Solarmodule von einem anderen Hersteller hinzu.

Punkte

3.1 Beim Wareneingang wird stichprobenartig geprüft, ob die Module Risse im Glas aufweisen (z. B. durch Transportschäden) und ob die vom Hersteller angegebene Leistungsfähigkeit tatsächlich erreicht wird. Es zeigt sich, dass bei 4 % der untersuchten Module Risse im Glas gefunden werden. Von diesen Modulen mit Rissen bleiben 68 % in ihrer Leistungsfähigkeit hinter den Herstellerangaben zurück. Von den Modulen, bei denen keine Risse im Glas gefunden werden, erreichen 97,5 % die vom Hersteller angegebene Leistungsfähigkeit.

3.1.1 Stellen Sie die Zusammenhänge in einem Baumdiagramm grafisch dar.   6

3.1.2 Bestimmen Sie die Wahrscheinlichkeiten der folgenden Ereignisse:
   E_1: Im Glas werden keine Risse gefunden und die Leistungsfähigkeit entspricht den Herstellerangaben.
   E_2: Die Leistungsfähigkeit entspricht den Herstellerangaben.
   E_3: Im Glas werden keine Risse gefunden, wenn zuvor festgestellt wurde, dass die Leistungsfähigkeit den Herstellerangaben entspricht.   9

3.2 Auch die Solarmodule aus eigener Herstellung werden einer gründlichen Endkontrolle unterzogen. Erfahrungsgemäß sind 7,5 % der Module fehlerhaft und werden bei der Endkontrolle aussortiert.
Aktuell sollen 116 Module überprüft werden. Die Zufallsgröße X entspricht der Anzahl der aussortierten Module. Es kann davon ausgegangen werden, dass X binomialverteilt ist.

3.2.1 Berechnen Sie die Wahrscheinlichkeiten für folgende Ereignisse:
   E_4: Bereits die ersten drei kontrollierten Module müssen aussortiert werden.
   E_5: Es sind genau 7 Module fehlerhaft.
   E_6: Es sind mindestens 10 Module fehlerhaft.
   E_7: Es sind mehr als 5, aber weniger als 10 Module fehlerhaft.   12

3.2.2 Beurteilen Sie, ob die folgenden Aussagen wahr oder falsch sind.
   (1) Für $k=8$ wird die Wahrscheinlichkeit $P(X=k)$ maximal.
   (2) Wenn $P(X=k)$ maximal ist, dann gilt $E(X)=k$.
   (3) Werden mehr als 20 defekte Module entdeckt, ist die Wahrscheinlichkeit für p sicher größer als 7,5 %.   9

3.3 SolisE erhält ein Angebot von einem neuen Hersteller am Markt. Dieser verspricht aufgrund neuer Produktionsverfahren einen Ausschuss von höchstens 2 %. SolisE ist sehr skeptisch und vermutet eine höhere Ausschussquote.

3.3.1 SolisE beschließt eine Stichprobe von 150 Modulen zu entnehmen, um die Hypothese H_0: $p \leq 0{,}02$ auf einem Signifikanzniveau von $\alpha = 9\,\%$ zu testen. Wenn SolisE von einer höheren Ausschussquote ausgehen kann, wollen sie das Angebot ablehnen, ansonsten werden sie das Angebot annehmen.

Leiten Sie hierzu eine Entscheidungsregel für SolisE her. 6

3.3.2 Berechnen Sie die Wahrscheinlichkeit für den Fehler erster Art. 3

Tipps und Hinweise

Teilaufgabe 3.1.1
✓ Es ist sinnvoll, mit der Wahrscheinlichkeit für „Risse im Glas" auf der ersten Stufe des Baumdiagramms zu beginnen. Die zweite Stufe bezieht sich dann auf die „Leistungsfähigkeit der Module".

Teilaufgabe 3.1.2
✓ Pfadmultiplikation, Pfadaddition und umgekehrtes Baumdiagramm führen zu den Lösungen.

Teilaufgabe 3.2.1
✓ Für $P(E_4)$ ist die Binomialverteilung nicht notwendig. Zu $P(E_5)$ benutzt man die Dichtefunkion (pdf), für $P(E_6)$ und $P(E_7)$ die kumulierte Verteilung (cdf).

Teilaufgabe 3.2.2
✓ (1) Probieren Sie ein paar Werte aus.
(2) Nur wenn der Erwartungswert eine ganze Zahl ist, ist es überhaupt sinnvoll, von der Wahrscheinlichkeit des Eintretens des Erwartungswerts zu sprechen.
(3) Versteht man unter sicher „100 %", so ist das Ergebnis ein anderes, als wenn sicher mit „höchst signifikant" (99,9 %) gleichgesetzt wird.

Teilaufgabe 3.3.1
✓ SolisE vermutet, dass $p > 0{,}02$ (H_1). In jedem Hypothesentest ist H_0 die Gegenhypothese zu dem, was man zeigen will (H_1). Also ist H_0: $p \leq 0{,}02$. Der Ablehnungsbereich von H_0 ist gesucht: $P([k; 150]) \leq 0{,}09$. Bei vielen defekten Modulen wird man die Lieferung zurückweisen.

Teilaufgabe 3.3.2
✓ Der Fehler erster Art gibt die Wahrscheinlichkeit dafür an, dass die Lieferung zurückgewiesen wird, obwohl die Qualität passt: $\alpha = P([k; 150])$ mit $p = 0{,}02$

Lösung

3.1.1 A: Solarmodul mit Rissen
$\overline{A}$: Solarmodul ohne Risse
B: Modul entspricht Herstellerangaben
$\overline{B}$: Modul entspricht nicht Herstellerangaben

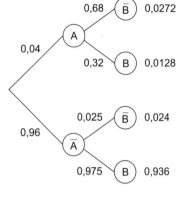

3.1.2 E_1 und E_2 können am Baumdiagramm aus 3.1.1 abgelesen werden:
$P(E_1) = P(\overline{A} \cap B) = 0{,}936$
$P(E_2) = P(B) = 0{,}0128 + 0{,}936 = 0{,}9488$

$P(E_3)$ kann als bedingte Wahrscheinlichkeit berechnet werden:

$$P(E_3) = P_B(\overline{A}) = \frac{P(\overline{A} \cap B)}{P(B)} = \frac{0{,}936}{0{,}9488} \approx 0{,}9865$$

Alternativ kann zu $P(E_3)$ das umgekehrte Baumdiagramm gezeichnet werden.

3.2.1 Wenn die Wahrscheinlichkeit eines fehlerhaften Moduls 0,075 beträgt, so ist die für drei fehlerhafte Module bei drei Modulen $0{,}075^3$. Somit ist:
$P(E_4) = 0{,}075^3 \approx 0{,}0004 = 0{,}04\,\%$

X zählt die aussortierten Solarmodule.
X ist binomialverteilt mit $n = 116$ und $p = 0{,}075$:
$P(E_5) = P(X = 7) \approx 0{,}1269 = 12{,}69\,\%$
$P(E_6) = P(X \geq 10) \approx 0{,}3715 = 37{,}15\,\%$
$P(E_7) = P(5 < X < 10) \approx 0{,}5032 = 50{,}32\,\%$

3.2.2 X ist $B(116;\,0{,}075)$-verteilt:
(1): Da
$P(X = 7) \approx 0{,}1269,$
$P(X = 8) \approx 0{,}1402,$
$P(X = 9) \approx 0{,}1364,$
hat das Histogramm der Binomialverteilung zu X bei $k = 8$ seinen höchsten Wert.
Die Aussage ist demnach wahr.

(2): Da $E(X) = 116 \cdot 0{,}075 = 8{,}7$ nicht ganzzahlig ist, ist die Wahrscheinlichkeit des Auftretens des Erwartungswerts gleich null bzw. im Binomialmodell gar nicht definiert und deshalb selbstverständlich nicht maximal.
Die Aussage ist also falsch.

(3): Wenn „sicher" 100 % Sicherheitswahrscheinlichkeit bedeutet, so ist die Aussage falsch, denn:
$1 - P(X > 20) \approx 1 - 0{,}00014 < 1$

Wenn „sicher" 99,9 % Sicherheitswahrscheinlichkeit bedeutet (höchst signifikant), so ist die Aussage wahr, denn:
$1 - P(X > 20) \approx 1 - 0{,}00014 > 0{,}999 = 99{,}9 \%$

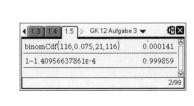

3.3.1 SolisE möchte zeigen, dass die Ausschusswahrscheinlichkeit größer als 2 % ist.
H_1: $p > 0{,}02$
H_0: $p \leq 0{,}02$

X zählt die defekten Solarmodule und ist B(150; 0,02)-verteilt.

Der Ablehnungsbereich ist gesucht, also das größte k mit $P([k; 150]) \leq 0{,}09$:
$P(X \geq 5) \approx 0{,}1830 > 0{,}09$
$P(X \geq 6) \approx 0{,}0819 < 0{,}09$
Der Ablehnungsbereich ist:
$\overline{A} = \{6, 7, \ldots, 150\}$

Entscheidungsregel:
Wenn SolisE in einer Stichprobe von 150 Solarmodulen sechs oder mehr defekte Module findet, kann SolisE mit 91 % Sicherheitswahrscheinlichkeit davon ausgehen, dass die Ausschussquote höher als behauptet ist. Das Angebot wäre dann abzulehnen.

3.3.2 Für den Fehler erster Art (bzw. α-Fehler) muss die Wahrscheinlichkeit des Ablehnungsbereiches $\overline{A} = \{6, 7, \ldots, 150\}$ bestimmt werden, wenn man von $p = 0{,}02$ ausgeht.
Da $P(X \geq 6) \approx 0{,}0819 \approx 8{,}2 \%$, ist die Wahrscheinlichkeit des Fehlers erster Art maximal 8,2 %.

Berufliches Gymnasium NRW – Mathematik ohne CAS (Wirtschaft/Verwaltung)
Zentrale Abiturprüfung 2012 Leistungskurs – Aufgabe 1: Analysis

Beschreibung der Ausgangssituation (Gesamtpunktzahl 45 Punkte)
Das Traditionsunternehmen K-Küchen produziert Küchen in verschiedenen Ausführungen. Zu seinen Kunden zählen neben Küchenstudios neuerdings auch Möbeldiscounter.

Aufgrund des hohen Preisdrucks seitens der Möbeldiscounter soll die Gewinnsituation für das neu einzuführende Standardmodell EasyCook 995 genauer untersucht werden. Die Marketingabteilung geht nach ersten Untersuchungen von folgender Gewinnfunktion für die nächsten Produktionsperioden aus:

$G_p(x) = -0{,}1x^3 + 27x^2 + (p - 2430) \cdot x - 107\,100$

mit $x, p \in \mathbb{R}$ und $x \geq 0$, $p > 0$

Dabei geben x die Stückzahl und $G_p(x)$ den Gewinn in Euro für eine Produktionsperiode von einer Woche und p den Verkaufspreis der Küche in Euro an.

© Alterfalter – Fotolia.com

	Punkte
1.1 Aufgrund des Produktionsprozesses und der zur Verfügung stehenden Kapazitäten soll die wöchentliche Produktionsmenge zwischen 90 und 250 Küchen liegen.	
1.1.1 Ermitteln Sie den Verkaufspreis p, sodass die Gewinnschwelle bei einer Produktion von 90 Küchen pro Woche liegt.	2
1.1.2 Bestimmen Sie die sich ergebende Gewinnzone.	6
1.2 Die Firmenleitung ist unsicher, wie sich der Preis zukünftig entwickeln wird.	
1.2.1 Ermitteln Sie die gewinnmaximale Ausbringungsmenge in Abhängigkeit vom Verkaufspreis p.	7
1.2.2 Berechnen Sie den maximalen Gewinn bei einem Verkaufspreis von 2 000 €/Stück.	3
1.3 Um auch bei harten Verkaufsverhandlungen nicht die Übersicht zu verlieren, ist die Unternehmensleitung an der unteren Grenze für die Preisverhandlungen interessiert.	
1.3.1 Zeigen Sie für eine allgemeine Kostenfunktion des Typs $K(x) = a \cdot x^3 + b \cdot x^2 + c \cdot x + d$ mit $a > 0$, $d > 0$ folgenden Sachverhalt: Der Graph der zugehörigen **Stückkostenfunktion** ist für $x > 0$ immer linksgekrümmt.	5

1.3.2 Das nachfolgende Schaubild zeigt Ausschnitte der Graphen von k' (Ableitung der Stückkostenfunktion) und k'_{var} (Ableitung der variablen Stückkostenfunktion).

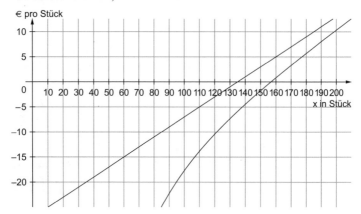

Leiten Sie aus abgelesenen Werten (ohne rechnerische Überprüfung der Bedingungen) Näherungswerte für die kurzfristige und langfristige Preisuntergrenze her, wenn von folgender Kostenfunktion K ausgegangen wird:

$K(x) = 0{,}1x^3 - 27x^2 + 2\,430x + 107\,100$ 7

1.4 Sollten die Verhandlungen mit den Discountern scheitern, ist eine Direktvermarktung angestrebt. Für die weiteren Betrachtungen geht die Marketingabteilung davon aus, dass sich die Preisentwicklung durch folgende Funktion p_k beschreiben lässt:

$p_k(t) = 800 \cdot e^{-k \cdot t} + 1\,200$ mit t, k $\in \mathbb{R}$ und $t \geq 0$, $k > 0$

Dabei gibt t die Zeit in Monaten seit Markteinführung der Küche und $p_k(t)$ den zum Zeitpunkt t erzielbaren Verkaufspreis pro Küche an. Für den Parameter k sind je nach Werbeaufwand verschiedene Werte denkbar.

1.4.1 Zeigen Sie, dass der Verkaufspreis einer Küche ausgehend von 2 000 €/Stück bei Markteinführung fortlaufend fällt, aber ein Verkaufspreis von 1 200 €/Stück nicht unterschritten wird. 6

1.4.2 Das Standardmodell EasyCook 995 soll vom Markt genommen werden, wenn der Verkaufspreis auf 1 338 €/Stück gesunken ist.
Bestimmen Sie diesen Zeitpunkt zunächst in Abhängigkeit von k und dann für $k = \frac{1}{10}$. 4

1.4.3 Leiten Sie mithilfe der Integralrechnung einen Wert für den durchschnittlichen Preis im ersten Verkaufsjahr her, wenn der Werbeparameter auf $k = \frac{1}{10}$ gesetzt wird. 5

Tipps und Hinweise

Teilaufgabe 1.1.1
- An der Gewinnschwelle beträgt der Gewinn null Euro. Somit ist die Gewinnschwelle eine Nullstelle von G(x), in der konkreten Aufgabe wird für x die 90 eingesetzt.

Teilaufgabe 1.1.2
- Nutzen Sie die Angabe der Gewinnschwelle.

Teilaufgabe 1.2.1
- Mit dem Parameter p ist die gewinnmaximale Ausbringungsmenge zu berechnen. Beachten Sie, dass nur nach der Menge gefragt ist.

Teilaufgabe 1.2.2
- Setzen Sie den gegebenen Verkaufspreis in Ihr Ergebnis aus 1.2.1 ein.

Teilaufgabe 1.3.1
- Die Krümmung wird mit der 2. Ableitung untersucht.
- Eine Linkskrümmung hat zur Folge, dass die 2. Ableitung für alle x aus dem relevanten Bereich größer als null ist. Diese gilt es für die Stückkostenfunktion (nicht für die Kostenfunktion) nachzuweisen.

Teilaufgabe 1.3.2
- Die kurzfristige Preisuntergrenze liegt beim Minimum der variablen Stückkostenfunktion, die langfristige Preisuntergrenze beim Minimum der Stückkostenfunktion.
- Für Minima gilt, dass an diesen Stellen die 1. Ableitung, deren Graph angegeben ist, eine Nullstelle haben muss. Die Nullstellen müssen Sie ablesen.
- Kurzfristige und langfristige Preisuntergrenze sind die y-Werte der entsprechenden Stückkostenfunktionen.

Teilaufgabe 1.4.1
- Hier sind mehrere Dinge zu zeigen.
- Bei der Markteinführung soll der Verkaufspreis 2 000 €/Stück betragen.
- Wenn der Preis für eine Küche fortlaufend fällt, dann muss die Funktion streng monoton fallen. Dies ist mit der 1. Ableitung nachzuweisen.
- Der Verkaufspreis fällt nicht unter 1 200 €/Stück. Um dies zu zeigen, ist der Grenzwert der Funktion p_k für t gegen unendlich zu betrachten.

Teilaufgabe 1.4.2
- Setzen Sie den Verkaufspreis entsprechend ein und lösen Sie nach t auf. Dann erst ist $k = \frac{1}{10}$ einzusetzen.

Teilaufgabe 1.4.3

Mit dem ersten Verkaufsjahr sind die ersten zwölf Monate gemeint; also sind die Grenzen des Integrals 0 und 12. Von dieser Fläche ist der Durchschnitt über die 12 Monate zu berechnen.

Lösung

1.1.1 Für die Gewinnschwelle muss der Gewinn bei 90 Küchen gleich null sein.
$$G_p(90) = 0 \iff -0{,}1 \cdot 90^3 + 27 \cdot 90^2 + (p - 2430) \cdot 90 - 107\,100 = 0$$
$$\iff p = 2000$$

Der Verkaufspreis einer Küche EasyCook 995 beträgt somit 2 000 €.

1.1.2 Die 2 000 eingesetzt für p ergibt die Gewinnfunktion:
$$G_{2000}(x) = -0{,}1x^3 + 27x^2 - 430x - 107\,100$$

Für die Grenzen der Gewinnzone gilt:
$$G_{2000}(x) = 0 \iff -0{,}1x^3 + 27x^2 - 430x - 107\,100 = 0 \quad |:(-0{,}1)$$
$$\iff x^3 - 270x^2 + 4300x + 1\,071\,000 = 0$$

Laut Aufgabenstellung liegt die Gewinnschwelle bei $x = 90$, daher folgt nach einer Polynomdivision:
$$(x^3 - 270x^2 + 4300x + 1\,071\,000) : (x - 90) = x^2 - 180x - 11\,900$$
$$\underline{-(x^3 - 90x^2)}$$
$$\quad -180x^2 + 4300x$$
$$\quad \underline{-(-180x^2 + 16\,200x)}$$
$$\qquad\qquad -11\,900x + 1\,071\,000$$
$$\qquad\qquad \underline{-(-11\,900x + 1\,071\,000)}$$
$$\qquad\qquad\qquad\qquad 0$$

Die quadratische Gleichung wird mithilfe der p-q-Formel gelöst:
$$x^2 - 180x - 11\,900 = 0 \iff x_1 \approx -51{,}42 \quad \text{(nicht im Definitionsbereich)};$$
$$x_2 \approx 231{,}42$$

Die Gewinnzone liegt bei Produktionsmengen zwischen 90 und 231 Küchen pro Woche.

1.2.1 Notwendige Bedingung für lokale Maxima: $G'_p(x) = 0$
$$-0{,}3x^2 + 54x + (p - 2430) = 0 \qquad |:(-0{,}3)$$
$$\iff x^2 - 180x - \frac{10}{3}p + 8100 = 0 \qquad |\text{Lösen mithilfe der p-q-Formel}$$
$$\iff x_1 = 90 - \sqrt{\frac{10}{3}p} \ ; \ x_2 = 90 + \sqrt{\frac{10}{3}p}$$

Hinreichende Bedingung: $G_p'(x) = 0$ und $G_p''(x) < 0$

$G_p''(x) = -0,6x + 54$

$G_p''(x_1) = -0,6 \cdot \left(90 - \sqrt{\frac{10}{3}p}\right) + 54 = 0,6 \cdot \sqrt{\frac{10}{3}p} > 0$ Minimalstelle

$G_p''(x_2) = -0,6 \cdot \left(90 + \sqrt{\frac{10}{3}p}\right) + 54 = -0,6 \cdot \sqrt{\frac{10}{3}p} < 0$ Maximalstelle

Also liegt die gewinnmaximale Ausbringungsmenge bei $x_2 = 90 + \sqrt{\frac{10}{3}p}$.

1.2.2 Für die gewinnmaximale Ausbringungsmenge bei einem Verkaufspreis von 2 000 €/Stück gilt:

$x_{max} = 90 + \sqrt{\frac{10}{3} \cdot 2000} \approx 171,65$

Für den maximalen Gewinn ergibt sich dann:
$G_{2000}(x_{max}) \approx 108\,866,21$

Der maximale Gewinn liegt bei ca. 108 866 €.

1.3.1 Die zugehörige Stückkostenfunktion lautet:

$k(x) = \frac{K(x)}{x} = a \cdot x^2 + b \cdot x + c + \frac{d}{x}$

Für die Krümmung wird die zweite Ableitung benötigt:

$k'(x) = 2a \cdot x + b - \frac{d}{x^2}$

$k''(x) = 2a + \frac{2d}{x^3}$

Da $a > 0$ und $d > 0$ ist, gilt $k''(x) > 0$ für alle $x > 0$.
Damit ist der Graph von k für alle $x > 0$ linksgekrümmt.

1.3.2 Die Nullstellen von $k'(x)$ und von $k'_{var}(x)$ sind jeweils die Minimalstellen der entsprechenden Funktion, da dort der Wert der 1. Ableitung gleich 0 ist. Die Nullstellen werden aus der Zeichnung abgelesen.
Der Graph der 1. Ableitung der variablen Stückkostenfunktion muss eine Gerade sein, da die variable Stückkostenfunktion eine Parabel ist. Somit ist der obere Graph der Graph von $k'_{var}(x)$.

Nullstelle von $k'_{var}(x)$:
$x_0 \approx 135$

$k_{var}(x) = 0,1x^2 - 27x + 2430 \quad \Rightarrow \quad k_{var}(135) = 607,5$

Die kurzfristige Preisuntergrenze liegt bei ca. 607,5 €.

Nullstelle von k'(x):
$x_0 \approx 157$

$$k(x) = 0{,}1x^2 - 27x + 2\,430 + \frac{107\,100}{x} \quad \Rightarrow \quad k(157) \approx 1\,338{,}07$$

Die langfristige Preisuntergrenze liegt bei ca. 1 338 €.

1.4.1 Ausgegangen wird von einem Preis von 2 000 € bei der Markteinführung (t = 0):

$$p_k(0) = 800 \cdot e^{-k \cdot 0} + 1\,200 = 800 + 1\,200 = 2\,000$$

Damit der Preis fortlaufend fällt, muss die Funktion p_k streng monoton fallend sein. Dazu zeigt man, dass $p_k'(t) < 0$ für alle $t \geq 0$ gilt.

Mit der Kettenregel ergibt sich wegen k > 0 und $e^{-k \cdot t} > 0$ für alle $t \geq 0$:

$$p_k'(t) = -k \cdot 800 \cdot e^{-k \cdot t} < 0 \quad \text{für alle } t \geq 0$$

Daher ist die Funktion streng monoton fallend und die Preise fallen mit zunehmender Zeit.

Die untere Schranke von 1 200 €/Stück ist die langfristige Preisentwicklung und lässt sich mathematisch mit dem Grenzwert für immer größeres t bestimmen:

$$\lim_{t \to \infty} p_k(t) = \lim_{t \to \infty} \left(800 \cdot e^{-k \cdot t} + 1\,200\right) = 0 + 1\,200,$$

da der Term $e^{-k \cdot t} = \frac{1}{e^{k \cdot t}}$ wegen k > 0 für $t \to \infty$ gegen null strebt.

Also fällt der Stückpreis von 2 000 € bei der Markteinführung streng monoton auf 1 200 € auf lange Sicht hin ab.

1.4.2 Einsetzen von 1 338 für $p_k(t)$ und auflösen nach t ergibt:

$$p_k(t) = 1338$$

$\Leftrightarrow \quad 800 \cdot e^{-k \cdot t} + 1\,200 = 1338 \qquad |-1200$

$\Leftrightarrow \quad 800 \cdot e^{-k \cdot t} = 138 \qquad |:800$

$\Leftrightarrow \quad e^{-k \cdot t} = \dfrac{138}{800} \qquad |\text{Kehrwert}$

$\Leftrightarrow \quad e^{k \cdot t} = \dfrac{800}{138} \qquad |\ln$

$\Leftrightarrow \quad k \cdot t = \ln\dfrac{800}{138} \qquad |:k$

$\Leftrightarrow \quad t = \dfrac{1}{k} \cdot \ln\dfrac{800}{138}$

In Abhängigkeit vom Parameter k muss das Standardmodell EasyCook 995 zum Zeitpunkt $t = \frac{1}{k} \cdot \ln\frac{800}{138}$ vom Markt genommen werden.

Für k wird in diese Gleichung 0,1 eingesetzt. Es ergibt sich dann für t:

$t = 10 \cdot \ln \dfrac{800}{138} \approx 17{,}57$

Das Standardmodell EasyCook 995 müsste für $k = \dfrac{1}{10}$ nach ca. 17,57 Monaten vom Markt genommen werden.

1.4.3 $p_k(t)$ wird in €, t in Monaten angegeben. Das Verkaufsjahr ist mit 12 Monaten anzusetzen:

$$\dfrac{1}{12-0} \cdot \int_0^{12} p_k(t)\,dt = \dfrac{1}{12} \cdot \left(\int_0^{12} (800 \cdot e^{-0{,}1 \cdot t} + 1\,200)\,dt \right)$$

$$= \dfrac{1}{12} \cdot \left(\int_0^{12} (800 \cdot e^{-0{,}1 \cdot t})\,dt + \int_0^{12} 1200\,dt \right)$$

$$= \dfrac{1}{12} \cdot \left(800 \cdot \int_0^{12} e^{-0{,}1 \cdot t}\,dt + \int_0^{12} 1200\,dt \right)$$

$$= \dfrac{1}{12} \cdot \left(800 \cdot \left[-10 \cdot e^{-0{,}1 \cdot t} \right]_0^{12} + \left[1\,200\,t \right]_0^{12} \right)$$

$$= \dfrac{1}{12} \cdot \left(800 \cdot (-10 \cdot e^{-0{,}1 \cdot 12} - (-10)) + (1\,200 \cdot 12 - 0) \right)$$

$$= \dfrac{1}{12} \cdot \left(-8\,000 \cdot e^{-1{,}2} + 8\,000 + 14\,400 \right)$$

$$\approx 1\,665{,}87$$

Der durchschnittliche Preis in den ersten zwölf Monaten liegt bei ca. 1 665,87 €.

Berufliches Gymnasium NRW – Mathematik ohne CAS (Wirtschaft/Verwaltung)
Zentrale Abiturprüfung 2012 Leistungskurs – Aufgabe 2: Lineare Algebra

Beschreibung der Ausgangssituation (Gesamtpunktzahl 45 Punkte)

Der Küchenhersteller K-Küchen stellt für die neue Comfortküche aus Furnierplatten (E_1), Scharnieren (E_2), Einlegeböden (E_3) und Edelstahlgriffen (E_4) zunächst drei Schrankelemente Z_1, Z_2 und Z_3 und daraus schließlich zwei Schranktypen F_1 und F_2 her.

Der Materialfluss in Stück des jeweiligen Folgeproduktes ist durch die beiden folgenden Tabellen gegeben.

© Horst Schmidt – Fotolia.com

	Z_1	Z_2	Z_3
E_1	5	7	3
E_2	8	11	7
E_3	2	0	1
E_4	3	6	0

	F_1	F_2
Z_1	7	3
Z_2	2	6
Z_3	10	15

Bei der Produktion fallen die nachfolgenden Material- und Fertigungskosten (in Euro pro Stück) an, wobei die verwendete Qualität und damit auch der Einkaufspreis der Einlegeböden E_3 abhängig von $t \in \mathbb{R}$ ist:

E_1	E_2	E_3	E_4
5	0,5	4 – t	3

Z_1	Z_2	Z_3
11	14	17

F_1	F_2
36	42

Punkte

2.1 Schranktyp F_1 wird für 1 150 € pro Stück und Schranktyp F_2 für 1 240 € pro Stück verkauft.

2.1.1 Bestimmen Sie die variablen Stückkosten für die beiden Schranktypen F_1 und F_2 in Abhängigkeit vom Parameter t. 9

Kontrollergebnis:

	F_1	F_2
Variable Stückkosten [€ / Stück]	975 – 24t	1 240,5 – 21t

2.1.2 Interpretieren Sie die sich aus 2.1.1 ergebenden Stückdeckungsbeiträge, wenn die Einlegeböden E_3 zum Preis von 4 € pro Stück eingekauft werden. 4

2.1.3 Die Tagesproduktion beträgt 120 Stück von F_1 und 100 Stück von F_2. Berechnen Sie den beim Verkauf der Tagesproduktion erzielten Gewinn, wenn Fixkosten in Höhe von 12 400 € zu berücksichtigen sind und die Einlegeböden E_3 zum Preis von 4 € pro Stück eingekauft werden. 4

2.2 Wegen einer Umstrukturierung des Lagers sollen die derzeit vorrätigen Furnierplatten E_1 und Scharniere E_2 vollständig zu Schrankelementen (Z_1, Z_2 und Z_3) verarbeitet werden. Im Lager befinden sich noch 2 200 Stück von E_1 und 4 050 Stück von E_2. Die beiden anderen Einzelteile (E_3 und E_4) können auch kurzfristig in beliebiger Menge besorgt werden. Das zur Berechnung des Lagerräumungsproblems notwendige Lineare Gleichungssystem

$$\begin{pmatrix} 5 & 7 & 3 \\ 8 & 11 & 7 \\ 2 & 0 & 1 \\ 3 & 6 & 0 \end{pmatrix} \cdot \begin{pmatrix} z_1 \\ z_2 \\ z_3 \end{pmatrix} = \begin{pmatrix} 2\,200 \\ 4\,050 \\ x \\ y \end{pmatrix}$$

führt nach einigen Umformungen zu folgender erweiterten Koeffizientenmatrix:

$$\begin{pmatrix} 5 & 7 & 3 & | & 2\,200 \\ 0 & -1 & 11 & | & 2\,650 \\ 0 & 0 & 155 & | & -5x + 41\,500 \\ 0 & 0 & 0 & | & 450x + 775y - 1\,061\,250 \end{pmatrix}$$

2.2.1 Erläutern Sie aus rein mathematischer Sicht mithilfe des Rangkriteriums die Lösbarkeit dieses Gleichungssystems. 4

2.2.2 Leiten Sie **ausschließlich anhand der letzten beiden Zeilen** der angegebenen erweiterten Koeffizientenmatrix ökonomisch zulässige Bereiche für die benötigten Stückzahlen x und y her. 6

2.3 Aus einem Restbestand von 2 200 Furnierplatten (E_1) sollen Schrankelemente (Z_1, Z_2 und Z_3) gefertigt werden (vgl. Rohstoff-Zwischenproduktmatrix), die an einen anderen Küchenhersteller zum Sonderpreis verkauft werden. Allerdings nimmt dieser Hersteller maximal 300 Schrankelemente Z_2 und maximal 200 Schrankelemente Z_3 ab. Fehlende Scharniere E_2, Einlegeböden E_3 und Edelstahlgriffe E_4 können in beliebiger Menge besorgt werden.
Für die Stückdeckungsbeiträge von 70 € für Z_1, 50 € für Z_2 und 60 € für Z_3 soll der Gesamtdeckungsbeitrag maximiert werden.

2.3.1 Geben Sie die Restriktionen und die Zielfunktion des Maximierungsproblems an. 6

2.3.2 Ermitteln Sie mithilfe des Simplexverfahrens das optimale Tableau. 9

2.3.3 Interpretieren Sie das Tableau hinsichtlich der optimalen Produktionszahlen, des optimalen Gesamtdeckungsbeitrags und ggf. überschüssiger Kapazitäten. 3

Tipps und Hinweise

Teilaufgabe 2.1.1
✓ Zur Berechnung der variablen Stückkosten werden der Rohstoff-Kostenvektor mit der Rohstoff-Endproduktmatrix und der Kostenvektor der Zwischenprodukte mit der Zwischenprodukt-Endproduktmatrix multipliziert und zu dem Endprodukt-Kostenvektor addiert. Der Parameter ändert nichts an dieser üblichen Vorgehensweise.

Teilaufgabe 2.1.2
✓ Wenn die Einlegeböden für 4 € das Stück gekauft werden (Materialkosten E_3 4 €), dann ist $t = 0$.

✓ Man kann für den Deckungsbeitrag das Kontrollergebnis nutzen.

Teilaufgabe 2.1.3
✓ Die variablen Stückkosten sind mit den angegebenen Mengen zu multiplizieren.

✓ Der Parameter t hat wieder den Wert null, d. h., Sie können Ihr Ergebnis aus 2.1.2 verwenden.

Teilaufgabe 2.2.1
✓ Beim Rangkriterium muss man den Rang der Koeffizientenmatrix ($R_g(A) = 3$) mit dem Rang der erweiterten Koeffizientenmatrix ($Rg(A|b)$) nach bestimmten Kriterien vergleichen.

Teilaufgabe 2.2.2
✓ Zu beachten ist, dass x und y als Mengenangaben nicht negativ werden dürfen.

✓ Formen Sie das letzte Element der Erweiterungsspalte nach y um. Das Ergebnis gleicht einer Geradengleichung, die aber nur nicht negative x und y haben darf. Überlegen Sie, in welchem Quadranten die Gerade dann nur definiert ist und welche Bedingungen für x und y dazu gelten müssen.

Teilaufgabe 2.3.1
✓ Legen Sie zunächst die Variablen fest. Formen Sie die Einschränkungen in Restriktionen (Ungleichungen) um. Geben Sie auch die Nichtnegativitätsbedingungen an.

Teilaufgabe 2.3.2
✓ Das Simplexverfahren folgt dem Gaußalgorithmus, bei dem zielführende Schritte einzuhalten sind. Der erste Schritt ist die Bestimmung des Pivotelementes.

Teilaufgabe 2.3.3
✓ Das optimale Tableau wird nach zwei umgeformten Tableaus erreicht. Neben einer Aussage über die optimalen Produktionszahlen sind Angaben zu den Restkapazitäten ablesbar.

Lösung

2.1.1 Materialkosten:

$$(5 \quad 0{,}5 \quad 4-t \quad 3) \cdot \begin{pmatrix} 5 & 7 & 3 \\ 8 & 11 & 7 \\ 2 & 0 & 1 \\ 3 & 6 & 0 \end{pmatrix} \cdot \begin{pmatrix} 7 & 3 \\ 2 & 6 \\ 10 & 15 \end{pmatrix} = (5 \quad 0{,}5 \quad 4-t \quad 3) \cdot \begin{pmatrix} 79 & 102 \\ 148 & 195 \\ 24 & 21 \\ 33 & 45 \end{pmatrix}$$

$$= (664 - 24t \quad 826{,}5 - 21t)$$

Fertigungskosten für die Zwischenprodukte je Endprodukt und je Endprodukt:

$$(11 \quad 14 \quad 17) \cdot \begin{pmatrix} 7 & 3 \\ 2 & 6 \\ 10 & 15 \end{pmatrix} = (275 \quad 372) \text{ und } (36 \quad 42)$$

Variable Stückkosten:
$(664 - 24t \quad 826{,}5 - 21t) + (275 \quad 372) + (36 \quad 42) = (975 - 24t \quad 1\,240{,}5 - 21t)$

Die variablen Stückkosten für Schranktyp F_1 betragen $975 - 24t$ [€] und für Schranktyp F_2 betragen sie $1\,240{,}5 - 21t$ [€].

2.1.2 Wenn E_3 für 4 €/Stück eingekauft wird, dann beträgt der Wert des Parameters t null. Somit ergeben sich die folgenden Deckungsbeiträge:
für F_1: $1150 - (975 - 24 \cdot 0) = 175$
für F_2: $1\,240 - (1\,240{,}5 - 21 \cdot 0) = -0{,}5$

Der Stückdeckungsbeitrag für F_1 ist positiv mit 175 €, der Stückdeckungsbeitrag für F_2 ist negativ mit $-0{,}5$ €. Aus betriebswirtschaftlicher Sicht ist ein negativer Stückdeckungsbeitrag unerwünscht, da er zu Verlusten führt. Der Schranktyp F_2 könnte aus dem Programm genommen werden, der Verkaufspreis erhöht oder die Herstellungskosten gesenkt werden.

2.1.3 Zuerst sind die Deckungsbeiträge zu berechnen:

$$(175 \quad -0{,}5) \cdot \begin{pmatrix} 120 \\ 100 \end{pmatrix} = 20\,950$$

Berücksichtigung der Fixkosten ergibt:
$20\,950 - 12\,400 = 8\,550$
Der Gesamtgewinn bei der Tagesproduktion beträgt 8 550 €.

2.2.1 Die Lösbarkeit ist abhängig von den Werten der Variablen x und y.
Ist $450x + 775y - 1\,061\,250 \neq 0$, so ist das Gleichungssystem nicht lösbar, da $Rg(A) = 3 < 4 = Rg(A \mid b)$.
Ist $450x + 775y - 1\,061\,250 = 0$, so ist das Gleichungssystem eindeutig lösbar, da $Rg(A) = 3 = Rg(A \mid b)$.

2.2.2 Es sind nur die letzten beiden Zeilen zu betrachten. Da x und y für benötigte Mengen stehen, ist $x \geq 0$, $y \geq 0$. Bei lösbarem Gleichungssystem muss $450x + 775y - 1\,061\,250 = 0$ gelten.

Die Gleichung hat unendlich viele Lösungen, wobei x und y voneinander abhängig sind. Durch Umformung der Gleichung nach y erhält man:

$$y = -\frac{450}{775}x + \frac{1\,061\,250}{775}$$

Es handelt sich bei dieser Bedingung um eine fallende Gerade mit positivem y-Achsenabschnitt. Da $x \geq 0$, $y \geq 0$ gelten muss, müssen die gesuchten Werte für x und y im 1. Quadranten liegen.

Mithilfe der Achsenschnittpunkte gelangt man zu folgenden Bedingungen:

$$y \leq \frac{1\,061\,250}{775} \approx 1\,369{,}35 \quad \text{und} \quad x \leq \frac{1\,061\,250}{450} \approx 2\,358{,}33$$

Zudem muss $-5x + 41\,500 \geq 0$ sein. Umgeformt ergibt sich daraus $x \leq 8\,300$, was aber eine schwächere Einschränkung ist.

Die gesuchten Bereiche für x und y sind:
$0 \leq x \leq 2\,358$ und $0 \leq y \leq 1\,369$

2.3.1 x_1 bis x_3 geben die Anzahlen der Schrankelemente Z_1 bis Z_3 an.

Nichtnegativitätsbedingungen:
$x_1 \geq 0$, $x_2 \geq 0$, $x_3 \geq 0$

Die erste Restriktion ergibt sich aus der ersten Zeile der Material-Zwischenproduktmatrix, die anderen Restriktionen ergeben sich aus dem Text:

$$\begin{aligned} 5x_1 + 7x_2 + 3x_3 &\leq 2\,200 \\ x_2 &\leq 300 \\ x_3 &\leq 200 \end{aligned}$$

Zielfunktion:
$Z = 70x_1 + 50x_2 + 60x_3$, Z soll maximiert werden.

2.3.2 Ausgangstableau:
Mittels Berechnung des Engpasses wird das Pivotelement festgelegt.

	x_1	x_2	x_3	u_1	u_2	u_3		Engpass	
I	5	7	3	1	0	0	2 200	440	$0{,}2 \cdot$ I
II	0	1	0	0	1	0	300	keiner	
III	0	0	1	0	0	1	200	keiner	
IV	70	50	60	0	0	0	Z		IV + (−14) · I

2. Tableau:
Erneute Engpassberechnung ergibt das neue Pivotelement.

	x_1	x_2	x_3	u_1	u_2	u_3		Engpass	
I	1	1,4	0,6	0,2	0	0	440	733,33	I + (−0,6) · III
II	0	1	0	0	1	0	300	keiner	
III	0	0	1	0	0	1	200	200	
IV	0	−48	18	−14	0	0	Z − 30 800		IV + (−18) · III

3. Tableau:
Optimales Tableau, da in der Zielzeile (IV) nur negative Elemente stehen.

	x_1	x_2	x_3	u_1	u_2	u_3	
I	1	1,4	0	0,2	0	−0,6	320
II	0	1	0	0	1	0	300
III	0	0	1	0	0	1	200
IV	0	−48	0	−14	0	−18	Z − 34 400

2.3.3 Aus dem optimalen Tableau ergeben sich folgende Werte:
$x_1 = 320$
$x_2 = 0$
$x_3 = 200$
$u_1 = 0$
$u_2 = 300$
$u_3 = 0$

Es können 320 Schrankelemente von Z_1 und 200 Schrankelemente von Z_3 gefertigt werden. Dabei werden alle Furnierplatten (E_1) verwendet. Von den Schrankelementen Z_2 werden keine verkauft, es verbleiben noch 300 Stück zum weiteren Verkauf. Bei Z_3 gibt es keine Restbestände mehr. Der optimale Gesamtdeckungsbeitrag für diesen Auftrag beläuft sich auf 34 400 €.

Berufliches Gymnasium NRW – Mathematik ohne CAS (Wirtschaft/Verwaltung)
Zentrale Abiturprüfung 2012 Leistungskurs – Aufgabe 3: Stochastik

Beschreibung der Ausgangssituation (Gesamtpunktzahl 45 Punkte)
Der Küchenhersteller K-Küchen hat eine Luxus-Küche für das obere Preissegment entwickelt, die sich durch ein hochwertiges Schubladensystem, Echtholzfronten und eine patentierte Schrankbeleuchtung von den bisher produzierten Produktlinien unterscheidet.

Von einem Zulieferer bezieht K-Küchen das neuartige Scharniersystem, bei dem sich die Schubladen nach nur leichter Berührung selbsttätig schließen. Durchschnittlich sind 5 % der Scharniere defekt.

© www.m-buehner.de – Fotolia.com

Punkte

3.1 Die gelieferte Ware soll nur bei hinreichender Qualität angenommen werden. Der Küchenhersteller prüft vor der Warenannahme eine Stichprobe von 5 Kartons mit je 20 Scharnieren.

3.1.1 Berechnen Sie die Wahrscheinlichkeit für die Ereignisse:
E_1: In der Stichprobe von 100 Scharnieren befinden sich höchstens so viele defekte Scharniere, wie „zu erwarten" ist.
E_2: In einem zufällig ausgewählten Karton mit 20 Scharnieren befinden sich mehr als zwei defekte Scharniere. 6

3.1.2 Die Ware soll abgelehnt werden, wenn sich unter den 5 geprüften Kartons der Stichprobe mindestens ein Karton mit mehr als 3 defekten Scharnieren befindet. Die Wahrscheinlichkeit, dass in einem Karton mehr als 3 defekte Scharniere enthalten sind, liegt bei ca. 1,59 %. Ermitteln Sie die Wahrscheinlichkeit für die Ablehnung der Lieferung. 5

3.2 Ermitteln Sie die Anzahl der mindestens zu testenden Scharniere, bei der mit einer Wahrscheinlichkeit von mehr als 99 % mindestens ein defektes Scharnier zu finden ist. 8

3.3 Vor der Auslieferung der Luxus-Küchen überprüft K-Küchen die Beleuchtungen. Erfahrungsgemäß funktionieren 10 % der Beleuchtungen nicht einwandfrei. Ein nachträglicher Austausch der defekten Beleuchtung kostet das Unternehmen 80 € pro Küche.
Ein Prüfgerät, das die Beleuchtungen bereits vor dem Einbau prüft, kann für 580 € erworben werden. Sein Einsatz kostet täglich 30 € und ein Austausch der als defekt eingestuften Beleuchtung kostet dann nur 20 €. Das Testgerät erkennt mit 99 %-iger Sicherheit eine defekte Beleuchtung, allerdings zeigt es auch bei 2 % der funktionierenden Beleuchtungen einen Defekt an.

3.3.1 Zeichnen Sie das zugehörige Baumdiagramm. 4

3.3.2 In 100 Tagen werden insgesamt 1 000 Küchen produziert. Beurteilen Sie, ob die Anschaffung des Testgeräts zu einer Kostenersparnis führt. 7

Für die Echtholzfronten bestellt K-Küchen Kirschbaum-Furnierholzplatten bei einem heimischen Holzlieferanten, der damit wirbt, dass mindestens 85 % seiner Platten über eine einheitliche Maserung verfügen.

3.4 Ein Mitarbeiter von K-Küchen glaubt dem Werbeversprechen des Holzlieferanten nicht und prüft 80 der gelieferten Platten. Damit soll die Behauptung des Herstellers auf einem Signifikanzniveau von 5 % widerlegt werden.

3.4.1 Leiten Sie eine Entscheidungsregel her. 8

3.4.2 Ermitteln Sie mithilfe der Näherungsformel von de Moivre und Laplace die Wahrscheinlichkeit für folgendes Ereignis: Bei der Prüfung werden höchstens 60 Platten mit einheitlicher Maserung gefunden. 4

3.4.3 Der ohne Näherungsformel direkt mit der Binomialverteilung berechnete Wert liegt bei ca. 1,315 %.
Begründen Sie die vergleichsweise hohe Differenz zum Näherungswert aus 3.4.2. 3

Tipps und Hinweise

Teilaufgabe 3.1.1
- „Zu erwarten" meint den Erwartungswert der Binomialverteilung.

Teilaufgabe 3.1.2
- Aufgrund der gegebenen Wahrscheinlichkeit können Sie die Tabellen zur Binomialverteilung nicht nutzen, sondern müssen auf die Formel der Binomialverteilung zurückgreifen.
- Rechnen Sie mit dem Gegenereignis.

Teilaufgabe 3.2
- Bei den sogenannten „dreimal mindestens"-Aufgaben können Sie die Tabelle nicht nutzen, sondern müssen mit der Formel der Binomialverteilung und mit dem Gegenereignis rechnen.

Teilaufgabe 3.3.1
- Für das Baumdiagramm sind die angegebenen Kosten vollkommen irrelevant.

Teilaufgabe 3.3.2
- Das Baumdiagramm benötigen Sie nur für die Berechnung der Kosten mit Testgerät.
- Beachten Sie, dass eine funktionierende Beleuchtung ausgetauscht wird, wenn Sie als defekt vom Testgerät erkannt wird.
- Bei der Berechnung der Kosten sind auch die täglichen Einsatzkosten des Testgeräts zu berücksichtigen.

Teilaufgabe 3.4.1
- Der Mitarbeiter glaubt dem Werbeversprechen nicht, er vermutet also das Gegenteil. Dies möchte er zeigen. Was zu zeigen ist, ist immer H_1.
- Um die Wahrscheinlichkeit zu berechnen, müssen Sie die Näherungsformel von de Moivre und Laplace hinzuziehen.

Teilaufgabe 3.4.2
- Hier ist nur die kumulierte Wahrscheinlichkeit bis höchstens 60 Platten zu berechnen.

Teilaufgabe 3.4.3
- Es handelt sich bei der Näherungsformel von de Moivre und Laplace um eine Näherung, die an eine Bedingung geknüpft ist.

Lösung

3.1.1 E_1: Die Zufallsgröße X zählt die Anzahl der defekten Scharniere und ist mit n = 100 und p = 0,05 binomialverteilt.
Die Anzahl der defekten Scharniere, die zu erwarten ist, wird mit dem Erwartungswert berechnet:
$E(X) = n \cdot p = 100 \cdot 0,05 = 5$
$P(X \leq 5) \approx 0,6160$ (laut Tabelle)
Mit einer Wahrscheinlichkeit von ca. 61,6 % sind in der Stichprobe höchstens so viele defekte Scharniere enthalten, wie zu erwarten ist.

E_2: Die Zufallsgröße Y zählt die Anzahl der defekten Scharniere und ist mit n = 20 und p = 0,05 binomialverteilt.
$P(Y > 2) = 1 - P(Y \leq 2) \approx 1 - 0,9245 = 0,0755$ (laut Tabelle)
Die Wahrscheinlichkeit, dass in einem Karton mehr als zwei defekte Scharniere enthalten sind, liegt bei ca. 7,55 %.

3.1.2 Die Zufallsgröße Z zählt die Anzahl der Kartons mit mehr als drei defekten Scharnieren und ist mit n = 5 und p = 0,0159 binomialverteilt.

$$P(X \geq 1) = 1 - P(X = 0) = 1 - \binom{5}{0} \cdot 0,0159^0 \cdot (1 - 0,0159)^5 = 1 - 0,9841^5$$
$$\approx 0,0770$$

Die Wahrscheinlichkeit für die Ablehnung der Lieferung liegt bei ca. 7,7 %.

3.2 Gesucht ist n. Die Zufallsgröße X zählt die Anzahl der defekten Scharniere und ist B(n; 0,05)-verteilt.

$P(X \geq 1) = 1 - P(X = 0) > 0,99$

$\Leftrightarrow \quad 1 - \binom{n}{0} \cdot 0,05^0 \cdot 0,95^n > 0,99$

$\Leftrightarrow \quad 1 - 0,95^n > 0,99 \quad |-1$

$\Leftrightarrow \quad -0,95^n > -0,01 \quad |\cdot (-1)$

$\Leftrightarrow \quad 0,95^n < 0,01 \quad |\ln$

$\Leftrightarrow \quad \ln 0,95^n < \ln 0,01 \quad |: \ln 0,95 \;\; (\ln 0,95 < 0)$

$\Leftrightarrow \quad n > \dfrac{\ln 0,01}{\ln 0,95}$

$\Leftrightarrow \quad n > 89,78$

Es müssen mindestens 90 Scharniere getestet werden, um mit einer Wahrscheinlichkeit von mehr als 99 % mindestens ein defektes Scharnier zu finden.

3.3.1 B: Beleuchtung defekt
$\overline{B}$: Beleuchtung nicht defekt
F: Fehler angezeigt
$\overline{F}$: kein Fehler angezeigt

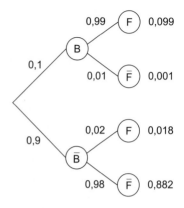

3.3.2 X zählt die Reparaturkosten pro Küche ohne Testgerät.
Y zählt die Reparaturkosten pro Küche mit Testgerät.

Reparaturkosten ohne Testgerät:
E(X) = 80 · 0,1 = 8,00 [€]
Bei 1 000 Küchen ergeben sich 8 € · 1 000 = 8 000 € Kosten.

Reparaturkosten mit Testgerät:

$$E(Y) = \underbrace{80 \cdot 0{,}001}_{\substack{\text{unerkannter Fehler,} \\ \text{wird nachträglich} \\ \text{ersetzt}}} + \underbrace{20 \cdot 0{,}099}_{\substack{\text{fehlerhafte Beleuch-} \\ \text{tung wird ersetzt}}} + \underbrace{20 \cdot 0{,}018}_{\substack{\text{als fehlerhaft erkannte} \\ \text{funktionierende Beleuch-} \\ \text{tung wird ersetzt}}} = 2{,}42 \, [€]$$

Bei 1 000 Küchen in 100 Tagen ergeben sich
2,42 € · 1 000 + 30 € · 100 + 580 € = 6 000 € Kosten.

Es ist sinnvoll das Testgerät anzuschaffen, da es zu einer Kostenersparnis von 2 000 € führt.

3.4.1 X zählt die Anzahl der einheitlich gemaserten Platten. X ist binomialverteilt mit n = 80 und p = 0,85.

Die Behauptung des Mitarbeiters, dass weniger als 85 % einheitlich gemasert sind, soll gezeigt werden. Somit ergibt sich:
H_1: p < 0,85
H_0: p ≥ 0,85

Signifikanzniveau 5 %:
α ≤ 0,05

Da kleine Ergebnisse für H_1 sprechen, handelt es sich um einen linksseitigen Test. Es ist das größte k gesucht, für das gilt:
P(X ≤ k) ≤ 0,5

Da es für p = 0,85 keinen Eintrag in der Tabelle gibt, muss mit der Näherungsformel von Moivre-Laplace gerechnet werden:
$\mu = 80 \cdot 0,85 = 68$
$\sigma = \sqrt{80 \cdot 0,85 \cdot 0,15} \approx 3,19 > 3$

Damit darf die Näherungsformel angewendet werden (wobei mit stärkeren Abweichungen zu rechnen ist):
$$P(X \leq k) \leq 0,05$$

$\Leftrightarrow \quad \Phi\left(\dfrac{k + 0,5 - 68}{3,19}\right) \leq 0,05 \quad$ mit Tabellenwert

$\Leftrightarrow \quad \dfrac{k - 67,5}{3,19} \leq -1,65 \quad \Rightarrow \quad k \leq 62,2$

Da k ganzzahlig ist, ergibt sich ein Ablehnungsbereich der Nullhypothese von $\overline{A} = \{0; 1; \ldots; 62\}$.

Entscheidungsregel:
Sind maximal 62 Platten von 80 einheitlich gemasert, so kann das Werbeversprechen mit einer Unsicherheit von maximal 5 % angezweifelt werden.

Alternativ: mit der σ-Umgebung
Wie oben ergibt sich:
$\mu = 68$
$\sigma \approx 3,19 \geq 3$, die Laplace Bedingung ist also erfüllt.

Ein Signifikanzniveau von 5 % erfordert beim einseitigen Test den Faktor 1,64 (siehe Formelsammlung):
$[0; \mu - 1,64 \cdot \sigma] \approx [0; 68 - 1,64 \cdot 3,19] \approx [0; 62,77]$

Da die Laplace-Bedingung nur knapp erfüllt ist, kommt es zu den Unterschieden in den Berechnungen.

Da k ganzzahlig ist, ergibt sich die oben angeführte Entscheidungsregel.

3.4.2 Die Zufallsgröße X bleibt wie oben definiert.
Mit der Tabelle für die Gauß'sche Integralfunktion folgt:
$$P(X \leq 60) \approx \Phi\left(\dfrac{60 + 0,5 - 68}{3,19}\right) \approx \Phi(-2,35) = 1 - \Phi(2,35) \approx 1 - 0,9906 = 0,0094$$

Die Wahrscheinlichkeit liegt bei etwas mehr als 0,9 %.

3.4.3 Die Standardabweichung liegt bei $\sigma \approx 3,19 > 3$ und erfüllt somit die Laplace-Bedingung nur knapp. Je größer die Standardabweichung ist, desto genauere Ergebnisse erzielt die Näherungsformel.

Berufliches Gymnasium NRW – Mathematik mit CAS (Wirtschaft/Verwaltung)
Zentrale Abiturprüfung 2012 Leistungskurs – Aufgabe 1: Analysis

Beschreibung der Ausgangssituation (Gesamtpunktzahl 45 Punkte)
Die Ventus AG produziert Ventile für industrielle Unternehmen.

Im Jahr 2011 wurden die monatlichen Produktionsmengen und die Gesamtkosten, die mit der Produktion neuartiger Ventile entstanden sind, in der folgenden Tabelle festgehalten.

© Andrei Merkulov – Fotolia.com

Monat	Produktions-menge (ME)	Gesamtkosten (GE)
Jan	80	15 760,00
Feb	87	17 082,90
März	98	19 508,30
April	104	21 034,20
Mai	100	20 000,00
Juni	102	20 508,50
Juli	97	19 268,60
Aug	90	17 700,00
Sep	103	20 769,20
Okt	110	22 720,00
Nov	98	19 508,30
Dez	75	14 906,30

Punkte

1.1 Die Gesamtkosten $K(x)$ in GE sollen in Abhängigkeit von der Produktionsmenge x in ME durch eine ganzrationale Funktion dritten Grades modelliert werden.
Bestimmen Sie mit ausgewählten Tabellenwerten und einem zugehörigen linearen Gleichungssystem eine mögliche Funktionsgleichung.   7

Verwenden Sie im Folgenden die Kostenfunktion K mit der Funktionsgleichung
$K(x) = 0{,}01x^3 - 0{,}9x^2 + 130x + 6\,000; \; x \in \mathbb{R}, \; x \geq 0$,
wobei x die Produktionsmenge in ME und K die Gesamtkosten in GE angibt.

1.2

1.2.1 Zeigen Sie, dass K einen ertragsgesetzlichen Verlauf aufweist.   4

1.2.2 Beschreiben Sie die ökonomische Bedeutung der Wendestelle für die Ventus AG. Eine Bestimmung ist nicht erforderlich. 3

1.3 Untersuchen Sie, ob die Ventus AG einen vom Markt vorgegebenen Verkaufspreis von 180 GE/ME langfristig oder zumindest kurzfristig halten kann. 6

1.4 Stellen Sie die langfristige und kurzfristige Preisuntergrenze mithilfe der Grenzkosten, Stückkosten und variablen Stückkosten grafisch dar. 7

Die monatliche Nachfrage nach und das monatliche Angebot von Ventilen werden durch folgende Funktionen modelliert:

$p_N(x) = -6{,}7 \cdot a \cdot e^{0{,}002x} + 300$, $\quad p_A(x) = 0{,}54 \cdot e^{0{,}004x} + b$,

wobei a und b von Steuern abhängige, reellwertige Parameter sind. Es gilt $b \in [220; 240]$.

1.5

1.5.1 Ermitteln Sie, welche einschränkende Bedingung für a gelten muss, damit p_N streng monoton fällt. 3

1.5.2 Stellen Sie die Marktsituation für $a = 1$ und $b = 220$ grafisch dar. 2

1.5.3 Beschreiben Sie mithilfe des Graphen aus 1.5.2 die Auswirkung einer Erhöhung des Parameters b auf die Gleichgewichtsmenge und den Gleichgewichtspreis. 4

1.6 2011 lagen die Parameter bei $a = 1$ und $b = 220$. Die Kostenfunktion K (siehe oben) bleibt unverändert. Die Ventus AG verfolgt die Ziele sowohl einen Marktanteil von 10 % zu erreichen als auch ihren Gewinn zu maximieren.

1.6.1 Zeigen Sie, dass die Ventus AG diese Ziele mit einem Marktanteil von ca. 100 ME und einem Preis von 250 GE/ME erreicht. 6

1.6.2 Beurteilen Sie diesbezüglich die monatlichen Absatzzahlen im Jahresverlauf 2011. 3

Tipps und Hinweise

Teilaufgabe 1.1
- Wählen Sie möglichst ganzzahlige Tabellenwerte. Sie brauchen vier Bedingungen.

Teilaufgabe 1.2.1
- Bei einem ertragsgesetzlichen Verlauf hat die Funktion K keinen Extremwert und steigt streng monoton.

- Die Kostenkurve hat einen Wendepunkt, an dem der Kostenverlauf von degressiv zu progressiv wechselt.
- In Kurzform ist für die Koeffizienten nachzuweisen: $a>0$, $c>0$, $b<0$ und $b^2 \leq 3ac$.

Teilaufgabe 1.2.2
- Beachten Sie die Bedeutung der Wendestelle für die Krümmung des Graphen und den Zusammenhang zwischen Krümmung und Kostenverlauf.

Teilaufgabe 1.3
- Hier sind Betriebsoptimum und Betriebsminimum zu bestimmen und in Bezug zu dem vorgegebenen Verkaufspreis zu setzen.

Teilaufgabe 1.4
- Die y-Achse hat als Einheit GE/ME.

Teilaufgabe 1.5.1
- Mithilfe der 1. Ableitung kann man die Steigung einer Funktion untersuchen. Wenn die Funktion fällt, ist die 1. Ableitung negativ.

Teilaufgabe 1.5.3
- Da der Parameter b den y-Achsenschnittpunkt angibt, verschiebt eine Erhöhung von b den Graphen von $p_A(x)$ nach oben. Die Nachfragefunktion bleibt unverändert.
- Was passiert mit dem Marktgleichgewicht?

Teilaufgabe 1.6.1
- Hier soll gezeigt werden, dass 100 ME ca. 10 % der Gleichgewichtsmenge sind und dass der Gleichgewichtspreis bei 250 GE/ME liegt. Es müssen also der Gleichgewichtspreis und die Gleichgewichtsmenge berechnet und mit den vorgegebenen Werten verglichen werden.
- Der Gewinn soll bei 100 ME maximiert werden. Das meint hier, dass dort auch das Gewinnmaximum des Unternehmens liegen soll. Daher ist die gewinnmaximale Menge zu berechnen und zu überprüfen, ob diese bei 100 ME liegt.

Teilaufgabe 1.6.2
- Hier sollen die Tabellenwerte der einzelnen Monate (Aufgabenstellung oben) hinsichtlich der gewinnmaximalen Ausbringungsmenge von 100 ME betrachtet werden.

Lösung

1.1 Für eine Funktion 3. Grades ($K(x) = ax^3 + bx^2 + cx + d$) werden aus der Tabelle vier günstige Wertepaare herausgesucht:

$K(80) = 15\,760 \Rightarrow 80^3 a + 80^2 b + 80c + d = 15\,760$

$K(100) = 20\,000 \Rightarrow 100^3 a + 100^2 b + 100c + d = 20\,000$

$K(90) = 17\,700 \Rightarrow 90^3 a + 90^2 b + 90c + d = 17\,700$

$K(110) = 22\,720 \Rightarrow 110^3 a + 110^2 b + 110c + d = 22\,720$

$\Leftrightarrow a = 0{,}01; \quad b = -0{,}9;$
$\quad c = 130; \quad d = 6\,000$

Die gesuchte Funktion lautet somit:
$K(x) = 0{,}01x^3 - 0{,}9x^2 + 130x + 6\,000$

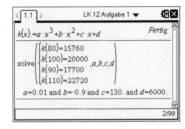

1.2.1 Eine Kostenfunktion ist genau dann ertragsgesetzlich, wenn die nicht negativen Grenzkosten im ökonomisch sinnvollen Bereich zunächst fallen und dann steigen. Dies kann grafisch oder algebraisch nachgewiesen werden.
Algebraisch genügt es, die Koeffizienten nach folgenden Bedingungen zu untersuchen:
$a > 0$, da $a = 0{,}01$; $\quad b < 0$, da $b = -0{,}9$; $\quad c > 0$, da $c = 130$; $\quad b^2 \leq 3ac$, da $0{,}81 \leq 3{,}9$

1.2.2 An der Wendestelle haben die Grenzkosten ihren minimalen Wert. Bis zur Wendestelle arbeitet die Ventus AG mit sinkenden Grenzkosten, der Kostenverlauf ist degressiv steigend. Ab dem Wendepunkt steigen die Grenzkosten, der Kostenverlauf ist progressiv steigend.

1.3 Gefragt ist nach der langfristigen und kurzfristigen Preisuntergrenze, nach dem Betriebsoptimum und dem Betriebsminimum.

Bestimmung des Betriebsoptimums
Notwendige Bedingung:
$k'(x) = 0$ (Minimalstelle der Stückkostenfunktion)
Stückkostenfunktion:

$k(x) = 0{,}01x^2 - 0{,}9x + 130 + \dfrac{6\,000}{x}$

$k'(x) = 0{,}02x - 0{,}9 - \dfrac{6\,000}{x^2} = 0$

$\Leftrightarrow x \approx 85{,}78$

Aufgrund des ertragsgesetzlichen Verlaufs von K ergibt sich, dass bei dieser Menge ein Minimum liegen muss.

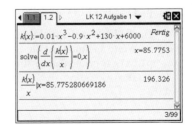

$k(85{,}78) \approx 196{,}33$

Die langfristige Preisuntergrenze liegt damit bei ca. 196,33 GE/ME, d. h., die Ventus AG kann den Marktpreis von 180 GE/ME nicht langfristig halten.

Bestimmung des Betriebsminimums
Notwendige Bedingung:
$k'_{var}(x) = 0$ (Minimalstelle der variablen Stückkostenfunktion)
$k'_{var}(x) = 0{,}02x - 0{,}9 = 0$
$\Leftrightarrow x = 45$

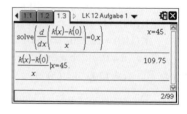

Aufgrund des ertragsgesetzlichen Verlaufs von K liegt an dieser Stelle ein Minimum vor.
$k_{var}(45) = 109{,}75$

Über einen kurzen Zeitraum kann die Ventus AG den Verkaufspreis bis auf 109,75 GE/ME senken, sodass die variablen Stückkosten gerade noch gedeckt sind.

1.4 Die langfristige Preisuntergrenze wird mithilfe des Betriebsoptimums (Schnittpunkt von Grenzkosten- und Stückkostenfunktion) dargestellt, die kurzfristige Preisuntergrenze mithilfe des Betriebsminimums (Schnittpunkt von Grenzkosten- und variabler Stückkostenfunktion).

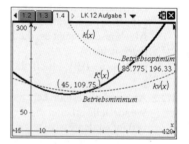

1.5.1 Eine Nachfragefunktion muss positiv und streng monoton fallend sein.

Am Funktionsterm kann bereits der sogenannte Prohibitivpreis (Schnittpunkt mit der y-Achse) von 300 GE/ME abgelesen werden, sodass die Funktion im ökonomisch relevanten Bereich positiv beginnt.

Wenn $p'_N(x) < 0$ für alle $x \geq 0$ gilt, dann ist p_N streng monoton fallend. Es ist:
$p'_N(x) = -0{,}0134 \cdot a \cdot e^{0{,}002x}$

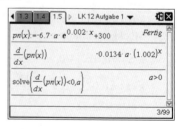

Da die Exponentialfunktion stets positive Werte annimmt, ist die Bedingung $p'_N(x) < 0$ genau dann erfüllt, wenn $a > 0$ ist.

1.5.2 Mit den gegebenen Werten sind die folgenden Funktionen zu zeichnen:
$p_N(x) = -6{,}7 \cdot e^{0{,}002x} + 300$,
$p_A(x) = 0{,}54 \cdot e^{0{,}004x} + 220$

Beim Beschriften der Achsen muss auf korrekte Einheiten geachtet werden.

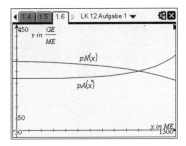

1.5.3 Wird der Parameter b größer (Steuern ändern sich), so verschiebt sich der Graph von $p_A(x)$ nach oben. Da $p_N(x)$ streng monoton fällt und nicht vom Parameter b beeinflusst wird, wird die Gleichgewichtsmenge kleiner ausfallen und der Gleichgewichtspreis wird höher.

1.6.1 Um den Marktanteil von 10 % nachzuweisen, muss zuerst berechnet werden, wie groß die Menge der Produkte auf dem Markt überhaupt ist. Dazu wird das Marktgleichgewicht bestimmt:
$p_A(x) = p_N(x)$
$\Leftrightarrow$ x ≈ 1004,62 (Gleichgewichtsmenge)
Der Gleichgewichtspreis liegt bei:
$p_A(1004{,}62) \approx 250\,[\text{GE}/\text{ME}]$

10 % der Gleichgewichtsmenge sind ca. 100 ME. Die Ventus AG möchte bei 100 ME ihren maximalen Gewinn erzielen. Somit ist das Gewinnmaximum zu berechnen.

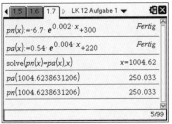

Zuerst werden die Erlösfunktion und die Gewinnfunktion aufgestellt. Der (Gleichgewichts-)Preis beträgt 250 GE/ME:
$E(x) = 250x$
$G(x) = E(x) - K(x)$
$= -0{,}01x^3 + 0{,}9x^2 + 120x - 6000$
Hinreichende Bedingung für Maximum:
$G'(x) = 0$ und $G''(x) < 0$
$G'(x) = -0{,}03x^2 + 1{,}8x + 120$

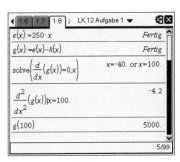

$G'(x) = 0 \Leftrightarrow x_1 = -40$ (ökonomisch nicht relevant), $x_2 = 100$
$G''(x) = -0{,}06x + 1{,}8$
$G''(100) = -4{,}2 < 0 \Rightarrow x_2 = 100$ ist Maximalstelle.

Bei einer Ausbringungsmenge von 100 ME erzielt das Unternehmen den maximalen Gewinn (von G(100) = 5 000).

1.6.2 Im Jahr 2011 hat das Unternehmen das Ziel der Gewinnmaximierung zumeist erreicht. Nur in drei Monaten liegt die Produktionsmenge, die auch jeweils verkauft wurde, weit unter 100 ME, dem angestrebten Ziel. In den übrigen Monaten ergeben sich geringe Schwankungen nach oben bzw. nach unten.

Berufliches Gymnasium NRW – Mathematik mit CAS (Wirtschaft/Verwaltung)
Zentrale Abiturprüfung 2012 Leistungskurs – Aufgabe 2: Lineare Algebra

Beschreibung der Ausgangssituation (Gesamtpunktzahl 45 Punkte)
Die Ventus AG fertigt unterschiedliche Ventiltypen.

Die Ventiltypen V_1 bis V_3 werden in einem zweistufigen Produktionsprozess hergestellt. Aus den Rohstoffen R_1 bis R_4 werden die Zwischenprodukte Z_1 bis Z_3 hergestellt, aus den Zwischenprodukten die Ventile V_1 bis V_3.

Die folgenden Tabellen geben den Materialfluss wieder.
Alle Angaben in ME.

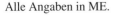
© Vladimir Vydrin – Fotolia.com

	V_1	V_2	V_3
Z_1	1	5	9
Z_2	2	6	10
Z_3	3	7	11

	V_1	V_2	V_3
R_1	11	35	59
R_2	23	63	103
R_3	20	52	84
R_4	11	35	59

	Punkte
2.1 Begründen Sie, dass sich die Matrizengleichung $X \cdot B_{ZV} = C_{RV}$ nicht eindeutig nach X auflösen lässt.	4
2.2 Berechnen Sie die Parameterwerte s, t und u, wenn die Rohstoff-Zwischenproduktmatrix folgende Gestalt hat: $A_{RZ} = \begin{pmatrix} 2 & s & t \\ s & t & 6 \\ t & 2 & u \\ 2 & s & t \end{pmatrix}$	6
2.3 Wegen Umbaumaßnahmen im Lager sollen die Zwischenprodukte verbraucht werden. Von den Zwischenprodukten sind 1660 ME von Z_1, 2000 ME von Z_2 und 2340 ME von Z_3 auf Lager.	
2.3.1 Zeigen Sie – unter Angabe des Lösungsvektors –, dass es mehrere Kombinationsmöglichkeiten gibt, aus den vorhandenen Zwischenprodukten Ventile herzustellen.	4
2.3.2 Geben Sie den Bereich der möglichen Produktionsmengen von Ventil V_3 an.	4

2.4 Ein Großkunde fragt an, wie viele Ventile kurzfristig hergestellt werden können. Dabei sollen die Ventile V_1 bis V_3 im Verhältnis von $2:3:1$ geliefert werden. Im Lager sind 10 000 ME von Rohstoff R_1 und 14 000 ME von Rohstoff R_3 vorhanden. Die Rohstoffe R_2 und R_4 stehen in ausreichender Menge zur Verfügung.

2.4.1 Berechnen Sie die maximale Anzahl der Ventile, die in diesem Verhältnis kurzfristig hergestellt werden können. 8

2.4.2 Geben Sie den Bedarf an R_2 und R_4 sowie mögliche Restbestände von R_1 bzw. R_3 an. 4

2.5 Auch die Zwischenprodukte können am Markt abgesetzt werden. Die Zwischenprodukte werden an den 3 Maschinen M_1 bis M_3 hergestellt. Die Tabelle gibt an, wie viele Minuten pro ME die Bearbeitung von Z_1 bis Z_3 an den einzelnen Maschinen M_1 bis M_3 dauert und wie hoch die maximale Nutzungszeit der Maschinen in Minuten pro Tag beträgt. Der Deckungsbeitrag beträgt 5 GE/ME bei Z_1, 4 GE/ME bei Z_2 und 6 GE/ME bei Z_3.

	Bearbeitungszeit			maximale Nutzungszeit
	Z_1	Z_2	Z_3	
M_1	1	6	1	480
M_2	2	4	2	600
M_3	3	1	2	540

2.5.1 Berechnen Sie mithilfe des Simplex-Algorithmus die Menge der einzelnen Zwischenprodukte Z_1, Z_2 und Z_3, die pro Tag produziert werden, wenn der Gesamtdeckungsbeitrag maximiert werden soll. 10

2.5.2 Interpretieren Sie das optimale Tableau hinsichtlich der Restlaufzeiten und des maximalen Gesamtdeckungsbeitrags. 5

Tipps und Hinweise

Teilaufgabe 2.1
- Eine Division durch Matrizen ist nicht definiert und daher nicht möglich.
- Matrizengleichungen können nur mithilfe der Inversen eindeutig gelöst werden. Die Inverse ist nur für quadratische Matrizen mit vollem Rang definiert. Somit ist der Rang von B_{ZV} zu überprüfen.

Teilaufgabe 2.2
- Bei drei Unbekannten benötigt man drei Gleichungen. Die Gleichungen bekommt man durch die Matrizengleichung $A_{RZ} \cdot B_{ZV} = C_{RV}$.

Teilaufgabe 2.3.1
- Hier ist ein Gleichungssystem aufzustellen und dann mit der Matrizenschreibweise zu lösen.

Teilaufgabe 2.3.2
- Da es nur nicht negative Mengen gibt, dürfen die Elemente des Ergebnisvektors nur positiv oder gleich null sein.

Teilaufgabe 2.4
- Stellen Sie zuerst die Gleichungen zur Bestimmung der Rohstoffe auf. Beachten Sie dabei das vorgegebene Mengenverhältnis. Es darf in den Gleichungen nur eine Variable erscheinen.
- Jetzt müssen Sie die Gleichungen untersuchen, die zu den beschränkt vorhandenen Rohstoffen gehören.

Teilaufgabe 2.5
- Das Ausgangstableau mit den Schlupfvariablen ist aufzustellen.
- Das Pivotelement wird bestimmt und das Tableau entsprechend umgeformt, bis in der Zielzeile nur negative Elemente vorhanden sind.
- Das dritte Tableau ist das optimale Tableau, von dem dann alle gefragten Daten (auch für 2.5.2) abgelesen werden können.

Lösung

2.1 Nur wenn es B_{ZV}^{-1} gibt, ist die Matrizengleichung mit der Umstellung
$$X \cdot B_{ZV} = C_{RV} \Leftrightarrow X = C_{RV} \cdot B_{ZV}^{-1}$$
eindeutig lösbar. Die reduzierte Diagonalform von B_{ZV} ist jedoch die Matrix
$$\begin{pmatrix} 1 & 0 & -1 \\ 0 & 1 & 2 \\ 0 & 0 & 0 \end{pmatrix},$$
sodass sich B_{ZV} mit $Rg(B_{ZV}) = 2 \neq 3$ nicht invertieren lässt.

2.2 Die Werte für die Parameter ergeben sich durch den Vergleich des Ergebnisses aus $A_{RZ} \cdot B_{ZV}$ mit C_{RV}:

$$A_{RZ} \cdot B_{ZV} = C_{RV} \Leftrightarrow \begin{pmatrix} 2+2s+3t=11 & 10+6s+7t=35 & 18+10s+11t=59 \\ s+2t+18=23 & 5s+6t+42=63 & 9s+10t+66=103 \\ t+4+3u=20 & 5t+12+7u=52 & 9t+20+11u=84 \\ 2+2s+3t=11 & 10+6s+7t=35 & 18+10s+11t=59 \end{pmatrix}$$

Ein mögliches Gleichungssystem, um s, t und u zu bestimmen, sind die Elemente c_{11}, c_{21} und c_{31}:

$2 + 2s + 3t = 11$
$s + 2t + 18 = 23$
$t + 4 + 3u = 20$

Nach Umstellung ergibt sich die Koeffizientenmatrix
$$\begin{pmatrix} 2 & 3 & 0 & 9 \\ 1 & 2 & 0 & 5 \\ 0 & 1 & 3 & 16 \end{pmatrix}$$
mit der reduzierten Diagonalform:
$$\begin{pmatrix} 1 & 0 & 0 & 3 \\ 0 & 1 & 0 & 1 \\ 0 & 0 & 1 & 5 \end{pmatrix}$$

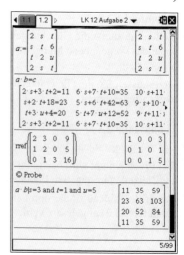

Die Lösungen lauten also:
$s = 3$; $t = 1$ und $u = 5$

Die anderen Elemente der Rohstoff-Zwischenproduktmatrix sind vorausgesetzt. Eine Überprüfung von $A_{RZ} \cdot B_{ZV} = C_{RV}$ ist nicht notwendig, mit dem CAS aber leicht möglich (siehe Screenshot).

2.3.1 Gesucht sind die Anzahlen x_1 bis x_3 der Ventile V_1 bis V_3, die mit den angegebenen Mengen produziert werden können. Es ergibt sich das Gleichungssystem:

$$B_{ZV} \cdot \vec{x} = \begin{pmatrix} 1660 \\ 2000 \\ 2340 \end{pmatrix}$$

Mithilfe der Koeffizientenmatrix ergibt sich:

$$\begin{pmatrix} 1 & 5 & 9 & 1660 \\ 2 & 6 & 10 & 2000 \\ 3 & 7 & 11 & 2340 \end{pmatrix} \xrightarrow{\text{rref}} \begin{pmatrix} 1 & 0 & -1 & 10 \\ 0 & 1 & 2 & 330 \\ 0 & 0 & 0 & 0 \end{pmatrix}$$

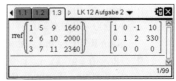

Das Gleichungssystem ist mehrdeutig lösbar, es gibt also mehrere Kombinationsmöglichkeiten, aus den vorhandenen Zwischenprodukten Ventile herzustellen. Der von t abhängige Lösungsvektor lautet:

$$\begin{pmatrix} x_1 \\ x_2 \\ x_3 \end{pmatrix} = \begin{pmatrix} 10+t \\ 330-2t \\ t \end{pmatrix}$$

2.3.2 Der Lösungsvektor aus 2.3.1 darf nur nicht negative Werte enthalten, d. h.:
$10 + t \geq 0 \Leftrightarrow t \geq -10$
$330 - 2t \geq 0 \Leftrightarrow t \leq 165$
$t \geq 0 \Leftrightarrow t \geq 0$

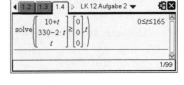

Somit gilt: $0 \leq t \leq 165$

Also können zwischen 0 und 165 Ventile V_3 hergestellt werden.

2.4.1 Die Anzahl der Ventile ist begrenzt durch die Anzahl der Rohstoffe. Zur Bestimmung der Rohstoffe ergeben sich die Bedingungen mithilfe von:

$$C_{RV} \cdot \begin{pmatrix} 2x_3 \\ 3x_3 \\ x_3 \end{pmatrix} = \begin{pmatrix} 186x_3 \\ 338x_3 \\ 280x_3 \\ 186x_3 \end{pmatrix}$$

Da nur die Rohstoffvorräte R_1 und R_3 beschränkt sind, müssen auch nur diese auf maximale Produktionsanzahlen untersucht werden:
$186x_3 = 10\,000 \Leftrightarrow x_3 \approx 53{,}76$
$280x_3 = 14\,000 \Leftrightarrow x_3 = 50$

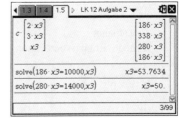

Der kleinere Wert gibt den Engpass an, also $x_3 = 50$.

Von V_1 können 100 ME, von V_2 können 150 ME und von V_3 können 50 ME kurzfristig hergestellt werden.

LK 2012-31

2.4.2 R_1: $186 \cdot 50 = 9\,300$
$10\,000 - 9\,300 = 700$
Restbestand von R_1 gleich 700 ME.
R_2: $338 \cdot 50 = 16\,900$
Bedarf von R_2 gleich 16 900 ME.
R_3: $280 \cdot 50 = 14\,000$
$14\,000 - 14\,000 = 0$
Kein Restbestand von R_3.
R_4: $186 \cdot 50 = 9\,300$
Bedarf von R_4 gleich 9 300 ME.

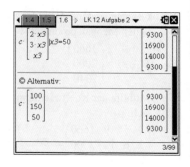

2.5.1 Der Simplex-Algorithmus ist in der Regel nicht in dem CAS programmiert. Das CAS hilft höchstens bei den Zeilenumformungen, wie die Screenshots auf der nächsten Seite zeigen. Allerdings ist die Eingabe dort sehr mühsam, sodass man genauso schnell von Hand rechnen kann.

Zuerst werden die Variablen festgelegt:
x: Anzahl Z_1; y: Anzahl Z_2; z: Anzahl Z_3; u_1, u_2 und u_3: Schlupfvariablen
Nichtnegativitätsbedingungen:
x, y, z ≥ 0

Das folgende Gleichungssystem ergibt das Ausgangstableau:
$$\begin{aligned} x + 6y + z + u_1 &= 480 \\ 2x + 4y + 2z + u_2 &= 600 \\ 3x + y + 2z + u_3 &= 540 \\ 5x + 4y + 6z &= D \end{aligned}$$

Ausgangstableau:
Mittels Berechnung des Engpasses wird das Pivotelement festgelegt.

	x	y	z	u_1	u_2	u_3		Engpass	
I	1	6	1	1	0	0	480	480	I + (−0,5) · III
II	2	4	2	0	1	0	600	300	II + (−1) · III
III	3	1	2	0	0	1	540	270	0,5 · III
IV	5	4	6	0	0	0	D		IV + (−3) · III

2. Tableau:
Erneute Engpassberechnung ergibt das neue Pivotelement.

	x	y	z	u_1	u_2	u_3		Engpass	
I	−0,5	5,5	0	1	0	−0,5	210	38,18	I + ($-\frac{5,5}{3}$) · II
II	−1	3	0	0	1	−1	60	20	$\frac{1}{3}$ · II
III	1,5	0,5	1	0	0	0,5	270	540	III + ($-\frac{1}{6}$) · II
IV	−4	1	0	0	0	−3	D − 1620		IV + ($-\frac{1}{3}$) · II

3. Tableau:
Optimales Tableau, da in der Zielzeile IV nur negative Elemente stehen.

	x	y	z	u_1	u_2	u_3	
I	1,333	0	0	1	−1,83	1,333	100
II	−0,333	1	0	0	0,333	−0,333	20
III	1,667	0	1	0	−0,17	0,667	260
IV	−3,667	0	0	0	−0,333	−2,667	D − 1640

Die optimale Lösung lautet:
y = 20, d. h. 20 ME von Z_2.
z = 260, d. h. 260 ME von Z_3.
x = 0, d. h., Z_1 wird nicht hergestellt.

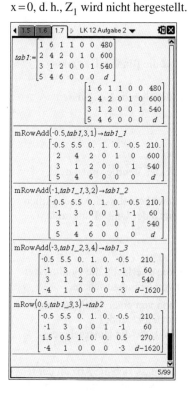

2.5.2 Die Restkapazitäten werden aus dem optimalen Tableau abgelesen:
$u_1 = 100$;   d. h., die Maschine M_1 hat freie Kapazitäten von 100 Minuten.
$u_2 = 0$, $u_3 = 0$, d. h., die Maschinen M_2 und M_3 haben keine freie Kapazitäten.
Der Gesamtdeckungsbeitrag beträgt 1640 GE.

Berufliches Gymnasium NRW – Mathematik mit CAS (Wirtschaft / Verwaltung)
Zentrale Abiturprüfung 2012 Leistungskurs – Aufgabe 3: Stochastik

Beschreibung der Ausgangssituation (Gesamtpunktzahl 45 Punkte)
Die Ventus AG kontrolliert in einem abschließenden Prüfverfahren jedes Ventil, sodass nur einwandfreie Ventile in den Verkauf gehen. Es ist bekannt, dass beim Prüfverfahren durchschnittlich 88 % der Ventile einwandfrei sind. Es werden 150 Ventile geprüft. Die Zufallsgröße X zählt die Anzahl der defekten Ventile.

© Alterfalter – Fotolia.com

	Punkte
3.1 Begründen Sie, warum der Zufallsgröße X die Binomialverteilung zugrunde gelegt wird.	4
3.2 Bestimmen Sie die Wahrscheinlichkeit für folgende Ereignisse:	
3.2.1 E_1: Genau 20 Ventile sind defekt.	2
3.2.2 E_2: Höchstens 15 Ventile sind defekt.	2
3.2.3 E_3: Mindestens 130 Ventile sind fehlerfrei.	2
3.2.4 E_4: Weniger als die erwartete Menge defekter Ventile sind defekt.	4

Eine Umstellung im Produktionsprozess soll bewirken, dass durchschnittlich weniger als 12 % der Ventile fehlerhaft sind. Nach der Umstellung sollen wiederum 150 Ventile überprüft werden.

3.3

3.3.1 Leiten Sie eine Entscheidungsregel her, die es erlaubt, die Qualitätsverbesserung auf einem Signifikanzniveau von 5 % abzusichern. — 8

3.3.2 Die Unternehmensleitung möchte erst dann von einer Qualitätssteigerung ausgehen, wenn höchstens 8 Ventile defekt sind.
Ermitteln Sie die Irrtumswahrscheinlichkeit, die die Unternehmensleitung zugrunde legt. — 4

3.4 Die Techniker der Firma gehen davon aus, dass sich die Anzahl der fehlerhaften Ventile bei einer Stichprobe von 10 Ventilen entsprechend des abgebildeten Histogramms zur Binomialverteilung B(10; p) verteilt.
Bestimmen Sie näherungsweise die Wahrscheinlichkeit p, von der die Techniker ausgehen.

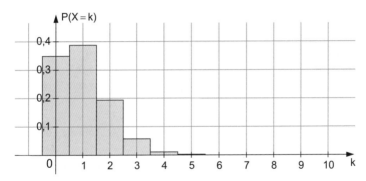

Diagramm: B(10; p)

3.5 Zwei Mitarbeiter der Prüfabteilung müssen vormittags für zwei Stunden (120 Minuten) telefonische Serviceberatung anbieten. Das Unternehmen rechnet für diesen Zeitraum mit 30 Anfragen, die zeitlich unabhängig voneinander eingehen. Eine Serviceberatung ist mit 5 Minuten angesetzt.

Die Zufallsgröße Y zählt die Anzahl Kunden, die zu einem bestimmten Zeitpunkt während der Servicezeit anrufen.

3.5.1 Erklären Sie, warum Y als binomialverteilt mit $n = 30$ und $p = \frac{1}{24}$ angenommen werden kann.

3.5.2 Bestimmen Sie die Wahrscheinlichkeit, mit der zu einem bestimmten Zeitpunkt während der Servicezeit mindestens ein Kunde warten muss.

3.5.3 Die Controlling-Abteilung behauptet, dass während der 120 Arbeitsminuten durchschnittlich für mehr als eine halbe Stunde beide Mitarbeiter gleichzeitig frei sind, und für mehr als 40 Minuten ein einzelner Mitarbeiter frei ist.
Beurteilen Sie die Behauptungen.

Tipps und Hinweise

Teilaufgabe 3.1
Eine Binomialverteilung liegt vor, wenn ein Zufallsversuch nur zwei Ausgänge hat. Die Versuchsergebnisse bei mehrmaliger Wiederholung sind unabhängig voneinander und haben alle jeweils die gleiche Wahrscheinlichkeit.

Teilaufgabe 3.2
Beachten Sie, ob es sich um eine kumulierte Wahrscheinlichkeit handelt oder nicht und ob nach defekten Ventilen oder einwandfreien Ventilen gefragt wird.

Teilaufgabe 3.3.1

🖋 Die Behauptung bzw. das, was man zeigen möchte, ist die Hypothese H_1.

Teilaufgabe 3.3.2

🖋 Die Irrtumswahrscheinlichkeit wird für den Bereich von null bis acht berechnet.

Teilaufgabe 3.4

🖋 Lesen Sie bei $k=0$ die Wahrscheinlichkeit ab und stellen Sie dann die Formel für die Binomialverteilung nach p um.

🖋 Sie können auch eine beliebe Säule aus dem Diagramm heraussuchen und ablesen und dann mit dem CAS mehre Wahrscheinlichkeiten ausprobieren.

Teilaufgabe 3.5.1

🖋 Die Modellierung mit Binomialverteilung ist eine zulässige Vereinfachung der Situation. Achten Sie auf die Schlüsselwörter „Unabhängigkeit", „identische Verteilung", „zwei Ausgänge" im Zusammenhang mit Binomialverteilungen.

Teilaufgabe 3.5.2

🖋 Ein Kunde muss warten, wenn 3 oder mehr Personen gleichzeitig anrufen. Wie hoch ist diese Wahrscheinlichkeit im Modell?

Teilaufgabe 3.5.3

🖋 Gehen Sie wieder von den Kunden aus. Überlegen Sie sich, wie viele Kunden anrufen, wenn ein Mitarbeiter nichts zu tun hat bzw. beide Mitarbeiter keinen Kunden betreuen. Legen Sie die entsprechenden Wahrscheinlichkeiten auf die 120 Minuten um.

Lösung

3.1 Es gibt nur die zwei möglichen Ausgänge: „defekt" oder „einwandfrei".

Bei einem Prüfverfahren wird das geprüfte Teil nicht zurückgelegt. Da aber die Grundgesamtheit gegenüber der Stichprobe sehr groß ist, kann trotzdem von dem Modell mit Zurücklegen ausgegangen werden. Die Wahrscheinlichkeit für einen Defekt ist bei jedem Ventil gleich.

Da zusätzlich davon auszugehen ist, dass die Wahrscheinlichkeit für ein defektes (für ein einwandfreies) Ventil nicht in Zusammenhang mit dem Defekt (oder Nicht-Defekt) eines anderen Ventils steht, sind die Kontrollergebnisse unabhängig voneinander.

Die Kontrolle eines Ventils entspricht somit einem unabhängigen Bernoulli-Experiment. Die Prüfvariable X ist also binomialverteilt.

3.2 X zählt die Anzahl der defekten Ventile und ist binomialverteilt mit n = 150 und p = 0,12.

3.2.1 $P(E_1) = P(X = 20) \approx 0,0844$
Die Wahrscheinlichkeit beträgt ca. 8,44 %.

3.2.2 $P(E_2) = P(X \leq 15) \approx 0,271$
Die Wahrscheinlichkeit beträgt ca. 27,1 %.

3.2.3 $P(E_3) = P(X \leq 20) \approx 0,741$
Die Wahrscheinlichkeit beträgt ca. 74,1 %.

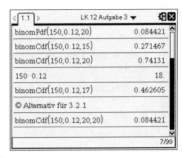

3.2.4 Erwartungswert $E(X) = n \cdot p = 150 \cdot 0,12 = 18$:
$P(X \leq 17) \approx 0,463$
Die Wahrscheinlichkeit, dass weniger als die erwartete Menge defekter Ventile defekt sind, beträgt ca. 46,3 %.

3.3.1 Die Behauptung, die gezeigt werden soll, lautet, dass durchschnittlich weniger als 12 % Ventile defekt sind. Somit ist:
$H_1: p < 0,12$
$H_0: p \geq 0,12$

Kleine Ergebnisse sprechen für H_1, also liegt ein linksseitiger Test vor.

X zählt die Anzahl der defekten Ventile und ist binomialverteilt mit n = 150 und p = 0,12. Das Signifikanzniveau beträgt 5 %.
$P(X \leq k) < 0,05$

Eingeben in das CAS ergibt:
$P(X \leq 10) \approx 0,0234$
$P(X \leq 11) \approx 0,0446$
$P(X \leq 12) \approx 0,0781$

Ablehnungsbereich der Nullhypothese:

$\overline{A} = \{0, 1; \ldots, 11\}$

Entscheidungsregel:
Wenn maximal 11 defekte Ventile gefunden werden, kann auf dem Signifikanzniveau von 5 % von einer Qualitätsverbesserung ausgegangen werden.

3.3.2 Da 8 defekte Ventile weniger sind als 11, muss die Wahrscheinlichkeit kleiner als 0,0446 sein. X ist definiert wie in 3.3.1.
$P(X \leq 8) \approx 0,0048$

Die Irrtumswahrscheinlichkeit beträgt ca. 0,5 %.

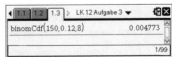

LK 2012-37

3.4 Aus dem Diagramm liest man z. B. an der ersten Säule ab:
$P(X=0) \approx 0{,}35$

$\binom{10}{0} \cdot p^0 \cdot (1-p)^{10} = 0{,}35$

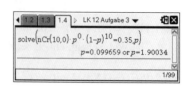

$\Leftrightarrow \quad p_1 \approx 0{,}0997; \quad p_2 \approx 1{,}9003$

p_2 ist keine Wahrscheinlichkeit, also ist
$p \approx 0{,}1$.

Die Techniker werden von einer Fehlerwahrscheinlichkeit von 10 % ausgehen.

3.5.1 Es gibt nur zwei mögliche Ergebnisse: Ein Kunde ruft an oder nicht.
Die Kunden rufen die Serviceabteilung des Unternehmens unabhängig voneinander an, sodass es keine „Stoßzeiten" gibt.
Da jedes Servicegespräch gleich lang kalkuliert wird ($p = \frac{5}{120} = \frac{1}{24}$), liegt eine Kette ($n=30$) von unabhängigen Bernoulli-Experimenten vor.
Somit ist die Zählvariable Y, die angibt, wie viele Kunden zu einem bestimmten Zeitpunkt anrufen, binomialverteilt mit $n = 30$ und $p = \frac{1}{24}$.

3.5.2 Ein Kunde wartet, wenn mehr als zwei Kunden gleichzeitig anrufen, also:
$P(Y>2) = P(Y \geq 3) \approx 0{,}1279$

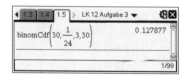

Ein Kunde muss mit einer Wahrscheinlichkeit von ca. 12,8 % warten.

3.5.3 Beide Mitarbeiter können zu anderen Arbeiten herangezogen werden, wenn kein Anruf erfolgt:
$P(Y=0) \approx 0{,}2789$
Mit einer Wahrscheinlichkeit von ca. 27,89 % sind beide Mitarbeiter frei.

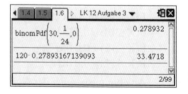

$120 \cdot 0{,}2789 \approx 33{,}47$ [Minuten]
Gleichzeitig nicht mit einem Serviceanruf beansprucht sind die Mitarbeiter für ca. 33 Minuten.

Ein Mitarbeiter ist frei, wenn nur ein Servicegespräch läuft:
$P(Y=1) \approx 0{,}3638$
Mit einer Wahrscheinlichkeit von ca. 36,4 % ist ein Mitarbeiter frei.

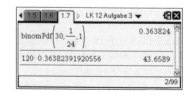

$120 \cdot 0{,}3638 \approx 43{,}66$ [Minuten]
Genau ein Mitarbeiter ist über einen Zeitraum von knapp über 40 Minuten frei.

Dem Controlling muss rechnerisch zugestimmt werden.

Berufliches Gymnasium NRW – Mathematik ohne CAS (Wirtschaft/Verwaltung)
Zentrale Abiturprüfung 2013 Grundkurs – Aufgabe 1: Analysis

Beschreibung der Ausgangssituation (Gesamtpunktzahl 45 Punkte)
Das Unternehmen *BioKosmetiKuss* produziert aus biologisch angebauten Pflanzen ätherische Öle, die in hochwertigen Parfums und Kosmetikprodukten wie Cremes und Lotionen weiter verarbeitet werden.
Allgemein gilt: ME = Mengeneinheiten, GE = Geldeinheiten

Die Forschungsabteilung von *BioKosmetiKuss* hat eine neue Pflegelotion entwickelt. Vor dem Produktionsstart und der Markteinführung analysiert das Unternehmen die Kosten- und Gewinnsituation.

Punkte

1.1 *BioKosmetiKuss* geht bei der Produktion des Prototyps der Pflegelotion von einem ertragsgesetzlichen Kostenverlauf der Form
$K(x) = ax^3 + bx^2 + cx + d$ mit $a, b, c, d \in \mathbb{R}$
aus, wobei x die Produktionsmenge in ME und K(x) die Gesamtkosten in GE angibt.
Es entstehen fixe Kosten in Höhe von 8 000 GE.
Bei einer Produktionsmenge von 10 ME entstehen Gesamtkosten in Höhe von 22 500 GE.
Die variablen Stückkosten bei 5 ME betragen 1 750 GE je ME.
Bei 2 ME belaufen sich die Grenzkosten auf 1 812 GE je ME.
Leiten Sie aus den Angaben ein Gleichungssystem zur Bestimmung der Kostenfunktion her, ohne dieses zu lösen. 8

Gehen Sie im Folgenden von einer Kostenfunktion mit der Funktionsgleichung
$K(x) = x^3 - 75x^2 + 2\,100x + 8\,000$ aus.

1.2 *BioKosmetiKuss* möchte zunächst im Bereich möglichst geringer Grenzkosten produzieren.

1.2.1 Berechnen Sie die Produktionsmenge x_W, bei welcher der zunächst degressive Kostenverlauf in einen progressiven übergeht. 6

1.2.2 Leiten Sie den Preis her, der mindestens erzielt werden muss, damit für die Produktionsmenge x_W Gewinn erzielt wird. 5

1.3 Aufgrund der Konkurrenzsituation muss sich *BioKosmetiKuss* bei der Preisbildung am aktuellen Marktpreis orientieren.

1.3.1 Berechnen Sie die kurzfristige Preisuntergrenze. 6

1.3.2 Deuten Sie Ihr Ergebnis aus 1.3.1 im ökonomischen Zusammenhang. 3

1.4 Die Abbildung zeigt den Graphen der Grenzgewinnfunktion G'.

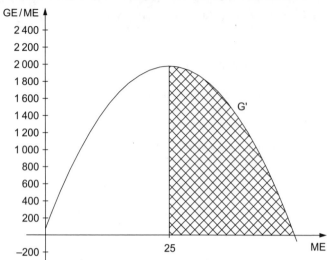

BioKosmetiKuss kalkuliert mit einem Verkaufspreis in Höhe von 2 200 GE je ME.

1.4.1 Zeigen Sie, dass der Grenzgewinn durch die Funktion G' mit $G'(x) = -3x^2 + 150x + 100$ beschrieben werden kann. 4

1.4.2 Bestimmen Sie die Maßzahl der in der Abbildung schraffierten Fläche. 8

1.4.3 Interpretieren Sie die ökonomische Bedeutung der beiden Stellen, welche die schraffierte Fläche begrenzen. 3

1.4.4 Interpretieren Sie das Ergebnis aus 1.4.2 aus ökonomischer Sicht. 2

Tipps und Hinweise

Teilaufgabe 1.1
- Die Grenzkosten werden mit der ersten Ableitung der Kostenfunktion beschrieben.

Teilaufgabe 1.2.1
- Bei einer ertragsgesetzlichen Kostenfunktion geht der Kostenverlauf an der Wendestelle von degressiv zu progressiv über.
- Zu berechnen ist hier nur die Produktionsmenge, also der x-Wert des Wendepunktes.

Teilaufgaben 1.2.2
- Gewinn wird erzielt, wenn der Verkaufspreis über den Stückkosten liegt.
- Für 25 ME sind die Stückkosten zu bestimmen.

Teilaufgabe 1.3.1
- Die kurzfristige Preisuntergrenze ist das Minimum der variablen Stückkostenfunktion.

Teilaufgabe 1.3.2
- Die Fixkosten sind bei der kurzfristigen Preisuntergrenze nicht gedeckt. Überlegen Sie, welche Bedeutung das für das Unternehmen hat.

Teilaufgabe 1.4.1
- Der Verkaufspreis und die Kostenfunktion sind angegeben.
- Ermitteln Sie die Gewinnfunktion auf dem üblichen Weg und vergleichen Sie deren Ableitung mit der gegebenen Funktion.

Teilaufgabe 1.4.2
- Die zweite Nullstelle als obere Grenze des Integrals ist vorher zu berechnen.

Teilaufgabe 1.4.3
- Die gegebene Funktion ist die 1. Ableitung der Gewinnfunktion und deren Funktionswerte beschreiben die Steigung der Gewinnfunktion.
- Was lässt sich über den Graphen der Gewinnfunktion sagen, wenn die 1. Ableitung ein Maximum bzw. eine Nullstelle hat?

Lösung

1.1 Zur Aufstellung des Gleichungssystems werden die variable Stückkostenfunktion k_v und die Grenzkostenfunktion K' benötigt.

$k_v(x) = ax^2 + bx + c$ und $K'(x) = 3ax^2 + 2bx + c$

Vier Gleichungen sind aufzustellen:

K(0) = 8 000	⇔ I		d = 8 000
K(10) = 22 500	II	1 000a + 100b + 10c + d	= 22 500
$k_v(5) = 1 750$	III	25a + 5b + c	= 1 750
K'(2) = 1 812	IV	12a + 4b + c	= 1 812

1.2.1 Zu berechnen ist die Wendestelle:

$K(x) = x^3 - 75x^2 + 2100x + 8000$
$K'(x) = 3x^2 - 150x + 2100$
$K''(x) = 6x - 150$
$K'''(x) = 6$

Hinreichende Bedingung: $K''(x) = 0 \land K'''(x) \neq 0$
$K''(x) = 0 \Leftrightarrow 6x - 150 = 0 \Leftrightarrow x = 25$
$K'''(25) = 6 \neq 0$

⇒ Wendestelle $x_W = 25$

Bei einer Produktionsmenge von 25 ME geht der zunächst degressive Kostenverlauf in einen progressiven über.

1.2.2 Bei 25 ME soll Gewinn erzielt werden, d. h., dass bei 25 ME der Verkaufspreis über den Stückkosten liegen muss.
Berechnung der Stückkosten für 25 ME:

$k(x) = x^2 - 75x + 2100 + \dfrac{8000}{x}$

$k(x_W) = k(25) = 1170$

Bei 25 ME muss der Verkaufspreis über den Stückkosten von 1 170 GE/ME liegen.

1.3.1 Für die kurzfristige Preisuntergrenze ist das Minimum der variablen Stückkostenfunktion zu berechnen:

$k_v(x) = x^2 - 75x + 2100; \quad k_v'(x) = 2x - 75$

$k_v'(x) = 0 \Leftrightarrow 2x - 75 = 0 \Leftrightarrow x = 37,5$

$k_v(x)$ ist eine nach oben geöffnete Parabel, also liegt an der Stelle x = 37,5 eine Minimalstelle vor.

$k_v(37,5) = 693,75$

Die kurzfristige Preisuntergrenze liegt bei 693,75 GE/ME.

1.3.2 Bei der kurzfristigen Preisuntergrenze von 693,75 GE/ME deckt das Unternehmen nur seine variablen Kosten und macht im „optimalen" Fall (Absatz 37,5 ME) einen Verlust in Höhe der Fixkosten. Dies wird als kurzfristig möglich erachtet.

1.4.1 Mithilfe des Verkaufspreises und der Kostenfunktion wird die Gewinnfunktion aufgestellt. Deren Ableitung muss mit der angegebenen Grenzgewinnfunktion übereinstimmen:

$$G(x) = E(x) - K(x)$$
$$= 2\,200x - (x^3 - 75x^2 + 2\,100x + 8\,000)$$
$$= -x^3 + 75x^2 + 100x - 8\,000$$

Die Ableitung der Funktion G ergibt die angegebene Grenzgewinnfunktion:
$$G'(x) = -3x^2 + 150x + 100$$

1.4.2 Zu bestimmen ist die Fläche von $x = 25$ bis zur zweiten Nullstelle von G'.

Berechnung der Nullstelle von G':

$$0 = -3x^2 + 150x + 100$$
$$\Leftrightarrow \quad 0 = x^2 - 50x - \frac{100}{3}$$
$$\Leftrightarrow \quad x_{1,2} = -\frac{-50}{2} \pm \sqrt{\left(\frac{-50}{2}\right)^2 + \frac{100}{3}}$$
$$\Leftrightarrow \quad x_{1,2} \approx 25 \pm 25{,}658$$
$$\Leftrightarrow \quad x_1 \approx 50{,}658$$
$$ x_2 \approx -0{,}658 \notin \mathbb{D}$$

Berechnung der Maßzahl A für die gesuchte Fläche mithilfe des Integrals:

$$A \approx \int_{25}^{50{,}658} G'(x)\,dx = G(50{,}658) - G(25) \approx 59\,533{,}043 - 25\,750 = 33\,783{,}043$$

1.4.3 Bis zu einer Produktion von 25 ME steigt der Gewinn progressiv an, danach nur noch degressiv. (Die Scheitelstelle der Grenzgewinnfunktion entspricht der Wendestelle der Gewinnfunktion.) Bei einer Produktionsmenge von 50,658 ME (Nullstelle der Grenzgewinnfunktion) wird der maximal mögliche Gewinn erzielt, da dort das Maximum der Gewinnfunktion liegt.

1.4.4 Das Integral der Grenzgewinnfunktion in den Grenzen von 25 ME bis 50,658 ME entspricht dem zusätzlichen Gewinn, der erzielt wird, wenn der Absatz von 25 ME auf 50,658 ME erhöht werden kann.

Berufliches Gymnasium NRW – Mathematik ohne CAS (Wirtschaft/Verwaltung)
Zentrale Abiturprüfung 2013 Grundkurs – Aufgabe 2: Stochastik

Aufgabenstellung (Gesamtpunktzahl 45 Punkte)

Punkte

2.1 *BioKosmetiKuss* plant zu Ostern eine Kollektion aus 10 kleinen Flakons (kleinen Fläschchen) verschiedener Parfums in einem Sonderkarton zu verkaufen. Aus diesen Kartons werden bei einer Überprüfung drei Flakons „blind" herausgegriffen und auf Mängel untersucht.
Gehen Sie im Folgenden von einem Karton mit zwei mangelhaften Flakons aus.

2.1.1 Geben Sie ein geeignetes Urnenmodell an, das diese Prüfsituation repräsentiert. 3

2.1.2 Berechnen Sie die Wahrscheinlichkeit, dass alle drei Flakons einwandfrei sind. 2

2.1.3 Berechnen Sie die Wahrscheinlichkeit, dass genau zwei Flakons mangelhaft sind. 3

2.2 Zum Muttertag wird das beliebte Parfum „Mabelle" in einer Sondergröße herausgebracht. Bei dessen Herstellung entsteht 5 % mangelhafte Ware. Die Qualitätskontrolle entnimmt der laufenden Produktion 50 Prüfstücke. Die Zufallsgröße X gibt die Anzahl der mangelhaften Prüfstücke an.

2.2.1 Begründen Sie, warum davon ausgegangen werden kann, dass die Zufallsgröße X binomialverteilt ist. 3

2.2.2 Berechnen Sie den Erwartungswert μ und die Standardabweichung σ der Zufallsgröße X. 2

2.2.3 Bestimmen Sie die Wahrscheinlichkeiten zu den folgenden Ereignissen:
A: Das zwölfte Prüfstück ist mangelhaft.
B: Das zwölfte Prüfstück ist das erste mangelhafte.
C: Genau 3 Prüfstücke sind mangelhaft.
D: Höchstens 3 Prüfstücke sind mangelhaft.
E: Es sind mindestens $\mu - \sigma$, aber höchstens $\mu + \sigma$ Prüfstücke mangelhaft. 9

2.2.4 Leiten Sie den kleinsten Stichprobenumfang her, der entnommen werden müsste, sodass in der Stichprobe mit einer Wahrscheinlichkeit von mehr als 90 % mindestens ein Prüfstück mangelhaft ist. 5

2.3 Die *BioKosmetiKuss* stellt die Creme „Deluxe" her. 16 % dieser Cremes sind zu fest und bei 12 % stimmt die Füllmenge nicht. In 5 % aller Fälle treten beide Fehler gleichzeitig auf.

2.3.1 Berechnen Sie die Wahrscheinlichkeit, dass die Festigkeit stimmt, aber die Füllmenge nicht. 3

2.3.2 Überprüfen Sie die Aussage des Praktikanten: „Die Wahrscheinlichkeit für eine fehlerhafte Creme beträgt insgesamt 28 %." 2

2.3.3 Geben Sie die Wahrscheinlichkeit für eine einwandfreie Creme an. 4

2.3.4 Bestimmen Sie die Wahrscheinlichkeit, dass nur einer der beiden Fehler auftritt. 4

2.4 Die Creme „Deluxe" wird zu 15 Euro pro Dose produziert und zu 25 Euro pro Dose verkauft. Trotz der Qualitätskontrollen gelangt immer wieder fehlerhafte Ware in den Handel. Bei 5 % dieser Ware wird eine fehlerhaft bedruckte Verpackung beanstandet und bei 3 % eine defekte Cremedose. Diese beiden Fehler treten unabhängig voneinander auf.

Wird eine mangelhafte Ware reklamiert, so führt dies zu folgenden Kosten:
Eine fehlerhaft bedruckte Verpackung verursacht zusätzliche Kosten in Höhe von 4 Euro. Eine defekte Dose verursacht zusätzliche Kosten in Höhe von 7 Euro. Treten beide Fehler gemeinsam auf, addieren sich die Kosten.
Ermitteln Sie den durchschnittlich zu erwartenden Deckungsbeitrag pro Dose. 5

Tipps und Hinweise

Teilaufgabe 2.1
- Zu entscheiden ist, ob ein Ziehen mit oder ohne Zurücklegen, mit Beachtung oder ohne Beachtung der Reihenfolge vorliegt.
- Die Rechnungen sind mit der Vorstellung eines Baumdiagramms einfacher.

Teilaufgabe 2.2.1
- Zu prüfen ist, ob der Qualitätskontrolle eine Bernoulli-Kette zugrundeliegt, d. h., es dürfen nur zwei Ergebnisse möglich sein und die Wahrscheinlichkeit bleibt auf jeder Stufe bzw. bei jeder Wiederholung gleich.

Teilaufgabe 2.2.3
- Für die Ereignisse D und E benötigen Sie die Tabelle.

Teilaufgabe 2.2.4
Rechnen Sie mit dem Gegenereignis.

Teilaufgabe 2.3
Beachten Sie die Schnittmenge, wenn Sie die Wahrscheinlichkeiten der Ereignisse addieren oder subtrahieren. Es hilft eine Veranschaulichung mit einem Mengenbild oder mit einem Baumdiagramm.

Teilaufgabe 2.4
Stellen Sie eine Zufallsgröße für die Reklamationskosten auf.
Überlegen Sie, mit welcher Wahrscheinlichkeit die verschiedenen Reklamationskosten anfallen, und berechnen Sie mit dem Erwartungswert die durchschnittlich zu erwartenden Reklamationskosten.

Lösung

2.1.1 Eine Urne ist mit acht weißen (Flakons ohne Mängel) und zwei roten Kugeln (Flakons mit Mängeln) zu füllen. Es wird ohne Zurücklegen und ohne Beachtung der Reihenfolge gezogen, also muss mit $\binom{n}{k}$ gerechnet werden.

2.1.2 $P(\text{alle 3 Flakons einwandfrei}) = \dfrac{\binom{8}{3}}{\binom{10}{3}} = \dfrac{8! \cdot 3! \cdot 7!}{3! \cdot 5! \cdot 10!} = \dfrac{7}{15} \approx 0{,}4667$

Eine Lösung mit einem Baumdiagramm ist einfacher:

$P(\text{alle 3 Flakons einwandfrei}) = \dfrac{8}{10} \cdot \dfrac{7}{9} \cdot \dfrac{6}{8} = \dfrac{7}{15} \approx 0{,}4667$

2.1.3 $P(\text{genau 2 Flakons mangelhaft}) = \dfrac{\binom{8}{1}}{\binom{10}{3}} = \dfrac{8! \cdot 3! \cdot 7!}{1! \cdot 7! \cdot 10!} = \dfrac{1}{15} \approx 0{,}0667$

Eine Lösung mit einem Baumdiagramm ist einfacher:

$P(\text{genau 2 Flakons mangelhaft}) = 3 \cdot \dfrac{8}{10} \cdot \dfrac{2}{9} \cdot \dfrac{1}{8} = \dfrac{1}{15} \approx 0{,}0667$

2.2.1 Es gibt nur zwei mögliche Ergebnisse, nämlich Flakons mit Mängeln und Flakons ohne Mängel. Da die Prüfstücke der laufenden Produktion entnommen werden, ist die Wahrscheinlichkeit bei jeder Entnahme mit p = 0,05 gleich. X ist somit mit n = 50 und p = 0,05 binomialverteilt.

2.2.2 $n = 50$, $p = 0,05$

Erwartungswert:
$E(X) = n \cdot p$
$E(X) = 50 \cdot 0,05 = 2,5$

Standardabweichung:
$\sqrt{Var(X)} = \sqrt{n \cdot p \cdot (1-p)}$
$\sqrt{Var(X)} = \sqrt{50 \cdot 0,05 \cdot 0,95} = \sqrt{2,375} \approx 1,54$

2.2.3 $P(A) = p = 0,05$

$P(B) = 0,95^{11} \cdot 0,05 \approx 0,0284$

$P(C) = \binom{50}{3} \cdot 0,05^3 \cdot 0,95^{47} \approx 0,2199$

Alternativ mit den tabellierten Werten der kumulierten Binomialverteilung:
$P(C) = P(X = 3) = P(X \leq 3) - P(X \leq 2) \approx 0,7604 - 0,5405 = 0,2199$

$P(D) = P(X \leq 3) \approx 0,7604$ (laut Tabelle)

$P(E) = P(2,5 - 1,54 \leq X \leq 2,5 + 1,54) = P(0,96 \leq X \leq 4,04) = P(1 \leq X \leq 4)$
$= P(X \leq 4) - P(X \leq 0) \approx 0,8964 - 0,0769 = 0,8195$ (laut Tabelle)

2.2.4 Gesucht ist der Umfang n der Stichprobe.
Y: Anzahl der fehlerhaften Prüfstücke
Y ist binomialverteilt mit den Parametern n und $p = 0,05$.

Die Wahrscheinlichkeit für mindestens einen mangelhaften Flakon soll mehr als 90 % betragen, also:

$P(Y \geq 1) = 1 - P(Y \leq 0) > 0,90$

$\Leftrightarrow \quad 1 - \binom{n}{0} \cdot 0,05^0 \cdot 0,95^n > 0,90$

$\Leftrightarrow \quad 1 - 0,95^n > 0,90$

$\Leftrightarrow \quad 0,95^n < 0,10$

$\Leftrightarrow \quad \ln 0,95^n < \ln 0,10$

$\Leftrightarrow \quad n > \dfrac{\ln 0,10}{\ln 0,95} \approx 44,89$

Es müssen mindestens 45 Prüfstücke entnommen werden.

2.3 $F :=$ Creme ist zu fest, $M :=$ Füllmenge stimmt nicht

2.3.1 $P(\overline{F} \cap M) = P(M) - P(F \cap M) = 0,12 - 0,05 = 0,07$

2.3.2 Der Praktikant hat nicht recht. In 5 % der Fälle treten beide Fehler auf. Bei der Addition der Wahrscheinlichkeiten ist die Wahrscheinlichkeit der Schnittmenge, also 5 %, von der Summe abzuziehen. Die Wahrscheinlichkeit beträgt also 23 %.

2.3.3 $P(\overline{F} \cap \overline{M}) = 1 - P(F \cup M) = 1 - (P(F) + P(M) - P(F \cap M)) = 1 - 0{,}23 = 0{,}77$

2.3.4 $P(F \cap \overline{M}) = P(F) - P(F \cap M) = 0{,}16 - 0{,}05 = 0{,}11$

$\Rightarrow P(F \cap \overline{M}) + P(\overline{F} \cap M) = 0{,}11 + 0{,}07 = 0{,}18$

Eine Lösung mit einem Baumdiagramm ist weniger formal.

2.4 Die Zufallsgröße Z beschreibt die Kosten der Reklamationen.

Vier Fälle sind zu berücksichtigen:
- 0 Euro Reklamationskosten fallen an, wenn die Creme fehlerfrei in den Handel gelangt.
- 4 Euro Reklamationskosten fallen an, wenn nur die Verpackung fehlerhaft bedruckt ist.
- 7 Euro Reklamationskosten fallen an, wenn die Cremedose defekt ist.
- 11 Euro Reklamationskosten fallen an, wenn beide Fehler gleichzeitig auftreten.

Die Wahrscheinlichkeiten für die verschiedenen Fälle finden sich in der Tabelle:

z_i	0	4	7	11
$P(Z = z_i)$	$0{,}95 \cdot 0{,}97$ $= 0{,}9215$	$0{,}05 \cdot 0{,}97$ $= 0{,}0485$	$0{,}03 \cdot 0{,}95$ $= 0{,}0285$	$0{,}03 \cdot 0{,}05$ $= 0{,}0015$

Der Erwartungswert beschreibt die durchschnittlich zu erwartenden Reklamationskosten.

$E(Z) = 0 \cdot 0{,}9215 + 4 \cdot 0{,}0485 + 7 \cdot 0{,}0285 + 11 \cdot 0{,}0015 = 0{,}41$

Der durchschnittlich zu erwartende Deckungsbeitrag db ergibt sich aus dem Erlös abzüglich der Produktionskosten und der Reklamationskosten:
db = 25 − 15 − 0,41 = 9,59

Somit kann ein durchschnittlicher Deckungsbeitrag von 9,59 Euro erwartet werden.

Berufliches Gymnasium NRW – Mathematik ohne CAS (Wirtschaft/Verwaltung)
Zentrale Abiturprüfung 2013 Grundkurs – Aufgabe 3: Lineare Algebra

Beschreibung der Ausgangssituation (Gesamtpunktzahl 45 Punkte)
BioKosmetiKuss stellt in einem zweistufigen Produktionsprozess aus pflanzlichen Rohstoffen (R1, R2 und R3) Zwischenprodukte (Z1, Z2 und Z3) und aus diesen wiederum verschiedene Parfums (E1, E2 und E3) her.
Die folgenden Matrizen geben die benötigten pflanzlichen Rohstoffe je Zwischenprodukt bzw. Zwischenprodukte je Endprodukt (Parfum) in ME an.

$$A_{RZ} = \begin{pmatrix} 1 & 2 & 1 \\ 1 & a & 3 \\ 4 & 1 & b \end{pmatrix}, \quad B_{ZE} = \begin{pmatrix} 1 & 2 & 1 \\ 2 & 3 & 3 \\ 2 & 3 & c \end{pmatrix}, \quad a, b, c \geq 0$$

Für die Rohstoff-Endproduktmatrix gilt in der aktuellen Produktionsperiode:

$$C_{RE} = \begin{pmatrix} 7 & 11 & 7 \\ 15 & 23 & 13 \\ 10 & 17 & 7 \end{pmatrix}$$

	Punkte
3.1 Bei der Produktion der Zwischenprodukte und der Parfums treten produktionsbedingte Parameter a, b und c auf, die in den einzelnen Produktionsperioden variieren können.	
3.1.1 Berechnen Sie die Werte für a, b und c für die aktuelle Produktionsperiode.	5
3.1.2 Deuten Sie Ihre Ergebnisse aus 3.1.1 im Sachzusammenhang.	3
3.1.3 Stellen Sie die betriebliche Materialverflechtung in Form eines Gozintographen (Verflechtungsdiagramm) dar.	5

Im Folgenden seien $a = 4$, $b = 2$ und $c = 0$.

3.2 Am Ende der Produktionsperiode sind nur noch geringe Mengen der Zwischenprodukte im Lager vorhanden und die Produktionsleitung muss entscheiden, ob noch Aufträge für Parfums angenommen werden können.

3.2.1 Begründen Sie, dass die Inverse der Zwischenprodukt-Endproduktmatrix B_{ZE} existiert. **6**

3.2.2 Entscheiden Sie, welche der beiden Matrizen

$$B_1^{-1} = \begin{pmatrix} -3 & 2 & 0 \\ 1 & -\tfrac{2}{3} & \tfrac{1}{3} \\ 1 & -\tfrac{1}{3} & -\tfrac{1}{3} \end{pmatrix} \quad \text{und} \quad B_2^{-1} = \begin{pmatrix} -3 & 1 & 1 \\ 2 & -\tfrac{2}{3} & -\tfrac{1}{3} \\ 0 & \tfrac{1}{3} & -\tfrac{1}{3} \end{pmatrix}$$

die Inverse B_{ZE}^{-1} der Zwischenprodukt-Endproduktmatrix B_{ZE} ist. **4**

3.2.3 Von den Zwischenprodukten befinden sich 270 ME von Z1, 600 ME von Z2 und 240 ME von Z3 auf Lager.
Berechnen Sie mit der Hilfe der inversen Matrix B_{ZE}^{-1}, wie viele ME der Parfums E1, E2 und E3 aus dem vorhandenen Lagerbestand hergestellt werden können.

3.2.4 Nehmen Sie zu der Behauptung Stellung, dass mithilfe der Matrix B_{ZE}^{-1} zu jedem gegebenen Zwischenproduktvektor $\vec{z} = (z_1 \ z_2 \ z_3)^T$ ein Endproduktvektor $\vec{x} = (x_1 \ x_2 \ x_3)^T$ als Lösung der Gleichung $B_{ZE} \cdot \vec{x} = \vec{z}$ gefunden werden kann, dass also jede Zwischenproduktkombination vollständig zu Endprodukten verarbeitet werden kann.

3.3 Folgende Kosten fallen an:

Kosten der pflanzlichen Rohstoffe in GE/ME			Fertigungskosten der Zwischenprodukte in GE/ME			Fertigungskosten der Endprodukte (Parfums) in GE/ME		
R1	R2	R3	Z1	Z2	Z3	E1	E2	E3
4,5	2,8	3,2	8,5	5	6,5	3	2,5	4

Die fixen Kosten einer Wochenproduktion betragen 5 000 GE.

3.3.1 Bestimmen Sie die variablen Kosten je ME der Parfums E1, E2 und E3.

3.3.2 Aus produktionstechnischen Gründen werden die Parfums E1, E2 und E3 im Verhältnis 1 : 2 : 4 hergestellt.
Ermitteln Sie, wie viele ME der Parfums E1, E2 und E3 produziert werden, wenn die Gesamtkosten 47 232 GE pro Woche betragen.

Tipps und Hinweise

Teilaufgabe 3.1.1

*Mithilfe der Gleichung zur Berechnung der Rohstoff-Endproduktmatrix lassen sich Gleichungen zur Berechnung der gesuchten Variablen aufstellen.

Teilaufgabe 3.1.2

*Überlegen Sie, welche Bedeutung die Zeilen und Spalten in der jeweiligen Matrix haben.

Teilaufgabe 3.2.1

*Eine Inverse zu einer Matrix existiert, wenn die Matrix quadratisch ist und die Matrix maximalen Rang hat, der Rang der Matrix also gleich der Zeilenanzahl ist. Dies ist bei B_{ZE} zu prüfen.

Teilaufgabe 3.2.2

*Die angegebenen Matrizen sind mit B_{ZE} zu multiplizieren. Ist das Ergebnis die Einheitsmatrix, muss aufgrund der Eindeutigkeit der Inversen die multiplizierte Matrix die Inverse sein.

Teilaufgabe 3.2.3

*Hilfreich ist, zuerst die Gleichung zur Berechnung der benötigten Zwischenprodukte aufzustellen. Diese Gleichung ist dann mithilfe der Inversen nach dem Mengenvektor umzustellen.

Teilaufgabe 3.2.4

*Rechnen Sie ein Beispiel, bei dem $z_1 = z_2 = z_3$ ist, z. B. 1 oder 10.

*Beachten Sie, dass keine negativen ME produziert werden können. Schauen Sie vor diesem Hintergrund auf die Koeffizienten der Inversen.

Teilaufgabe 3.3.1

*Berechnen Sie die Rohstoffkosten und die Fertigungskosten für die Zwischenprodukte.

Teilaufgabe 3.3.2

*Stellen Sie den Mengenvektor in dem entsprechendem Verhältnis auf, x für x_1, 2x für x_2 etc. Die aufzustellende Gleichung zur Bestimmung der Kosten enthält dann nur noch eine Variable.

Lösung

3.1.1 Es gilt die Gleichung:
$$\begin{pmatrix} 1 & 2 & 1 \\ 1 & a & 3 \\ 4 & 1 & b \end{pmatrix} \cdot \begin{pmatrix} 1 & 2 & 1 \\ 2 & 3 & 3 \\ 2 & 3 & c \end{pmatrix} = \begin{pmatrix} 7 & 11 & 7 \\ 15 & 23 & 13 \\ 10 & 17 & 7 \end{pmatrix}$$

Zur Bestimmung von a, b und c ergeben sich dann folgende Gleichungen:

$(1 \ a \ 3) \cdot \begin{pmatrix} 1 \\ 2 \\ 2 \end{pmatrix} = 15 \quad \Leftrightarrow \quad 1 + 2a + 6 = 15 \quad \Leftrightarrow \quad a = 4$

$(4 \ 1 \ b) \cdot \begin{pmatrix} 1 \\ 2 \\ 2 \end{pmatrix} = 10 \quad \Leftrightarrow \quad 4 + 2 + 2b = 10 \quad \Leftrightarrow \quad b = 2$

$(1 \ 2 \ 1) \cdot \begin{pmatrix} 1 \\ 3 \\ c \end{pmatrix} = 7 \quad \Leftrightarrow \quad 1 + 6 + c = 7 \quad \Leftrightarrow \quad c = 0$

3.1.2 Für eine ME des Zwischenproduktes Z2 werden 4 ME des pflanzlichen Rohstoffs R2 benötigt.

Für eine ME des Zwischenproduktes Z3 werden 2 ME des pflanzlichen Rohstoffs R3 benötigt.

Für eine ME des Endproduktes E3 wird keine ME des Zwischenproduktes Z3 verbraucht.

3.1.3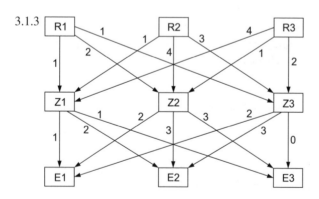

3.2.1 Eine Inverse Matrix existiert, falls B_{ZE} eine quadratische Matrix mit maximalem Rang ist.

Da B_{ZE} eine 3×3-Matrix ist, ist B_{ZE} eine quadratische Matrix.

Der maximale Rang von B_{ZE} ist drei. Um dies zu zeigen, ist die Matrix in die obere Dreiecksform zu bringen:

$$\begin{pmatrix} 1 & 2 & 1 \\ 2 & 3 & 3 \\ 2 & 3 & 0 \end{pmatrix} \quad \begin{matrix} \text{II} + (-2) \cdot \text{I} \\ \text{III} + (-2) \cdot \text{I} \end{matrix}$$

$$\Leftrightarrow \begin{pmatrix} 1 & 2 & 1 \\ 0 & -1 & 1 \\ 0 & -1 & -2 \end{pmatrix} \quad \text{III} + (-1) \cdot \text{II}$$

$$\Leftrightarrow \begin{pmatrix} 1 & 2 & 1 \\ 0 & -1 & 1 \\ 0 & 0 & -3 \end{pmatrix}$$

Der Rang von B_{ZE} ist 3 und entspricht dem maximal möglichen Rang. Es existiert somit die Inverse der Matrix B_{ZE}.

3.2.2 Beide Matrizen sind mit B_{ZE} zu multiplizieren. Die Matrix, die mit B_{ZE} multipliziert die Einheitsmatrix ergibt, ist die gesuchte Matrix.

$$B_1^{-1} \cdot B_{ZE} = \begin{pmatrix} 1 & 0 & 3 \\ \ldots & \ldots & \ldots \\ \ldots & \ldots & \ldots \end{pmatrix}, \quad B_2^{-1} \cdot B_{ZE} = \begin{pmatrix} 1 & 0 & 0 \\ 0 & 1 & 0 \\ 0 & 0 & 1 \end{pmatrix}$$

Daher ist:

$$B_{ZE}^{-1} = B_2^{-1} = \begin{pmatrix} -3 & 1 & 1 \\ 2 & -\frac{2}{3} & -\frac{1}{3} \\ 0 & \frac{1}{3} & -\frac{1}{3} \end{pmatrix}$$

3.2.3 Gesucht ist der Produktionsvektor $\begin{pmatrix} x_1 \\ x_2 \\ x_3 \end{pmatrix}$ mit $B_{ZE} \cdot \begin{pmatrix} x_1 \\ x_2 \\ x_3 \end{pmatrix} = \begin{pmatrix} 270 \\ 600 \\ 240 \end{pmatrix}$.

$$B_{ZE}^{-1} \cdot B_{ZE} \cdot \begin{pmatrix} x_1 \\ x_2 \\ x_3 \end{pmatrix} = B_{ZE}^{-1} \cdot \begin{pmatrix} 270 \\ 600 \\ 240 \end{pmatrix} \quad \Big| \begin{matrix} \text{Beide Seiten der Gleichung werden} \\ \text{von links mit } B_{ZE}^{-1} \text{ multipliziert.} \end{matrix}$$

$$\Leftrightarrow \begin{pmatrix} x_1 \\ x_2 \\ x_3 \end{pmatrix} = B_{ZE}^{-1} \cdot \begin{pmatrix} 270 \\ 600 \\ 240 \end{pmatrix}$$

$$\Leftrightarrow \begin{pmatrix} x_1 \\ x_2 \\ x_3 \end{pmatrix} = \begin{pmatrix} 30 \\ 60 \\ 120 \end{pmatrix}$$

Aus dem vorhandenen Lagerbestand an Zwischenprodukten können 30 ME von E1, 60 ME von E2 und 120 ME von E3 hergestellt werden.

3.2.4 Wegen $B_{ZE}^{-1} \cdot B_{ZE} \cdot \vec{x} = B_{ZE}^{-1} \cdot \vec{z} \Leftrightarrow \vec{x} = B_{ZE}^{-1} \cdot \vec{z}$ gibt es zu jedem Zwischenproduktvektor $\vec{z}$ einen Lösungsvektor $\vec{x}$.

Da B_{ZE}^{-1} aber negative und nicht ganzzahlige Einträge enthält, werden beispielsweise für den Vektor $\vec{z} = \begin{pmatrix} 1 \\ 1 \\ 1 \end{pmatrix}$ mit $\vec{x} = B_{ZE}^{-1} \cdot \vec{z}$ die Einträge in $\vec{x} = \begin{pmatrix} -1 \\ 1 \\ 0 \end{pmatrix}$ negativ

(die Werte können bei einem anderen Vektor $\vec{z}$ auch nicht ganzzahlig werden). Im Beispiel enthält der Vektor $\vec{x}$ negative Mengeneinheiten, was im Sachzusammenhang nicht möglich ist. Daher trifft die Behauptung nicht zu.

3.3.1 Rohstoffkosten:

$$(4{,}5 \quad 2{,}8 \quad 3{,}2) \cdot \begin{pmatrix} 7 & 11 & 7 \\ 15 & 23 & 13 \\ 10 & 17 & 7 \end{pmatrix} = (105{,}5 \quad 168{,}3 \quad 90{,}3)$$

Fertigungskosten Zwischenprodukte:

$$(8{,}5 \quad 5 \quad 6{,}5) \cdot \begin{pmatrix} 1 & 2 & 1 \\ 2 & 3 & 3 \\ 2 & 3 & 0 \end{pmatrix} = (31{,}5 \quad 51{,}5 \quad 23{,}5)$$

Variable Kosten der Endprodukte:

$(105{,}5 \quad 168{,}3 \quad 90{,}3) + (31{,}5 \quad 51{,}5 \quad 23{,}5) + (3 \quad 2{,}5 \quad 4) = (140 \quad 222{,}3 \quad 117{,}8)$

Die variablen Kosten für eine ME von E1 betragen 140 GE, für eine ME von E2 222,3 GE und für eine ME von E3 117,8 GE.

3.3.2 Der Mengenvektor von E1 bis E3 lautet entsprechend dem angegebenen Verhältnis:

$$\begin{pmatrix} x \\ 2x \\ 4x \end{pmatrix}$$

Daher ist die Gleichung zu lösen:

$$(140 \quad 222{,}3 \quad 117{,}8) \cdot \begin{pmatrix} x \\ 2x \\ 4x \end{pmatrix} + 5\,000 = 47\,232$$

$\Leftrightarrow \quad 140x + 444{,}6x + 471{,}2x + 5\,000 = 47\,232$

$\Leftrightarrow \quad\quad\quad\quad\quad\quad\quad\quad x = 40$

Es werden 40 ME von E1, 80 ME von E2 und 160 ME von E3 hergestellt.

Berufliches Gymnasium NRW – Mathematik mit CAS (Wirtschaft/Verwaltung)
Zentrale Abiturprüfung 2013 Grundkurs – Aufgabe 1: Lineare Algebra

Beschreibung der Ausgangssituation (Gesamtpunktzahl 45 Punkte)
Die *Hennberg AG* produziert Basislacke für Autos und vertreibt diese an mehrere Automobilhersteller. Ihr Sortiment reicht dabei von preisgünstigen bis hochwertigen Basislacken. Die Automobilhersteller mischen abschließend ihre firmenspezifischen Farbpigmente dazu, um ihre individuellen Autofarblacke zu erhalten.

Insgesamt gilt: ME = Mengeneinheiten, GE = Geldeinheiten

Bei dem zweistufigen Produktionsprozess zur Herstellung der Basislacke werden aus fünf Rohstoffen (R1 bis R5) zunächst vier Grundsubstanzen (G1 bis G4) hergestellt. Aus den Grundsubstanzen werden dann vier Basislacke (B1 bis B4) gemischt.

Folgende Tabellen stellen den jeweiligen Materialbedarf in ME dar:

	B1	B2	B3	B4
G1	3	1	0	2
G2	2	1	3	1
G3	2	2	1	1
G4	1	3	2	1

	B1	B2	B3	B4
R1	13	8	11	7
R2	10	8	9	5
R3	11	8	6	7
R4	19	17	8	12
R5	11	10	13	7

Punkte

1.1 Berechnen Sie die Matrix, die angibt, wie viele ME der jeweiligen Rohstoffe in je 1 ME der Grundsubstanzen eingehen. 4

1.2 Im Monat April lauten die Produktionszahlen der Basislacke wie folgt:

	B1	B2	B3	B4
ME	3 520	2 800	4 100	5 220

Die Gesamtkosten der Monatsproduktion betragen 90 120 GE.

1.2.1 Berechnen Sie die für den Monat April benötigten Rohstoffmengen. 5

1.2.2 Die Verkaufspreise betragen 6 GE pro ME für B1 und 10 GE pro ME für B3. Aufgrund der besseren Qualität soll der Verkaufspreis von B4 doppelt so hoch wie der von B2 sein.
Ermitteln Sie die Verkaufspreise für B2 und B4, damit das Unternehmen einen Gewinn von 38 200 GE erzielt. 6

1.3 Im Mai stehen die hergestellten Mengen der Basislacke B1, B2, B3 und B4 im Verhältnis 3 : 2 : 4 : 2. Vom Rohstoff R2 sind 142 600 ME und von R4 sind 233 730 ME vorrätig. Von R1, R3 und R5 stehen genügend ME zur Verfügung.
Ermitteln Sie die maximalen Herstellungsmengen der Basislacke B1 bis B4, den Bedarf der Rohstoffe R1, R3 und R5 sowie mögliche Restbestände von R2 oder R4. 8

1.4 Für Juni liegen folgende Lagerbestände an Rohstoffen vor:

	R1	R2	R3	R4	R5
ME	29 500	23 980	24 220	42 130	29 060

1.4.1 Beurteilen Sie, ob bei der Produktion der Basislacke B1 bis B4 die Lagerbestände der Rohstoffe vollständig aufgebraucht werden können. 5

1.4.2 Die Rohstoffe R1 bis R4 sind nur begrenzt haltbar. Daher sollen sie bei der Produktion im Juni vollständig verbraucht werden.
Bestimmen Sie die Herstellungsmengen von B1 bis B4 und den zusätzlichen Bedarf bzw. den Restbestand des Rohstoffs R5. 8

1.5 Die *Hennberg AG* produziert ihre Basislacke an vier Standorten (ST1 bis ST4) und transportiert diese zu vier Automobilherstellern (A1 bis A4).

Die folgende Tabelle gibt die pro Produktionstag transportierten ME der Basislacke von den Produktionsstandorten zu den Automobilherstellern wieder.

	A1	A2	A3	A4
ST1	30	75	45	105
ST2	60	10	90	45
ST3	120	60	30	75
ST4	45	30	120	90

1.5.1 Berechnen Sie die Gesamtanzahl der produzierten und transportierten ME je Standort je Produktionstag. 4

1.5.2 An den einzelnen Standorten werden aufgrund von Feiertagen und aus betrieblichen Gründen die Basislacke nur an bestimmten Tagen produziert und ausgeliefert. Die folgende Tabelle gibt die Anzahl der Tage im Juli an, an denen jeweils produziert und ausgeliefert wurde.

	ST1	ST2	ST3	ST4
Tage	18	15	20	22

Ermitteln Sie die Gesamtzahl der im Juli gelieferten ME zu den einzelnen Automobilherstellern. 5

Tipps und Hinweise

Teilaufgabe 1.1

Stellen Sie zuerst eine Gleichung auf, um die Rohstoff-Basislack-Matrix zu bestimmen. Diese Gleichung ist dann mithilfe der Inversen umzustellen.

Teilaufgabe 1.2.1

Da die Produktionszahlen der Basislacke angegeben sind und die Rohstoffe gesucht sind, benötigen Sie die Matrix, die den Rohstoffbedarf für die Basislacke angibt.

Teilaufgabe 1.2.2

Stellen Sie zuerst den Zeilenvektor mit den Verkaufspreisen auf. Benutzen Sie zur Beschreibung der Verkaufspreise von B2 und B4 nur eine Variable und beachten Sie die unter 1.2 angegebenen Gesamtkosten.

Teilaufgabe 1.3

Drücken Sie das Verhältnis der Mengen in einem Spaltenvektor aus.

Die vorrätigen Mengen an Rohstoffen R2 und R4 beschränken die Herstellungsmengen. Berechnen Sie also zuerst, wie viele ME mit den Vorräten hergestellt werden können. Der kleinere Wert beschränkt dann die gesamten Herstellungsmengen.

Teilaufgabe 1.4.1

Die erweiterte Koeffizientenmatrix des aufgestellten Gleichungssystems ist in die Diagonalform zu bringen und auf Lösbarkeit zu untersuchen.

Teilaufgabe 1.4.2

Lassen Sie die letzte Zeile der Rohstoff-Basislack-Matrix weg.

Teilaufgabe 1.5.1

Überlegen Sie, welche Bedeutung die Zeilen- und Spaltensummen haben.

Teilaufgabe 1.5.2

Der Vektor mit den Produktionstagen ist so mit der Transportmatrix zu multiplizieren, dass die jeweiligen Produktionstage zu den Standorten passen.

Sie müssen entscheiden, ob dieser Vektor als Zeilenvektor von links oder als Spaltenvektor von rechts an die Transportmatrix zu multiplizieren ist.

Lösung

1.1 A_{RG} ist die gesuchte Matrix, die den Rohstoffbedarf pro Grundsubstanz angibt.

$$B_{GB} = \begin{pmatrix} 3 & 1 & 0 & 2 \\ 2 & 1 & 3 & 1 \\ 2 & 2 & 1 & 1 \\ 1 & 3 & 2 & 1 \end{pmatrix}$$

$$C_{RB} = \begin{pmatrix} 13 & 8 & 11 & 7 \\ 10 & 8 & 9 & 5 \\ 11 & 8 & 6 & 7 \\ 19 & 17 & 8 & 12 \\ 11 & 10 & 13 & 7 \end{pmatrix}$$

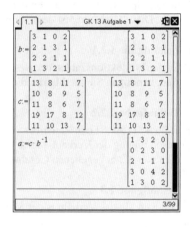

Folgende Matrizengleichung ist mithilfe der Inversen zu lösen:

$$A_{RG} \cdot B_{GB} = C_{RB} \iff A_{RG} = C_{RB} \cdot B_{GB}^{-1}$$

$$A_{RG} = \begin{pmatrix} 1 & 3 & 2 & 0 \\ 0 & 2 & 3 & 0 \\ 2 & 1 & 1 & 1 \\ 3 & 0 & 4 & 2 \\ 1 & 3 & 0 & 2 \end{pmatrix}$$

1.2.1 Die benötigten Rohstoffmengen berechnen sich aus:

$$C_{RB} \cdot \begin{pmatrix} 3520 \\ 2800 \\ 4100 \\ 5220 \end{pmatrix} = \begin{pmatrix} 149\,800 \\ 120\,600 \\ 122\,260 \\ 209\,920 \\ 156\,560 \end{pmatrix}$$

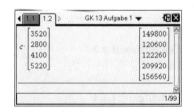

Es werden für den Monat April 149 800 ME von R1, 120 600 ME von R2, 122 260 ME von R3, 209 920 ME von R4 und 156 560 ME von R5 benötigt.

1.2.2 Sei x der Preis für B2, dann ist 2x der Preis für B4. Somit ergibt sich folgende Gleichung, wenn die Gesamtkosten von 90 120 GE berücksichtigt werden:

$$(6 \quad x \quad 10 \quad 2x) \cdot \begin{pmatrix} 3520 \\ 2800 \\ 4100 \\ 5220 \end{pmatrix} - 90\,120 = 38\,200$$

$$\iff x = 5$$

Der Verkaufspreis beträgt 5 GE für eine ME von B2 und 10 GE für eine ME von B4.

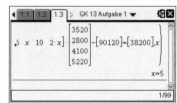

1.3 Berechnung der benötigten Herstellungsmengen zum vorgegebenen Verhältnis:

$$C_{RB} \cdot \begin{pmatrix} 3x \\ 2x \\ 4x \\ 2x \end{pmatrix} = \begin{pmatrix} 113x \\ 92x \\ 87x \\ 147x \\ 119x \end{pmatrix}$$

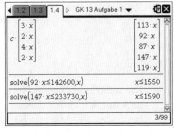

Mit den vorhandenen Lagerbeständen wird der größtmögliche Wert für x bestimmt:
R2: $92x \leq 142\,600 \Leftrightarrow x \leq 1550$
R4: $147x \leq 233\,730 \Leftrightarrow x \leq 1590$

Da beim kleineren Wert (x = 1 550) R2 vollständig aufgebraucht wird, ist dieser Wert zu nehmen.

Als Restbestand von R4 ergibt sich
$233\,730 - 147 \cdot 1\,550 = 5\,880$,
also Restbestand R4 gleich 5 880 ME.

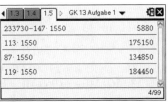

Der Bedarf von R1, R3 und R5 in ME:
R1: $113 \cdot 1\,550 = 175\,150$
R3: $87 \cdot 1\,550 = 134\,850$
R5: $119 \cdot 1\,550 = 184\,450$

Für x = 1 550 betragen die maximalen Herstellungsmengen von B1 bis B4 in ME:
B1: $3 \cdot 1\,550 = 4\,650$
B2: $2 \cdot 1\,550 = 3\,100$
B3: $4 \cdot 1\,550 = 6\,200$
B4: $2 \cdot 1\,550 = 3\,100$

1.4.1 Bei gegebenen Rohstoffmengen sind mithilfe von C_{RB} die möglichen ME der Basislacke B1 bis B4 mit folgender Gleichung zu bestimmen:

$$C_{RB} \cdot \begin{pmatrix} b_1 \\ b_2 \\ b_3 \\ b_4 \end{pmatrix} = \begin{pmatrix} 29\,500 \\ 23\,980 \\ 24\,220 \\ 42\,130 \\ 29\,060 \end{pmatrix}$$

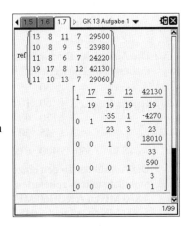

Die obere Dreiecksform der dazugehörigen erweiterten Koeffizientenmatrix ergibt, dass die Gleichung bzw. das Gleichungssystem nicht lösbar ist.

Somit können die vorhandenen Lagerbestände nicht vollständig aufgebraucht werden.

1.4.2 R5 ist für die Bestimmung der Herstellungsmengen nicht mehr erforderlich, daher werden die untere Zeile von C_{RB} und die vorhanden Lagerbestände von R5 weggelassen. Die folgende Matrizengleichung ist zu lösen:

$$\begin{pmatrix} 13 & 8 & 11 & 7 \\ 10 & 8 & 9 & 5 \\ 11 & 8 & 6 & 7 \\ 19 & 17 & 8 & 12 \end{pmatrix} \cdot \begin{pmatrix} b_1 \\ b_2 \\ b_3 \\ b_4 \end{pmatrix} = \begin{pmatrix} 29\,500 \\ 23\,980 \\ 24\,220 \\ 42\,130 \end{pmatrix}$$

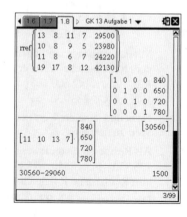

Die reduzierte Diagonalform ergibt, dass mit den vorhandenen Lagerbeständen 840 ME von B1, 650 ME von B2, 720 ME von B3 und 780 ME von B4 produziert werden können.

Der Bedarf an Rohstoff R5:

$$(11 \quad 10 \quad 13 \quad 7) \cdot \begin{pmatrix} 840 \\ 650 \\ 720 \\ 780 \end{pmatrix} = 30\,560$$

Da von R5 nur 29 060 ME vorhanden sind, entsteht ein Bedarf von 30 560 ME − 29 060 ME = 1 500 ME an Rohstoff R5.

1.5.1 Um die Gesamtzahl der produzierten und transportierten ME je Standort zu bestimmen, sind die Elemente der Zeilen der Transportmatrix zu addieren:

$$\begin{pmatrix} 30 & 75 & 45 & 105 \\ 60 & 10 & 90 & 45 \\ 120 & 60 & 30 & 75 \\ 45 & 30 & 120 & 90 \end{pmatrix} \cdot \begin{pmatrix} 1 \\ 1 \\ 1 \\ 1 \end{pmatrix} = \begin{pmatrix} 255 \\ 205 \\ 285 \\ 285 \end{pmatrix}$$

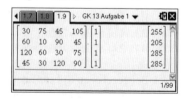

Die Gesamtanzahl der produzierten und transportierten ME in den einzelnen Standorten je Produktionstag beträgt:
255 ME in ST1, 205 ME in ST2, 285 ME in ST3 und 285 ME in ST4

1.5.2 Die Anzahl der Produktionstage der einzelnen Standorte ist mit den pro Tag produzierten und ausgelieferten ME an den einzelnen Standorten zu multiplizieren:

$$(18 \quad 15 \quad 20 \quad 22) \cdot \begin{pmatrix} 30 & 75 & 45 & 105 \\ 60 & 10 & 90 & 45 \\ 120 & 60 & 30 & 75 \\ 45 & 30 & 120 & 90 \end{pmatrix}$$
$$= (4\,830 \quad 3\,360 \quad 5\,400 \quad 6\,045)$$

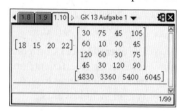

Die Anzahl der zu den einzelnen Automobilherstellern gelieferten ME beträgt:
4 830 ME zu A1, 3 360 ME zu A2,
5 400 ME zu A3 und 6 045 ME zu A4

Berufliches Gymnasium NRW – Mathematik mit CAS (Wirtschaft/Verwaltung)
Zentrale Abiturprüfung 2013 Grundkurs – Aufgabe 2: Analysis

Beschreibung der Ausgangssituation (Gesamtpunktzahl 45 Punkte)
Am Markt für Autolacke gilt folgende Angebotsfunktion
$p_A(x) = -0,25x^2 + 4x$ mit $x \in [0; 5]$.
x gibt die Stückzahl in Mengeneinheiten (ME) an, $p_A(x)$ den Preis in Geldeinheiten pro Mengeneinheit (GE/ME).

Punkte

2.1 Über das Nachfrageverhalten sind folgende Daten bekannt:
Bei einem Stückpreis von 22 GE/ME wird 1 ME nachgefragt. Wird dieser Preis um 12 GE/ME gesenkt, erhöht sich die Nachfrage um 2 ME. Die Sättigungsmenge liegt bei 5 ME und die Nachfrager würden das Produkt ab einem Preis von 30 GE/ME nicht mehr kaufen.
Bei der Nachfragefunktion wird von einer Funktionsgleichung der Form
$p_N(x) = ax^3 + bx^2 + cx + d$ mit a, b, c, d $\in \mathbb{R}$
ausgegangen.
Bestimmen Sie die Funktionsgleichung der Nachfragefunktion p_N und deren ökonomischen Definitionsbereich. 6

2.2 Im Folgenden soll von der Nachfragefunktion
$p_N(x) = -\frac{1}{12}x^3 + x^2 - \frac{107}{12}x + 30$ mit $x \in [0; 5]$
ausgegangen werden.

2.2.1 Skizzieren Sie die Funktionsgraphen der Nachfragefunktion p_N und der Angebotsfunktion p_A in ihrem ökonomisch relevanten Bereich in Anlage 1. 5

2.2.2 Prüfen Sie, ob die Nachfragefunktion p_N in ihrem Definitionsbereich streng monoton fallend ist. 4

2.2.3 Erläutern Sie im ökonomischen Zusammenhang, warum Nachfragefunktionen in der Regel streng monoton fallend sind. 3

2.3 Im Folgenden sollen die Produzentenrente und die Konsumentenrente untersucht werden.

2.3.1 Zeigen Sie, dass der Gleichgewichtspreis bei ca. 9,831 GE/ME liegt. 4

2.3.2 Berechnen Sie die Konsumenten- und Produzentenrente. 6

2.3.3 Erklären Sie die ökonomische Bedeutung der Produzenten- und Konsumentenrente. 4

2.4 Aufgrund geringerer Rohstoffkosten senken alle Autolackhersteller ihre Preise um 20 %.
Untersuchen Sie die Auswirkungen der neuen Angebotsfunktion $p_A^*(x)$ auf das Marktgleichgewicht.

2.5 Die *Hennberg AG* verkauft Pflegemittel für Autolacke. Die Pflegemittel werden in Mengen zu 500 cm³ in Schachteln verpackt.

Das Unternehmen bekommt ein günstiges Angebot an Kartonstücken von 30 cm Länge und 20 cm Breite (siehe Abbildung). Die Schachtel zur Verpackung des Pflegemittels soll durch Herausschneiden der grau schattierten Flächen und Falten an den gestrichelten Linien hergestellt werden. Kleberänder brauchen nicht berücksichtigt zu werden.

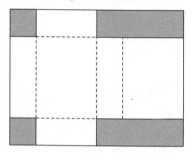

Überprüfen Sie, ob aus den Kartonstücken Schachteln mit 500 cm³ Inhalt hergestellt werden können.

Anlage 1: Koordinatensystem für Aufgabe 2.2.1

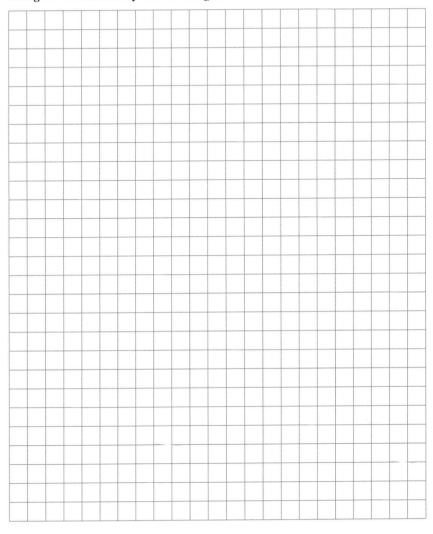

Tipps und Hinweise

Teilaufgabe 2.1
- Die Bedingungen sind in ein Gleichungssystem zu überführen. Die Lösung des Gleichungssystems ergibt dann die Koeffizienten der Nachfragefunktion.
- Der Definitionsbereich lässt sich aus den Bedingungen erschließen.

Teilaufgabe 2.2.1
- Beachten Sie beim Skizzieren den Definitionsbereich.

Teilaufgabe 2.2.2
- Eine Funktion ist streng monoton fallend, wenn die Werte der 1. Ableitung negativ sind.

Teilaufgabe 2.2.3
- Überlegen Sie den Zusammenhang zwischen Höhe des Preises und der Nachfrage.

Teilaufgabe 2.3.1
- Der Gleichgewichtspreis ist der y-Wert des Schnittpunktes von Angebots- und Nachfragefunktion.

Teilaufgabe 2.3.2
- Die Konsumentenrente ist die Fläche zwischen dem Graphen der Nachfragefunktion und der zur x-Achse parallelen Geraden durch den Gleichgewichtspreis.
- Die Produzentenrente ist die Fläche zwischen der zur x-Achse parallelen Geraden durch den Gleichgewichtspreis und dem Graphen der Angebotsfunktion.

Teilaufgabe 2.4
- Der neue Preis der Anbieter beträgt jeweils 80 % des alten Preises.
- Die Funktionswerte der Angebotsfunktion geben jeweils die Preise wieder.

Teilaufgabe 2.5
- Zuerst gilt es eine Funktion aufzustellen, die das Volumen in Abhängigkeit von der Höhe (als x-Wert festzulegen) beschreibt (Zielfunktion). Dann kann das Maximum dieser Funktion berechnet werden.
- Es reicht aber auch zu überprüfen, ob die Funktion den Funktionswert 500 annimmt.

Lösung

2.1 Die Nachfragefunktion ist mit den angegebenen Bedingungen mithilfe eines Gleichungssystems zu bestimmen.

Aus den Bedingungen ergeben sich die Gleichungen
$p_N(1) = 22 \wedge p_N(3) = 10 \wedge p_N(5) = 0 \wedge p_N(0) = 30$
und daraus die Lösungen:

$a = -\dfrac{1}{12} \wedge b = 1 \wedge c = -\dfrac{107}{12} \wedge d = 30$

Die Funktionsgleichung der Nachfragefunktion lautet:

$p_N(x) = -\dfrac{1}{12}x^3 + x^2 - \dfrac{107}{12}x + 30$

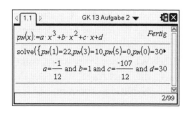

Da keine negativen Mengeneinheiten produziert werden können und die Sättigungsmenge bei 5 ME liegt, ist der Definitionsbereich das Intervall [0; 5].

2.2.1 Die Beschriftung der Graphen mit $p_A(x)$ und $p_N(x)$ genügt.

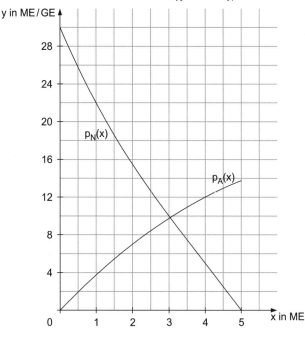

2.2.2 Wenn die erste Ableitung einer Funktion negativ ist, dann ist die Funktion streng monoton fallend. Dies ist für $p_N(x)$ zu überprüfen.

Die Ungleichung

$$p_N'(x) = -\frac{x^2}{4} + 2x - \frac{107}{12} < 0$$

ist für alle $x \in \mathbb{R}$ gültig, somit auch für die Werte aus dem Definitionsbereich.

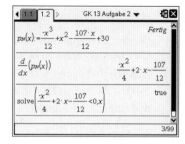

2.2.3 Wenn der Preis steigt, sinkt im Allgemeinen die Nachfrage. Umgekehrt steigt die Nachfrage, wenn der Preis sinkt. Daher muss der Graph fallen, wenn die Nachfrage zunimmt.

2.3.1 Zur Berechnung des Gleichgewichtspreises wird der Schnittpunkt der Nachfrage- und der Angebotsfunktion berechnet. Der y-Wert des Punktes ist der Gleichgewichtspreis.

$p_N(x_S) = p_A(x_S)$
$\Leftrightarrow x_S \approx 3{,}033$
$p_N(x_S) \approx 9{,}831$

Der Gleichgewichtspreis liegt bei ca. 9,831 GE/ME.

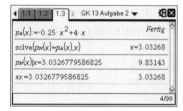

2.3.2 Berechnung der Konsumentenrente:

$$\int_0^{x_S} (p_N(x) - p_N(x_S))\, dx \approx 27{,}696$$

Die Konsumentenrente beträgt ca. 27,696 GE.

Berechnung der Produzentenrente:

$$\int_0^{x_S} (p_N(x_S) - p_A(x))\, dx \approx 13{,}746$$

Die Produzentenrente beträgt ca. 13,746 GE.

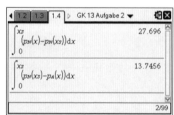

2.3.3 Die Nachfrager, die bereit waren, einen Preis über dem Gleichgewichtspreis zu zahlen, sparen für sich die Differenz zwischen dem Preis, den Sie bereit waren zu zahlen, und dem Gleichgewichtspreis. Diese Gesamtersparnis wird als Konsumentenrente bezeichnet.
Anbieter, die bereit waren ihr Produkt zu einem Preis unterhalb des Gleichgewichtspreises anzubieten, erzielen durch den Gleichgewichtspreis einen Mehr-

gewinn. Der gesamte Mehrgewinn aller Produzenten wird als Produzentenrente bezeichnet.

2.4 Wenn alle Hersteller von Autolacken ihre Preise um 20 % senken, betragen die neuen Preise 80 % des alten Angebotspreises. Die neue Angebotsfunktion lautet dann:

$p_A^*(x) = 0,8 \cdot (-0,25x^2 + 4x) = -0,2x^2 + 3,2x$

Berechnung des neuen Marktgleichgewichts:

$p_A^*(x_S^*) = p_N(x_S^*)$

$\Leftrightarrow\ x_S^* \approx 3,313$

$p_N(x_S^*) \approx 8,406$

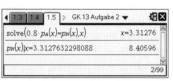

Als Folge der Preissenkung steigt die Gleichgewichtsmenge auf ca. 3,313 ME und der Gleichgewichtspreis sinkt auf ca. 8,406 GE/ME.

2.5 Zuerst wird eine Formel zur Berechnung des Volumens der Schachtel aufgestellt. x sei die Höhe der Schachtel (in cm). Das ergibt:
Länge der Schachtel: $15 - x$
Breite der Schachtel: $20 - 2x$

Das Volumen (in cm³) in Abhängigkeit von der Höhe x (Zielfunktion) beträgt also

$V(x) = (15 - x) \cdot (20 - 2x) \cdot x = 2x^3 - 50x^2 + 300x$ mit $x \in [0;\ 10]$,

da bei einer Breite der Schachtel von 10 cm das Volumen bereits null ergibt.

Um das größtmögliche Volumen zu bestimmen, ist das Maximum von V(x) zu berechnen.

Hinreichende Bedingung für ein Maximum von V:

$V'(x_0) = 0\ \land\ V''(x_0) < 0$

$V'(x) = 6x^2 - 100x + 300$

$V'(x_0) = 0\ \Leftrightarrow\ x_0 = 3,9237\ldots \approx 3,924$

Die zweite Nullstelle $x \approx 12,7429$ liegt nicht im Definitionsbereich.

$V''(x) = 12x - 100$

$V''(x_0) \approx -52,9 < 0$

$V(x_0) \approx 528,15 > 500$

Aus den Kartonstücken können Schachteln von 500 cm³ Inhalt hergestellt werden.

Da das CAS für die Gleichung $V(x) = 500$ zwei Lösungen mit $x \in [0;\ 10]$ liefert, könnte die Frage auch ohne Maximierung positiv beantwortet werden.

Berufliches Gymnasium NRW – Mathematik mit CAS (Wirtschaft/Verwaltung)
Zentrale Abiturprüfung 2013 Grundkurs – Aufgabe 3: Stochastik

Beschreibung der Ausgangssituation (Gesamtpunktzahl 45 Punkte)
Im Produktionsprozess der Basislacke werden aus Rohstoffen Grundsubstanzen hergestellt und aus diesen wiederum die Basislacke.

Die Basislacke am Standort München werden in zwei Arbeitsgängen produziert und in Kanister abgefüllt. Im ersten Arbeitsgang kann ein Mangel in der Fließfähigkeit und im zweiten Arbeitsgang ein Mangel in der Farbtreue entstehen. Die Mängel treten unabhängig voneinander auf und betreffen die gesamte Kanisterfüllung.

Die Mängel treten in den zwei Arbeitsgängen erfahrungsgemäß mit den folgenden Wahrscheinlichkeiten auf.

	Arbeitsgang I (Mangel in der Fließfähigkeit)	Arbeitsgang II (Mangel in der Farbtreue)
Standort München	4,3 %	6 %

Punkte

3.1 Bestätigen Sie folgende Aussage:
In München haben ca. 10 % der Kanisterfüllungen mindestens einen Mangel.   5

Im Folgenden gilt:
Die Wahrscheinlichkeit, dass eine Kanisterfüllung mindestens einen der Mängel aufweist, beträgt $p = 0,1$.

3.2 Am Standort München wird zur Qualitätssicherung eine Stichprobe von 70 Kanistern aus der laufenden Produktion entnommen und deren Inhalt überprüft.
Die Zufallsgröße X gibt hierbei die Anzahl der Kanister mit mangelhafter Füllung an.

3.2.1 Begründen Sie, warum von einer binomialverteilten Zufallsgröße ausgegangen werden kann.   4

3.2.2 Berechnen Sie die Wahrscheinlichkeit für folgende Ereignisse:
E1: Genau 15 Kanisterfüllungen weisen einen Mangel auf.
E2: Mindestens 12 der Kanisterfüllungen weisen einen Mangel auf.
E3: Höchstens 10 Kanisterfüllungen weisen einen Mangel auf.
E4: Die Anzahl der Kanister mit Mangel weicht um höchstens eine Standardabweichung vom Erwartungswert ab.   12

3.3 In einem bestimmten Zeitraum tritt eine große Nachfrage auf. Daher wird am Standort München zusätzlich zu den Tagschichten auch in Nachtschichten produziert.

Die Fehlerwahrscheinlichkeiten sind in Tag- und Nachtschichten gleich. 65 % der Kanister im Lager stammen aus der Tagschicht, der Rest aus der Nachtschicht.

3.3.1 Es gelten folgende Bezeichnungen:
T: Kanister stammt aus der Tagschicht.
$\overline{T}$: Kanister stammt aus der Nachtschicht.
F: Kanisterfüllung mit Mangel (fehlerhaft)
$\overline{F}$: Kanisterfüllung ohne Mangel (nicht fehlerhaft)

Berechnen Sie die folgenden Wahrscheinlichkeiten für einen zufällig ausgewählten Kanister.
(1) $P(T \cap F)$
(2) $P(\overline{T} \cap \overline{F})$
(3) $P(\overline{F})$
(4) $P(T \cup \overline{T})$ 8

3.3.2 Das Werk München beschließt, eine Endkontrolle der fertig zusammengestellten Lieferungen vorzunehmen. Dabei werden Kanisterfüllungen mit Mangel zu 90 % entdeckt. Die entsprechenden Kanister werden aussortiert und vernichtet. Einwandfreie Kanisterfüllungen werden zu 100 % als solche erkannt.
Die Produktionskosten für einen Kanister aus der Tagschicht betragen 12 GE, für einen Kanister aus der Nachtschicht 18 GE. Die Entsorgungskosten für einen aussortierten Kanister betragen 5 GE. Alle ausgelieferten Kanister mit mangelhaftem Inhalt werden reklamiert. Die Reklamationskosten betragen 40 GE pro Kanister.
Ermitteln Sie die zu erwartenden Kosten pro Kanister. 6

3.4 Ein Rohstoff für die Herstellung der Basislacke wird seit mehreren Jahren von einem Lieferanten sackweise bezogen. In der Wareneingangsabteilung ist aus früheren Lieferungen bekannt, dass 4 % der Säcke aufgrund von Verunreinigungen nicht verwendbar sind.
Gehen Sie davon aus, dass die Zufallsgröße, die die Anzahl der nicht verwendbaren Säcke beschreibt, binomialverteilt ist.

3.4.1 Die Wareneingangsabteilung prüft eine Lieferung von 2 500 Säcken. Berechnen Sie die Wahrscheinlichkeit dafür, dass die Anzahl der nicht verwendbaren Säcke höchstens um das 1,5-Fache der Standardabweichung vom Erwartungswert abweicht. 5

3.4.2 Die *Hennberg AG* möchte sicherstellen, dass für eine Produktionsperiode mit einer Wahrscheinlichkeit von über 99 % mindestens 2 500 Säcke verwendbar sind.
Bestimmen Sie, wie viele Säcke dafür mindestens bestellt werden müssen. 5

Tipps und Hinweise

Teilaufgabe 3.1
- Hier kann sinnvoll mit der Gegenwahrscheinlichkeit gerechnet werden.

Teilaufgabe 3.2.1
- Eine Zufallsgröße ist binomialverteilt, wenn ihr eine Bernoulli-Kette zugrunde liegt.
- Die Eigenschaften einer Bernoulli-Kette sind anzugeben.

Teilaufgabe 3.2.2
- Bei E4 ist zuerst der Erwartungswert und die Standardabweichung auszurechnen. Das gesuchte Intervall ist dann der Erwartungswert minus bzw. plus der Standardabweichung.

Teilaufgabe 3.3.1
- Hier kann ein Baumdiagramm weiterhelfen.

Teilaufgabe 3.3.2
- Zu berechnen sind die Wahrscheinlichkeiten, dass ein Kanister mit Mangel erkannt wird und wie viele Kanister mit Mangel in den Verkauf kommen. Die Wahrscheinlichkeiten sind dann mit den entsprechenden Kosten zu multiplizieren.

Teilaufgabe 3.4.1
- Die Aufgabe kann wie die Wahrscheinlichkeit von E4 bei 3.2.2 berechnet werden, nur dass die Standardabweichung mit 1,5 zu multiplizieren ist.

Teilaufgabe 3.4.2
- Gesucht ist der Parameter n einer Binomialverteilung. Probieren Sie verschiedene Werte für n aus, bis die gesuchte Wahrscheinlichkeit über 99 % liegt.
- Zur Übersichtlichkeit ist es sinnvoll, die höchste Anzahl, bei der die Wahrscheinlichkeit noch unter 99 % liegt, und die kleinste Anzahl, bei der die Wahrscheinlichkeit über 99 % liegt, anzugeben.

Lösung

3.1 Da es drei Möglichkeiten für eine Füllung mit Mangel und nur eine Möglichkeit für eine Füllung ohne Mangel gibt, bietet es sich hier an, mit der Gegenwahrscheinlichkeit zu rechnen:

$p = 1 - (1 - 0{,}043) \cdot (1 - 0{,}06)$
$= 1 - 0{,}957 \cdot 0{,}94 = 0{,}10042$

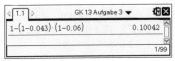

Die Wahrscheinlichkeit für eine Kanisterfüllung mit Mangel beträgt am Standort München ca. 10 %.

3.2.1 Es kann von einer binomialverteilten Zufallsgröße ausgegangen werden, da jeder entnommene Kanister unabhängig von den anderen Kanistern immer mit der Wahrscheinlichkeit von 10 % eine mangelhafte Füllung hat und genau zwei Möglichkeiten für ein Ergebnis der Prüfung vorliegen: Kanister mit mangelhafter Füllung und Kanister mit einwandfreier Füllung.

X ist B(70; 0,1)-verteilt.

3.2.2 $P(E1) = P(X = 15) \approx 0{,}0022$

$P(E2) = P(X \geq 12) \approx 0{,}0441$

$P(E3) = P(X \leq 10) \approx 0{,}9127$

Berechnung des Erwartungswertes und der Standardabweichung:

$E(X) = 70 \cdot 0{,}1 = 7$

$\sqrt{\text{Var}(X)} = \sqrt{70 \cdot 0{,}1 \cdot 0{,}9} \approx 2{,}51$

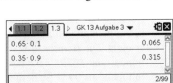

Wahrscheinlichkeit des Intervalls um den Erwartungswert:

$P(E4) = P(7 - 2{,}51 \leq X \leq 7 + 2{,}51) = P(5 \leq X \leq 9) \approx 0{,}6826$

3.3.1 Die gesuchten Wahrscheinlichkeiten ergeben sich aus den Angaben bzw. der entsprechenden Multiplikation.

(1) $P(T \cap F) = 0{,}65 \cdot 0{,}1 = 0{,}065$

(2) $P(\overline{T} \cap \overline{F}) = 0{,}35 \cdot 0{,}9 = 0{,}315$

(3) $P(\overline{F}) = 0{,}9$

(4) $P(T \cup \overline{T}) = 1$

3.3.2 Wahrscheinlichkeit für einen Kanister mit Mangel, der aussortiert wird:
P(aussortierter Kanister) = 0,1 · 0,9 = 0,09

Wahrscheinlichkeit für einen Kanister mit mangelhaftem Inhalt, der nicht aussortiert wird:
P(nicht aussortierter Kanister) = 0,1 · 0,1 = 0,01

Erwartete Kosten für einen Kanister:
0,65 · 12 + 0,35 · 18 + 0,09 · 5 + 0,01 · 40
= 14,95

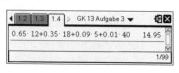

Die zu erwartenden Kosten für einen produzierten Kanister betragen 14,95 GE.

3.4.1 X beschreibt die Anzahl der nicht verwendbaren Säcke und ist mit n = 2 500 und p = 0,04 binomialverteilt.

Erwartungswert:
$E(X) = 2\,500 \cdot 0,04 = 100$

Standardabweichung:
$\sqrt{\operatorname{Var}(X)} = \sqrt{2\,500 \cdot 0,04 \cdot 0,96} \approx 9,798$

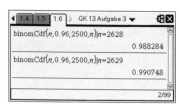

Wahrscheinlichkeit des Intervalls um den Erwartungswert:
$P(100 - 1,5 \cdot 9,798 \leq X \leq 100 + 1,5 \cdot 9,798) = P(86 \leq X \leq 114) \approx 0,8615$

Mit ca. 86,1 % Wahrscheinlichkeit weicht die Anzahl der nicht verwendbaren Säcke um höchstens das 1,5-Fache der Standardabweichung vom Erwartungswert ab.

3.4.2 Y beschreibt die Anzahl der verwendbaren Säcke und ist mit p = 0,96 bei unbekanntem n binomialverteilt.

Gesucht ist die kleinste Zahl $n \in \mathbb{N}$ mit $P(Y \geq 2\,500) > 0,99$. Diese ist mit gezieltem Probieren zu finden:

n = 2 628: $P(Y \geq 2\,500) \approx 0,9883$

n = 2 629: $P(Y \geq 2\,500) \approx 0,9907$

Bei n = 2 629 ist die gesuchte Wahrscheinlichkeit von mindestens 99 % erreicht. Die *Hennberg AG* muss also mindestens 2 629 Säcke bestellen, um mit mehr als 99 % Sicherheit mindestens 2 500 verwendbare Säcke zu erhalten.

Berufliches Gymnasium NRW – Mathematik ohne CAS (Wirtschaft/Verwaltung)
Zentrale Abiturprüfung 2013 Leistungskurs – Aufgabe 1: Analysis

Beschreibung der Ausgangssituation (Gesamtpunktzahl 45 Punkte)
Die *Cylenda AG* produziert Teilkomponenten für Mobiltelefone, die sie an andere Hersteller verkauft. Außerdem fertigt *Cylenda* eigene Mobiltelefone an.

Im Bereich Smartphones bietet sie bereits verschiedene Geräte an. Zukünftig soll das Modell *Gipsy* hinzukommen.

© Jonas Wolff – Fotolia.com

Punkte

1.1 Die Controllingabteilung möchte die Absatzzahlen mittels einer ganzrationalen Funktion f vom Grad 3 modellieren. Dabei gibt x die Zeit ab Markteinführung in Wochen an, f(x) den Absatz in ME pro Woche.

Die Controllingabteilung geht von folgenden Bedingungen aus:
Sofort bei Markteinführung wird durch innovative Werbemaßnahmen ein Absatz von 275 ME/Woche erreicht.

Bereits zu Beginn ist mit einem wöchentlichen Absatzrückgang von 15 ME/Woche zu rechnen, also gilt:
$f'(0) = -15$
In der 50. Woche sollen 25 ME abgesetzt werden.

Der geringste wöchentliche Absatzrückgang wird für die 50. Woche vorhergesagt.

Stellen Sie die entsprechende Funktionsgleichung auf. 8

Die Controllingabteilung schlägt weitere Werbeaktionen vor, deren Auswirkungen durch den Parameter r wie folgt berücksichtigt werden.
$f_r(x) = -0{,}002 \cdot r \cdot x^3 + 0{,}3 \cdot r \cdot x^2 - 15x + 275, \quad x \geq 0, \quad r > 0$

1.2.1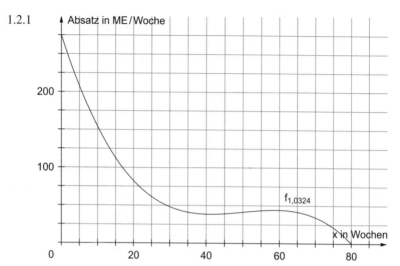

Abb. 1: Graph der Absatzfunktion f_r für $r = 1{,}0324$.

Beschreiben Sie den Verlauf des Graphen aus Abbildung 1 hinsichtlich der Entwicklung der wöchentlichen Absatzzahlen. 4

1.2.2 Berechnen Sie den Wert für r, sodass der Absatz nach 60 Wochen 23 ME pro Woche beträgt. 3

1.3 Zeigen Sie, dass die Funktion f_r für $0 < r < 1$ monoton fällt. 7

1.4 Für $r > 1$ gibt es ein Zeitintervall, in dem die wöchentlichen Absatzzahlen steigen. Zeigen Sie, dass in diesem Fall der Zeitpunkt, zu dem sie am stärksten steigen, unabhängig von r ist. 6

1.5 Die Controllingabteilung gibt das Ziel aus, innerhalb der ersten 50 Wochen insgesamt 10 000 ME abzusetzen.
Bestimmen Sie den zugehörigen Wert von r. 7

1.6 Die Unternehmungsleitung entscheidet sich statt der bisher geplanten innovativen Werbung für ein verkaufsbegleitendes, klassisches Werbekonzept. Sie geht bei der Entwicklung der wöchentlichen Absatzzahlen deshalb von folgender Funktion g aus:
$g(x) = 1{,}8x^2 \cdot e^{-0{,}09 \cdot x}$, $x \in \mathbb{R}$, $x > 0$

1.6.1 Untersuchen Sie die langfristige Entwicklung nach diesem Modell. 3

1.6.2 Berechnen Sie auf Basis dieses Modells den maximalen wöchentlichen Absatz. 7

Tipps und Hinweise

Teilaufgabe 1.1

Die vier Bedingungen führen zu einem linearen Gleichungssystem (LGS) mit vier Unbekannten, wobei die Konstante der Funktion dritten Grades praktisch bereits gegeben ist. Die Lösung des LGS erfolgt mit dem Gauß-Algorithmus.

Teilaufgabe 1.2.1

Beschreiben Sie die Eigenschaften des Graphen im ökonomischen Zusammenhang.

Teilaufgabe 1.2.2

Der Funktionswert bei 60 ist gegeben, sodass eine lineare Gleichung gelöst werden muss.

Teilaufgabe 1.3

Es ist einfacher, die Ableitungsfunktion auf Nullstellen hin zu untersuchen, anstatt sie auf Positivität oder Negativität zu beurteilen. Wenn sie nämlich keine Nullstellen hat, so ist sie nur monoton fallend oder nur monoton steigend. Dabei würde der Vergleich zweier Funktionswerte schon hinreichend sein.

Teilaufgabe 1.4

Gesucht ist die Wendestelle der Funktion. Arbeiten Sie mit notwendiger und hinreichender Bedingung, also mit zweiter und dritter Ableitung. Der Parameter r fällt bei der Nullstellenbetrachtung weg.

Teilaufgabe 1.5

Der Gesamtabsatz muss mit dem bestimmten Integral berechnet werden. Da dieser gegeben ist, ergibt sich eine lineare Gleichung zur Bestimmung von r.

Teilaufgabe 1.6.1

Bei dem Produkt von Exponentialfunktion und ganzrationaler Funktion setzt sich langfristig aufgrund ihrer Wachstumseigenschaft immer die Exponentialfunktion durch.

Teilaufgabe 1.6.2

Das Maximum kann mit erster und zweiter Ableitung bzw. Vorzeichenwechsel bestimmt werden. Bei der Ableitung muss die Produkt- und Kettenregel angewendet werden.

Lösung

1.1 Bestimmung der ganzrationalen Absatzfunktion 3. Grades mit 4 Bedingungen.
$f(x) = a \cdot x^3 + b \cdot x^2 + c \cdot x + d$; $f'(x) = 3a \cdot x^2 + 2b \cdot x + c$; $f''(x) = 6a \cdot x + 2b$

Die Angaben liefern die folgenden Bedingungen:
$f(0) = 275$, $f(50) = 25$, $f'(0) = -15$, $f''(50) = 0$

Das dazugehörige lineare Gleichungssystem lautet:

I $\qquad\qquad\qquad\qquad\qquad d = 275$
II $\quad 125\,000a + 2\,500b + 50c + d = 25$
III $\qquad\qquad\qquad\qquad c = -15$
IV $\quad 300a + 2b = 0$

Einsetzen für c und d in II und $1\,250 \cdot$ IV $-$ II:

$\Leftrightarrow\;$ I $\qquad\qquad\qquad\qquad d = 275$
II $\quad 125\,000a + 2\,500b = 500$
III $\qquad\qquad\qquad c = -15$
IV $\quad 250\,000a = -500$

$\Leftrightarrow\; a = -0{,}002$; $b = 0{,}3$; $c = -15$; $d = 275$

Die Funktionsgleichung lautet $f(x) = -0{,}002x^3 + 0{,}3x^2 - 15x + 275$.

1.2.1 Zu Beginn liegen die wöchentlichen Absatzzahlen bei 275 ME, jedoch sinken diese danach. Nach ca. 40 Wochen ist ein lokal minimaler Wochenabsatz von ca. 35 ME erreicht. Der danach folgende geringfügige Anstieg erfolgt bis zur 60. Woche auf ca. 40 ME, doch der Absatz fällt danach bis zum vollständigen Absatzende nach ca. 80 Wochen.

1.2.2 Der Wochenabsatz von 23 ME in der 60. Woche ergibt die Gleichung:
$f_r(60) = -432 \cdot r + 1\,080 \cdot r - 900 + 275 = 648 \cdot r - 625 = 23 \;\Leftrightarrow\; r = 1$
Für $r = 1$ ist die Bedingung erfüllt.

1.3 Für die Monotonie betrachtet man die Ableitungsfunktion:
$f_r'(x) = -0{,}006r \cdot x^2 + 0{,}6r \cdot x - 15$

Untersuchung auf Extrema bedingt notwendigerweise $f_r'(x) = 0$:

$-0{,}006r \cdot x^2 + 0{,}6r \cdot x - 15 = 0 \quad \Big| \cdot \left(-\dfrac{1}{0{,}006r}\right)$

$\Leftrightarrow \quad x^2 - 100 \cdot x + \dfrac{2\,500}{r} = 0$

$\Leftrightarrow \quad x_1 = 50 + \sqrt{2\,500 - \dfrac{2\,500}{r}}; \quad x_2 = 50 - \sqrt{2\,500 - \dfrac{2\,500}{r}}$

Da nach Voraussetzung $0 < r < 1$ und somit $2\,500 - \dfrac{2\,500}{r} < 0$ ist, hat die Funktion keine Extrema und ist deshalb entweder monoton fallend oder steigend.

Für $0 < r < 1$ gilt: $f_r(0) = 275 > f_r(1) = 0{,}298r + 260$
Demnach fällt der Graph für $0 < r < 1$ monoton.

1.4 Der Zeitpunkt der stärksten Absatzzunahme entspricht einer L-R-Wendestelle.
$f_r''(x) = -0,012r \cdot x + 0,6r; \quad f_r'''(x) = -0,012r$
Notwendige Bedingung $f_r''(x) = 0$, wobei $r > 1$:
$-0,012r \cdot x + 0,6r = 0 \Leftrightarrow x = 50$
Dazu hinreichend $f_r'''(x) < 0$:
$f_r'''(50) = -0,012 \cdot r < 0$
In der 50. Woche, unabhängig vom Parameter r, ist die stärkste Absatzzunahme.

1.5 Der Gesamtabsatz ergibt sich mithilfe des Integrals:
$$\int_0^{50} (-0,002 \cdot r \cdot x^3 + 0,3 \cdot r \cdot x^2 - 15 \cdot x + 275) \, dx$$
$$= \left[-0,0005 \cdot r \cdot x^4 + 0,1 \cdot r \cdot x^3 - 7,5 \cdot x^2 + 275 \cdot x \right]_0^{50}$$
$$= r \cdot 9\,375 - 5\,000 = 10\,000$$
$$\Leftrightarrow r = 1,6$$

Der Gesamtabsatz beträgt für $r = 1,6$ genau 10 000 ME.

1.6.1 Bei dem Produkt aus Exponentialfunktion und ganzrationaler Funktion gibt langfristig die Exponentialfunktion den Grenzwert an.
Da $\lim\limits_{x \to \infty} e^{-0,09 \cdot x} = 0$, folgt insgesamt: $\lim\limits_{x \to \infty} 1,8x^2 \cdot e^{-0,09 \cdot x} = 0$
Der wöchentliche Absatz erlischt langfristig.

1.6.2 Notwendige Bedingung $g'(x) = 0$ für lokales Maximum:
$g'(x) = 3,6x \cdot e^{-0,09 \cdot x} + 1,8x^2 \cdot e^{-0,09 \cdot x} \cdot (-0,09) = (3,6x - 0,162x^2) \cdot e^{-0,09 \cdot x}$
$g'(x) = (3,6x - 0,162x^2) \cdot e^{-0,09 \cdot x} = 0 \quad |: e^{-0,09 \cdot x} \neq 0$
$\Leftrightarrow 3,6x - 0,162x^2 = x \cdot (3,6 - 0,162x) = 0$
$\Leftrightarrow \quad x = 0 \lor x = \dfrac{3,6}{0,162} = 22\dfrac{2}{9}$

Hinreichende Bedingung für ein lokales Maximum ist ein Vorzeichenwechsel (von plus zu minus) der 1. Ableitung:
$g'(20) \approx 1,91 > 0$
$g'(24) \approx -0,80 < 0$

Der maximale wöchentliche Absatz liegt in der 22. Woche und beträgt wegen $g(22\tfrac{2}{9}) \approx 120,3$ ungefähr 120 ME.

Berufliches Gymnasium NRW – Mathematik ohne CAS (Wirtschaft/Verwaltung)
Zentrale Abiturprüfung 2013 Leistungskurs – Aufgabe 2: Lineare Algebra

Beschreibung der Ausgangssituation (Gesamtpunktzahl 45 Punkte)
Die drei Zweigwerke A, B und C der *Cylenda AG* beliefern sich gegenseitig und auch den Markt.

Die Verflechtung der drei Zweigwerke ist für den vergangenen Produktionszeitraum durch folgende Input-Output-Tabelle gegeben (Werte in ME):

	A	B	C	Konsum	Produktion
A	a	20	12	y_1	40
B	0	4	0	y_2	20
C	b	0	c	y_3	20

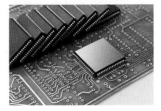
© Oleg Zhulkov – Fotolia.com

Punkte

2.1 Geben Sie die Werte der Variablen a, b und c der Input-Output-Tabelle an, wenn für die Inputmatrix (Technologiematrix) A gilt:

$$A = \begin{pmatrix} 0{,}2 & 1 & 0{,}6 \\ 0 & 0{,}2 & 0 \\ 0{,}2 & 0 & 0{,}2 \end{pmatrix}$$

4

2.2 Berechnen Sie den Konsum des vergangenen Produktionszeitraums. 4

2.3 Die Leontief-Inverse hat die folgende Form:

$$(E-A)^{-1} = \frac{1}{p} \cdot \begin{pmatrix} 80 & 100 & 60 \\ 0 & 65 & 0 \\ 20 & 25 & 80 \end{pmatrix}$$

2.3.1 Bestimmen Sie den in der Leontief-Inversen enthaltenen Parameter p. 4

2.3.2 Prüfen Sie, ob innerhalb des vorliegenden Modells jede beliebige Nachfrage befriedigt werden kann. 2

Die *Cylenda AG* legt für weitere Berechnungen mit der Leontief-Inversen den Parameterwert p = 52 fest.

2.4 Für den folgenden Produktionszeitraum wird ein veränderter Konsum erwartet.

2.4.1 Berechnen Sie die nötigen Produktionsmengen, wenn der Konsum 13 ME für das Produkt aus Werk A, 16 ME für das Produkt aus Werk B und 8 ME für das aus Werk C beträgt. 4

2.4.2 Berechnen Sie die nötige prozentuale Steigerung der Produktionsmengen in den drei Werken, wenn sich die Konsumabgabe von A sogar auf 26 ME verdoppeln würde, während B und C weiterhin die gleichen Mengen wie in 2.4.1 an den Markt abgeben.   4

2.5 Laut einer in Auftrag gegebenen Marktanalyse soll sich die Nachfrage nach den Produkten der drei Zweigwerke in den kommenden 10 Monaten entsprechend des folgenden Konsumvektors entwickeln:

$$\vec{y}_k = \begin{pmatrix} 13 - \frac{1}{2}k \\ 16 \\ -\frac{1}{10}(k-10)^2 + 18 \end{pmatrix}, \quad k \in \{0; \ldots; 10\}$$

Dabei steht k für den jeweiligen Monat. Es wird für den gesamten Zeitraum von einer unveränderten Inputmatrix A ausgegangen.

2.5.1 Beschreiben Sie die Entwicklung der Nachfrage nach den Produkten in den nächsten 10 Monaten.   4

2.5.2 Die Produkte aus Zweigwerk A werden zu 300 GE/ME an den Markt abgegeben, die Produkte aus Werk B und C jeweils zu 200 GE/ME. Bestimmen Sie jeweils Zeitpunkt und Höhe des maximalen und des minimalen Erlöses.   8

2.6 Für die nächste Produktionsperiode ist geplant, dass in Werk B und C gleich viele Mengeneinheiten produziert werden. In Werk A soll d-mal so viel produziert werden wie in Werk B ($d \in \mathbb{N}, d > 0$).

2.6.1 Berechnen Sie zu dieser Vorgabe die passenden Konsumabgaben in Abhängigkeit von d.

Zur Kontrolle: $\vec{y}_d = x_2 \cdot \begin{pmatrix} 0{,}8d - 1{,}6 \\ 0{,}8 \\ 0{,}8 - 0{,}2d \end{pmatrix}$ 4

2.6.2 Ermitteln Sie den größtmöglichen, wirtschaftlich sinnvollen Bereich für die Werte von d.   4

2.6.3 Bestimmen Sie für d = 3 das Verhältnis der von den drei Zweigwerken für den Konsum zur Verfügung gestellten Mengen.   3

Tipps und Hinweise

Teilaufgabe 2.1

✏ Die Technologiematrix soll zunächst in Abhängigkeit von a, b, c aufgestellt werden. Es würde sogar reichen, sich auf a_{11}, a_{31} und a_{33} zu beschränken, um dann zur Bestimmung der Unbekannten die Lösung heranzuziehen.

Teilaufgabe 2.2

Der Konsum bleibt übrig, wenn von der Gesamtproduktion der Verbrauch aus der gegenseitigen Verflechtung abgezogen wird. Bilden Sie also die Differenz innerhalb einer Zeile der Tabelle.

Teilaufgabe 2.3.1

Nutzen Sie, dass das Produkt aus Matrix und Inversen die Einheitsmatrix ergibt. Um den Parameterwert für p zu erhalten, reicht die Wahl eines Zeilen-Spaltenprodukts.

Teilaufgabe 2.3.2

Wenn alle Elemente der Leontief-Inversen nicht negativ sind, dann kann jede beliebige Nachfrage befriedigt werden.

Teilaufgabe 2.4.1

Rechnen Sie hier mit der Leontief-Bedingung $\vec{x} = (E - A)^{-1} \cdot \vec{y}$.

Teilaufgabe 2.4.2

Bestimmen Sie mit $\vec{x} = (E - A)^{-1} \cdot \vec{y}$ den neuen Produktionsvektor und berechnen Sie die Mehrproduktion prozentual zur alten Produktion.

Teilaufgabe 2.5.1

Betrachten Sie den Konsum der Produkte der drei Zweigwerke bei steigendem k (bis maximal 10), wobei Rechnungen nicht nötig sind.

Teilaufgabe 2.5.2

Nutzen Sie die Hilfsmittel der Analysis, indem Sie eine Erlösfunktion E(x) aufstellen (Preis mal Menge bzw. Preis mal Konsumvektor). Mit erster und zweiter Ableitung erhält man Maximum und Minimum. Beachten Sie, dass Randwertbetrachtung und Betrachtung ganzzahliger Werte notwendig sind.

Teilaufgabe 2.6.1

Gehen sie vom Produktionsvektor $\vec{x}_d = \begin{pmatrix} d \cdot x_2 \\ x_2 \\ x_2 \end{pmatrix}$ aus und führen Sie die Rechnung mit der Leontief-Bedingung $(E - A)\vec{x} = \vec{y}$ durch.

Teilaufgabe 2.6.2

Alle Elemente des Konsum- und Produktionsvektors müssen positiv oder null sein.

Teilaufgabe 2.6.3

Nutzen Sie den Konsumvektor aus 2.6.1 mit $d = 3$.

Lösung

2.1 Zunächst wird die Technologiematrix in Abhängigkeit von a, b, c bestimmt:

$$A = \begin{pmatrix} \frac{a}{40} & \frac{20}{20} & \frac{12}{20} \\ \frac{0}{40} & \frac{4}{20} & \frac{0}{20} \\ \frac{b}{40} & \frac{0}{20} & \frac{c}{20} \end{pmatrix}$$

Der Koeffizientenvergleich mit der angegebenen Matrix ergibt:

$\frac{a}{40} = 0{,}2 \Leftrightarrow a = 8$

$\frac{b}{40} = 0{,}2 \Leftrightarrow b = 8$

$\frac{c}{20} = 0{,}2 \Leftrightarrow c = 4$

2.2 Der Konsum ergibt sich aus der Tabelle und den Werten aus 2.1.

$y_1 = 40 - 8 - 20 - 12 = 0$

$y_2 = 20 - 4 = 16$

$y_3 = 20 - 8 - 4 = 8$

Also beträgt der Konsum aus Werk B 16 ME und aus Werk C 8 ME. Aus Werk A geht nichts in den Konsum.

2.3.1 Multipliziert man eine Matrix mit ihrer Inversen, so ergibt sich die entsprechende Einheitsmatrix.

$$\frac{1}{p} \cdot \begin{pmatrix} 80 & 100 & 60 \\ 0 & 65 & 0 \\ 20 & 25 & 80 \end{pmatrix} \cdot \begin{pmatrix} 0{,}8 & -1 & -0{,}6 \\ 0 & 0{,}8 & 0 \\ -0{,}2 & 0 & 0{,}8 \end{pmatrix} = E$$

Wählt man das Produkt aus zweiter Zeile und zweiter Spalte, so muss $\frac{1}{p} \cdot 65 \cdot 0{,}8 = 1$ sein, was nur für $p = 52$ gilt.

2.3.2 Da die Leontief-Inverse keine negativen Elemente enthält, kann jede beliebige Nachfrage bedient werden.

2.4.1 Berechnung des Produktionsvektors $\vec{x}$ mit der Leontief-Inversen:

$\vec{x} = (E-A)^{-1} \cdot \vec{y}$

$$\vec{x} = \frac{1}{52} \begin{pmatrix} 80 & 100 & 60 \\ 0 & 65 & 0 \\ 20 & 25 & 80 \end{pmatrix} \cdot \begin{pmatrix} 13 \\ 16 \\ 8 \end{pmatrix} = \begin{pmatrix} 60 \\ 20 \\ 25 \end{pmatrix}$$

A produziert 60 ME, B 20 ME und C 25 ME.

2.4.2 Der neue Konsumvektor lautet:

$$\vec{y}_{neu} = \begin{pmatrix} 26 \\ 16 \\ 8 \end{pmatrix}$$

Zugehöriger Produktionsvektor:

$$\vec{x}_{neu} = \frac{1}{52} \begin{pmatrix} 80 & 100 & 60 \\ 0 & 65 & 0 \\ 20 & 25 & 80 \end{pmatrix} \cdot \begin{pmatrix} 26 \\ 16 \\ 8 \end{pmatrix} = \begin{pmatrix} 80 \\ 20 \\ 30 \end{pmatrix}$$

Die Produktion in Werk A muss um 33 % ($\frac{20}{60}$), in Werk C um 20 % ($\frac{5}{25}$) und in Werk B um 0 % gesteigert werden.

2.5.1 Es wird der Konsum für den Zeitraum bis zur 10. Woche ($0 \leq k \leq 10$) betrachtet.
y_1: Der Konsum fällt von 13 ME auf 8 ME.
y_2: Der Konsum bleibt konstant bei 16 ME.
y_3: Der Konsum steigt von 8 ME bis auf 18 ME.

2.5.2 Bestimmung der Extrema der Erlösfunktion, die sich aus dem Produkt von Preis und Menge ergibt:

$$E(x) = \begin{pmatrix} 300 & 200 & 200 \end{pmatrix} \cdot \begin{pmatrix} 13 - \frac{1}{2}x \\ 16 \\ \frac{1}{10}(x-10)^2 + 18 \end{pmatrix} = -20x^2 + 250x + 8700$$

Bestimmung des Maximums mit der notwendigen Bedingung $E'(x) = 0$:
$E'(x) = -40x + 250 = 0 \Leftrightarrow x = 6{,}25$

Da die Erlösfunktion eine nach unten geöffnete Parabel beschreibt, liegt bei $x = 6{,}25$ das Maximum. Der maximale Erlös beträgt in der 6. Woche $E(6) = 9480$ [GE/Woche].

Für das Minimum müssen die Randwerte überprüft werden:
$E(0) = 8700$; $E(10) = 9200$

Der minimale Erlös liegt zu Beginn vor und beträgt 8 700 GE/Woche.

2.6.1 Der geplante Produktionsvektor lautet:

$$\vec{x}_d = \begin{pmatrix} d \cdot x_2 \\ x_2 \\ x_2 \end{pmatrix}$$

Mit der Leontief-Bedingung $(E - A)\vec{x} = \vec{y}$ ergibt sich für den zugehörigen Konsumvektor:

$$\vec{y}_d = (E - A) \cdot \begin{pmatrix} d \cdot x_2 \\ x_2 \\ x_2 \end{pmatrix} = \begin{pmatrix} 0{,}8 & -1 & -0{,}6 \\ 0 & 0{,}8 & 0 \\ -0{,}2 & 0 & 0{,}8 \end{pmatrix} \cdot \begin{pmatrix} d \cdot x_2 \\ x_2 \\ x_2 \end{pmatrix} = \begin{pmatrix} 0{,}8d \cdot x_2 - 1{,}6x_2 \\ 0{,}8x_2 \\ 0{,}8x_2 - 0{,}2d \cdot x_2 \end{pmatrix}$$

2.6.2 Für eine wirtschaftlich sinnvolle Situation müssen alle Elemente des Konsumvektors und des Produktionsvektors größer oder gleich null sein. Zudem muss von $x_2 > 0$ ausgegangen werden:

$$0,8d \cdot x_2 - 1,6x_2 \geq 0 \Leftrightarrow 0,8d - 1,6 \geq 0 \Leftrightarrow d \geq 2$$
und $\quad 0,8x_2 - 0,2d \cdot x_2 \geq 0 \Leftrightarrow 0,8 - 0,2d \geq 0 \Leftrightarrow d \leq 4$
und $\quad\quad\quad\quad d \cdot x_2 > 0 \Leftrightarrow \quad\quad\quad d > 0$

Insgesamt liegt d im Intervall [2; 4].

2.6.3 Für d = 3 lautet der Konsumvektor:

$$\vec{y}_3 = \begin{pmatrix} 0,8 \cdot 3 \cdot x_2 - 1,6x_2 \\ 0,8x_2 \\ 0,8x_2 - 0,2 \cdot 3 \cdot x_2 \end{pmatrix} = \begin{pmatrix} 0,8x_2 \\ 0,8x_2 \\ 0,2x_2 \end{pmatrix}$$

Damit ergibt sich ein Verhältnis von 4 : 4 : 1.

> **Berufliches Gymnasium NRW – Mathematik ohne CAS (Wirtschaft/Verwaltung)**
> **Zentrale Abiturprüfung 2013 Leistungskurs – Aufgabe 3: Stochastik**

Beschreibung der Ausgangssituation (Gesamtpunktzahl 45 Punkte)
Die *Cylenda AG* ist wichtiger Zulieferer für die *Zayoto Ltd.* und stellt unter anderem in hoher Stückzahl Chips für Mobiltelefone her.

Aufgrund von technischen Problemen wird davon ausgegangen, dass durchschnittlich 10 % der Chips fehlerhaft sind.

Alle produzierten Chips werden in Kartons zu je 50 Stück verpackt und ausgeliefert.

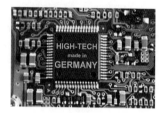

© Abe Mossop – Fotolia.com

Punkte

3.1 Bei einer Lieferung von Chips wird ein Karton untersucht.

3.1.1 Geben Sie die zu erwartende Anzahl defekter Chips in einem Karton an.   3

3.1.2 Berechnen Sie die Wahrscheinlichkeit dafür, dass die Anzahl defekter Chips um höchstens 3 vom erwarteten Wert abweicht.   4

3.1.3 Ermitteln Sie die Mindestanzahl der Chips, die untersucht werden müssen, damit mit einer Wahrscheinlichkeit von mindestens 0,95 mindestens ein defekter Chip dabei ist.   5

3.2 Für die Chips sind folgende Zahlungsmodalitäten vereinbart:
Aus einer Lieferung wird zunächst der Inhalt eines zufällig ausgewählten Kartons mit 50 Chips überprüft. Befinden sich darin höchstens fünf defekte Chips, so wird die gesamte Sendung angenommen und der volle Preis gezahlt. Sind genau sechs Chips defekt, so wird die Ware ebenfalls angenommen, jedoch wird für die gesamte Sendung nur 80 % des Preises gezahlt. Sind mehr als sechs Chips defekt, so wird die gesamte Lieferung abgelehnt und die *Cylenda AG* muss die Kosten für die Entsorgung von 0,60 € pro Chip übernehmen.
Die Produktion eines Chips kostet die *Cylenda AG* 8,00 €.

3.2.1 Berechnen Sie die Wahrscheinlichkeiten für folgende Ereignisse:
A: Die Ware wird zum vollen Preis angenommen.
B: Die Ware wird zum reduzierten Preis angenommen.
C: Die Ware wird abgelehnt.   6

3.2.2 Ermitteln Sie den Preis pro Chip, damit der zu erwartende Gewinn je Chip bei 5,00 € liegt.   5

3.3 Eine Lieferung umfasst 2 000 Chips.

3.3.1 Bestimmen Sie die Wahrscheinlichkeit dafür, dass in einer Lieferung höchstens 215 Chips fehlerhaft sind.

3.3.2 Ermitteln Sie für die Anzahl der fehlerhaften Chips in einer Lieferung die Grenze k, die nur mit einer Wahrscheinlichkeit von 0,05 überschritten wird.

3.4 Durch Verbesserungen im Produktionsprozess geht die *Cylenda AG* nunmehr davon aus, dass der Anteil unbrauchbarer Chips unter 10 % gesunken ist. Die Geschäftsleitung möchte dies durch einen Signifikanztest mit einem Stichprobenumfang von 50 Chips auf einem Signifikanzniveau von $\alpha \leq 0,05$ überprüfen.

3.4.1 Entwickeln Sie für den Test eine Entscheidungsregel.

3.4.2 Es wird behauptet, dass die Qualitätssteigerung bereits dann nachgewiesen ist, wenn die Anzahl der als fehlerhaft erkannten Chips unter dem bei $p = 0,1$ zu erwartenden Wert von 5 liegt.
Bewerten Sie diese Behauptung auf der Basis des durchgeführten Signifikanztests.

Tipps und Hinweise

Teilaufgabe 3.1.1
✏ Der Erwartungswert einer Binomialverteilung berechnet sich mit $n \cdot p$.

Teilaufgabe 3.1.2
✏ Die Intervallwahrscheinlichkeit kann aus der Tabelle zur kumulierten Binomialverteilung abgelesen werden.

Teilaufgabe 3.1.3
✏ Bei Aufgaben des Typs „mindestens", „mindestens", „mindestens" erfolgt die Lösung über die Gegenwahrscheinlichkeit.

Teilaufgabe 3.2.1
✏ Kontrollieren Sie die aus der Tabelle abgelesenen Wahrscheinlichkeiten. Als Summe muss sich 1 ergeben.

Teilaufgabe 3.2.2
✏ Führen Sie eine neue Zufallsgröße Y ein, die den Erlös je Chip angibt. Deren Erwartungswert abzüglich der Kosten soll 5 € betragen.

Teilaufgabe 3.3.1
✏ Die Berechnung von Werten der Binomialverteilung kann für große Stichprobenumfänge mit der Näherungsformel von Moivre-Laplace ausreichend gut angenähert werden, wenn die Laplace-Bedingung erfüllt ist.

Teilaufgabe 3.3.2
✏ Bestimmen Sie den Wert, für den der Funktionswert der Φ-Funktion gerade über 0,95 ist, und bestimmen Sie daraus k mit der Näherungsformel.

Teilaufgabe 3.4.1
✏ Stellen Sie zunächst die Hypothese H_1 auf, denn diese Hypothese gibt an, was in dem Hypothesentest gezeigt bzw. in der Entscheidungsregel beschrieben werden soll. Bestimmen Sie danach den Ablehnungsbereich von H_0.

Teilaufgabe 3.4.2
✏ Vergleichen Sie den angegebenen Bereich mit dem Ablehnungsbereich aus 3.4.1.

Lösung

3.1.1 X zählt die defekten Chips in einem Karton mit 50 Chips. X ist B(50; 0,1)-verteilt.
Anzahl zu erwartender fehlerhafter Chips:
$E(X) = n \cdot p = 50 \cdot 0,1 = 5$

3.1.2 Die Wahrscheinlichkeit für eine Abweichung um höchstens 3 vom Erwartungswert ist:
$P(2 \leq X \leq 8) = P(X \leq 8) - P(X \leq 1) \stackrel{\text{Tabelle}}{\approx} 0,9421 - 0,0338 = 0,9083$
Die Wahrscheinlichkeit beträgt also ca. 90,83 %.

3.1.3 X zählt die defekten Chips in einer Stichprobe vom Umfang n. X ist B(n; 0,1)-verteilt.
$P(X \geq 1) = 1 - P(X = 0) = 1 - 0,9^n \geq 0,95$
$\Leftrightarrow \quad 0,9^n \leq 0,05$
$\Leftrightarrow \quad n \geq \dfrac{\ln(0,05)}{\ln(0,9)}$
$\Rightarrow \quad n \geq 29$
Es müssen mindestens 29 Chips getestet werden.

3.2.1 X zählt die defekten Chips in einem Karton mit 50 Chips. X ist B(50; 0,1)-verteilt.
$P(A) = P(X \leq 5) \stackrel{\text{Tabelle}}{\approx} 0,6161$
$P(B) = P(X = 6) = P(X \leq 6) - P(X \leq 5) \stackrel{\text{Tabelle}}{\approx} 0,7702 - 0,6161 = 0,1541$
$P(C) = P(X > 6) = 1 - P(X \leq 6) \stackrel{\text{Tabelle}}{\approx} 1 - 0,7702 = 0,2298$

3.2.2 p ist der Preis pro Chip, Y ist die Zufallsgröße, die den Erlös pro Chip angibt.
$5 = E(Y) - 8$
$5 = p \cdot P(A) + 0,8 \cdot p \cdot P(B) - 0,6 \cdot P(C) - 8$
$\approx p \cdot 0,6161 + 0,8 \cdot p \cdot 0,1541 - 0,6 \cdot 0,2298 - 8$
$= 0,73938 \cdot p - 8,13788 \quad \Leftrightarrow \quad p \approx 17,7688$
Der Verkaufspreis muss demnach bei 17,77 € pro Chip liegen.

3.3.1 X zählt die fehlerhaften Chips bei einer Stichprobengröße von 2 000. X ist B(2 000; 0,1)-verteilt.

Gesucht ist die Wahrscheinlichkeit $P(X \leq 215) = F(2\,000; 0{,}1; 0; 215)$.

Da $\sigma = \sqrt{2\,000 \cdot 0{,}1 \cdot 0{,}9} \approx 13{,}42 > 3$ gilt, ist die Laplace-Bedingung erfüllt und die gesuchte Wahrscheinlichkeit kann mit der Näherungsformel von Moivre-Laplace bestimmt werden:

$$P(X \leq 215) \approx \Phi\left(\frac{215 + 0{,}5 - 2\,000 \cdot 0{,}1}{\sqrt{2\,000 \cdot 0{,}1 \cdot 0{,}9}}\right) \approx \Phi(1{,}155) \stackrel{\text{Tabelle}}{\approx} 0{,}876$$

Mit einer Wahrscheinlichkeit von ca. 88 % enthält die Lieferung höchstens 215 fehlerhafte Chips.

3.3.2 Bestimmung der Obergrenze:

$$P(X \leq k) \approx \Phi\left(\frac{k + 0{,}5 - 2\,000 \cdot 0{,}1}{\sqrt{2\,000 \cdot 0{,}1 \cdot 0{,}9}}\right) \geq 0{,}95$$

$$\stackrel{\text{Tabelle}}{\Leftrightarrow} \frac{k + 0{,}5 - 200}{\sqrt{180}} \geq 1{,}65$$

$$\Leftrightarrow k \geq 221{,}64$$

Die Obergrenze liegt bei 222 defekten Chips.

3.4.1 Die Behauptung, die gezeigt werden soll, lautet Qualitätssteigerung $p < 0{,}1$. X zählt die Anzahl fehlerhafter Chips in einer Stichprobe von 50 Stück. X ist B(50; 0,1)-verteilt.

H_1: $p_1 < 0{,}1$

H_0: $p_1 = 0{,}1$

H_1 wird bei linksseitigen Werten unterstützt und H_0 abgelehnt.

Ablehnungsbereich $\overline{A} = \{0; \ldots; k\}$ mit $P(X \leq k) \leq 0{,}05$

$P(X \leq 1) \approx 0{,}0338$
$P(X \leq 2) \approx 0{,}1117$ (Tabellenarbeit)

$\Rightarrow k = 1$

Entscheidungsregel: Bei maximal einem fehlerhaften Chip in einer Stichprobe von 50 kann mit 95 % Sicherheitswahrscheinlichkeit davon ausgegangen werden, dass die Ausschussquote unter 10 % gesunken ist.

3.4.2 Der angegebene Bereich von 0 bis 4 fehlerhaften Chips entspricht nicht der Sicherheitsanforderung von 95 % des Hypothesentests 3.4.1. Bei bis zu 4 defekten Chips deutet es zwar auf eine Qualitätssteigerung hin (unter dem Erwartungswert), jedoch kann die Qualitätssteigerung nicht auf dem Signifikanzniveau von 5 % nachgewiesen werden. Es muss dann weiterhin von einer Fehlerquote von 10 % ausgegangen werden.

Berufliches Gymnasium NRW – Mathematik mit CAS (Wirtschaft/Verwaltung)
Zentrale Abiturprüfung 2013 Leistungskurs – Aufgabe 1: Analysis

Beschreibung der Ausgangssituation (Gesamtpunktzahl 45 Punkte)
Die *Cylenda AG* produziert Teilkomponenten für Mobiltelefone, die sie an andere Hersteller verkauft. Außerdem fertigt *Cylenda* eigene Mobiltelefone an.

Im Bereich Smartphone soll zukünftig das Modell *Gipsy* angeboten werden. Die Controllingabteilung möchte die Absatzzahlen mittels einer ganzrationalen Funktion vom Grad 3 modellieren. Sofort bei Markteinführung wird durch innovative Werbemaßnahmen ein Absatz von 950 ME pro Woche erreicht. Es ist von folgenden Daten auszugehen:

© Jonas Wolff – Fotolia.com

Woche x	0	5	10	20
Absatz $f_r(x)$ in ME pro Woche	950	1 250 · r + 757,5	4 900 · r + 565	18 800 · r + 180

Bei dem Parameter r mit $0{,}01 \leq r \leq 0{,}012$ handelt es sich um einen Korrekturparameter.

Punkte

1.1 Bestimmen Sie den Funktionsterm $f_r(x)$ der ganzrationalen Funktion dritten Grades, der die prognostizierte Entwicklung der wöchentlichen Absatzzahlen beschreibt.   6

Die Controlling-Abteilung geht davon aus, dass sich der Absatz durch folgende Funktion beschreiben lässt:
$f_r(x) = -0{,}2 \cdot r \cdot x^3 + 51 \cdot r \cdot x^2 - 38{,}5 \cdot x + 950, \quad x \geq 0, \quad 0{,}01 < r < 0{,}012$

1.2.1 Zeichnen Sie die Graphen der Funktionsschar f_r für $r = 0{,}01$ und $r = 0{,}012$ in die Anlage 1.   6

1.2.2 Berechnen Sie in Abhängigkeit von r, zu welchem Zeitpunkt der Übergang von einer Absatzsteigerung in einen Absatzrückgang erfolgt.   6

1.3 Analysieren Sie die Auswirkungen des Parameters r auf den Verlauf des Graphen unter Einbeziehung der wirtschaftlichen Aspekte.   5

1.4 Bestätigen Sie, dass der Zeitpunkt, an dem die wöchentlichen Absatzzahlen am stärksten zunehmen, unabhängig vom Parameter r ist.   6

LK 2013-17

1.5 Die Unternehmensleitung rechnet ein Modell mit verkaufsbegleitender, klassischer Werbung durch. Sie geht von folgender Funktion h aus:

$$h(x) = \begin{cases} 1,8x^2 \cdot e^{-0,09 \cdot x} & \text{für } 0 \leq x \leq 50 \\ -0,002 \cdot x^3 + 0,51 \cdot x^2 - 38,5 \cdot x + 950 & \text{für } 50 < x < k \end{cases}$$

1.5.1 Untersuchen Sie, bis zu welcher Woche k sich ökonomisch sinnvolle Absatzzahlen ergeben. 2

1.5.2 Zeigen Sie, dass die Funktion h an der Stelle $x = 50$ nicht stetig ist. 3

1.5.3 Ermitteln Sie mithilfe der Funktion h den Gesamtabsatz in den ersten 130 Wochen. 6

1.5.4 Es wird behauptet, dass die Funktion g mit $g(x) = 1,8x^2 \cdot e^{-0,09 \cdot x}$ auch im Intervall $x \in [50; 130]$ gilt.
Bestimmen Sie den Zeitpunkt innerhalb dieses Intervalls, zu dem die von den Funktionen g und $f_{0,01}$ mit

$$f_{0,01}(x) = -0,002 \cdot x^3 + 0,51 \cdot x^2 - 38,5 \cdot x + 950$$

prognostizierten Absatzzahlen am stärksten voneinander abweichen. 5

Anlage 1

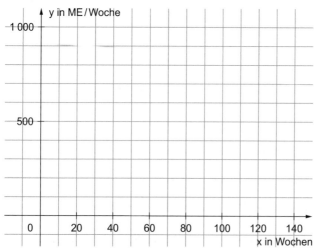

Tipps und Hinweise

Teilaufgabe 1.1
- Die vier Bedingungen führen zu einem linearen Gleichungssystem (LGS) mit vier Unbekannten, wobei die Konstante der Funktion dritten Grades praktisch bereits gegeben ist.
- Lösen Sie das LGS mit dem CAS (siehe auch die Vorbemerkungen in diesem Buch).

Teilaufgabe 1.2.2
- Gesucht ist das lokale Maximum. Arbeiten Sie mit notwendiger und hinreichender Bedingung, also mit erster und zweiter Ableitung.
- Es kann sinnvoll sein, sich die Ergebnisse exakt und/oder approximiert anzeigen zu lassen.

Teilaufgabe 1.3
- Beschreiben Sie, wie sich der Parameter auf das Maximum und das Ende des Absatzes auswirkt.

Teilaufgabe 1.4
- Gesucht ist die Wendestelle der Funktion. Arbeiten Sie auch hier mit notwendiger und hinreichender Bedingung, also mit zweiter und dritter Ableitung.
- Der Parameter r fällt bei der Nullstellenbetrachtung weg.

Teilaufgabe 1.5.1
- Es ist nach der Nullstelle der Absatzfunktion gefragt.

Teilaufgabe 1.5.2
- Eine Grenzwertbetrachtung mit Limes ist hier wenig sinnvoll. Da beide Teilfunktionen stetig sind, muss nur überprüft werden, ob sie bei 50 übereinstimmen.

Teilaufgabe 1.5.3
- Der Gesamtabsatz muss mit dem bestimmten Integral bestimmt werden. Hierfür betrachtet man die beiden Abschnitte getrennt. Ein CAS kann möglicherweise sogar die abschnittsweise definierte Funktion h geschlossen integrieren.

Teilaufgabe 1.5.4
- Bilden Sie die Differenzfunktion aus $f_{0,01}$ und g und bestimmen Sie deren Maximum. Beachten Sie dabei den Randwert 130.

Lösung

1.1 Bestimmung der ganzrationalen Absatzfunktion 3. Grades mit 4 Bedingungen.

$f_r(x) = a \cdot x^3 + b \cdot x^2 + c \cdot x + d$
$f_r(0) = 950$
$f_r(5) = 1\,250r + 757{,}5$
$f_r(10) = 4\,900r + 565$
$f_r(20) = 18\,800r + 180$

Als Lösung des linearen Gleichungssystems mit Parameter r ergibt sich:
$a = -0{,}2 \cdot r;\ \ b = 51 \cdot r;\ \ c = -38{,}5;\ \ d = 950$

Die Funktionsgleichung lautet:
$f_r(x) = -0{,}2 \cdot r \cdot x^3 + 51 \cdot r \cdot x^2 - 38{,}5 \cdot x + 950$

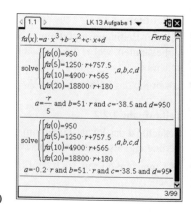

1.2.1 Die Zeichnung wird in Anlage 1 angefertigt.

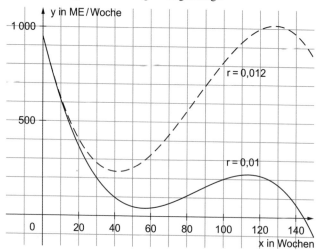

Die beiden Graphen können mit dem CAS dargestellt werden.

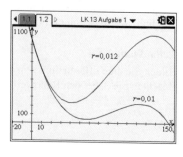

1.2.2 Gesucht ist das lokale Maximum der Funktion f_r.

Notwendige Bedingung: $f_r'(x) = 0$

$f_r'(x) = -0{,}6 \cdot r \cdot x^2 + 102 \cdot r \cdot x - 38{,}5 = 0$

$\Leftrightarrow \quad x_1 = \dfrac{\sqrt{30 \cdot r \cdot (8\,670 \cdot r - 77)} + 510 \cdot r}{6 \cdot r}$;

$x_2 = \dfrac{-\sqrt{30 \cdot r \cdot (8\,670 \cdot r - 77)} + 510 \cdot r}{6 \cdot r}$

Beide Extremstellen existieren, denn wegen $r > 0$ ist

$30 \cdot r \cdot (8\,670 \cdot r - 77) \geq 0$

$\Leftrightarrow \quad r \geq \dfrac{77}{8\,670} \approx 0{,}0089$,

was wegen $r > 0{,}01$ erfüllt ist.

Dazu hinreichend: $f_r''(x) < 0$

$f_r''(x_1) \approx -102 \cdot \sqrt{r \cdot (r - 0{,}0089)} < 0$

Also liegt bei

$x_1 = \dfrac{\sqrt{30 \cdot r \cdot (8\,670 \cdot r - 77)} + 510 \cdot r}{6 \cdot r}$

$= 85 + \sqrt{7\,225 - \dfrac{385}{6 \cdot r}}$

die Maximalstelle.

1.3 Mithilfe des Parameters r lässt sich der maximale Absatz nach rechts oder links verschieben. Je größer er wird, desto später wird der Zeitpunkt des maximalen Absatzes erreicht. In diesem Fall wird das Minimum früher erreicht. Mit höherem r erlischt der Absatz später, hat aber im Maximum einen höheren Wert.

1.4 Der Zeitpunkt der stärksten Absatzzunahme entspricht einer L-R-Wendestelle.

Notwendige Bedingung $f_r''(x) = 0$

$f_r''(x) = -1{,}2 \cdot r \cdot x + 102 \cdot r = 0 \quad \Leftrightarrow \quad x = 85$

Dazu hinreichend: $f_r'''(x) < 0$

$f_r'''(85) = -1{,}2 \cdot r < 0$, da $r > 0$

Der Wochenabsatz nimmt unabhängig vom Parameter r nach 85 Wochen am stärksten zu.

LK 2013-21

1.5.1 Gesucht ist die „erste" Nullstelle der Absatzfunktion:
$-0{,}002 \cdot x^3 + 0{,}51 \cdot x^2 - 38{,}5 \cdot x + 950 = 0$
$\Leftrightarrow x \approx 144{,}58$

Genau in den ersten 144 Wochen sind die Absatzzahlen positiv.

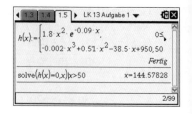

1.5.2 Für die Unstetigkeit an der Stelle $x = 50$ reicht es zu zeigen, dass der Funktionswert der ganzrationalen Teilfunktion mit h(50) nicht übereinstimmt:
$-0{,}002 \cdot 50^3 + 0{,}51 \cdot 50^2 - 38{,}5 \cdot 50 + 950 = 50$
$h(50) = 1{,}8 \cdot 50^2 \cdot e^{-4{,}5} = 4500 \cdot e^{-4{,}5}$
$= 50 \cdot (90 \cdot e^{-4{,}5}) \neq 50$

Also ist h an der Stelle $x = 50$ nicht stetig.

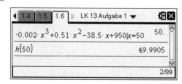

1.5.3 Der Gesamtabsatz ergibt sich mithilfe des Integrals:
$\int_0^{130} h(x)\,dx \approx 15\,441{,}10$

Der Gesamtabsatz beträgt 15 441,10 ME.

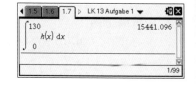

1.5.4 Der Zeitpunkt des größten Unterschieds ergibt sich aus dem Maximum der Differenzfunktion:
$d(x) = f_{0{,}01}(x) - g(x) = -0{,}002 \cdot x^3 + 0{,}51 \cdot x^2 - 38{,}5 \cdot x + 950 - 1{,}8 \cdot x^2 \cdot e^{-0{,}09 \cdot x}$

Notwendige Bedingung: $d'(x) = 0$ mit $x \geq 0$
$d'(x) = -0{,}006 \cdot x^2 + 1{,}02 \cdot x - 38{,}5 + (0{,}162 \cdot x^2 - 3{,}6 \cdot x) \cdot e^{-0{,}09 \cdot x} = 0$
$\Leftrightarrow x_1 \approx 50{,}00;\ x_2 \approx 113{,}61$

Dazu hinreichend ist die Betrachtung der Funktionswerte und des Randwerts $x = 130$:
$d(x_1) \approx 0{,}01$
$d(x_2) \approx 225{,}08$
$d(130) \approx 169{,}75$

In der 114. Woche weichen die Absatzzahlen am stärksten voneinander ab.

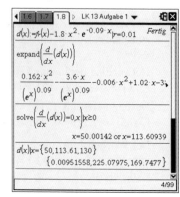

Berufliches Gymnasium NRW – Mathematik mit CAS (Wirtschaft/Verwaltung)
Zentrale Abiturprüfung 2013 Leistungskurs – Aufgabe 2: Lineare Algebra

Beschreibung der Ausgangssituation (Gesamtpunktzahl 45 Punkte)
Die drei Zweigwerke A, B und C der *Cylenda AG* beliefern sich gegenseitig und auch den Markt. Die Verflechtung der drei Zweigwerke ist für die vergangene Produktionsperiode durch folgende Input-Output-Tabelle gegeben (Werte in ME):

	A	B	C	Konsum	Produktion
A	a	20	12	y_1	40
B	0	4	0	y_2	20
C	b	0	c	y_3	20

© Oleg Zhulkov – Fotolia.com

Punkte

2.1 Geben Sie die Werte der Variablen a, b und c der Input-Output-Tabelle an, wenn für die Inputmatrix A (Technologiematrix) gilt:

$$A = \begin{pmatrix} 0{,}2 & 1 & 0{,}6 \\ 0 & 0{,}2 & 0 \\ 0{,}2 & 0 & 0{,}2 \end{pmatrix}$$

4

2.2 Berechnen Sie den Konsum der vergangenen Periode. 3

2.3 In einer früheren Periode hatte Zweigwerk C 8 ME an Zweigwerk A geliefert und Zweigwerk C hatte einen Eigenverbrauch von 4 ME. Der Eigenverbrauch von A wird beschrieben durch den Parameter $s > 0$. Die zugehörige Inputmatrix ist A_s.

2.3.1 Bestätigen Sie, dass für die Leontief-Inverse in Abhängigkeit von s gilt:

$$(E - A_s)^{-1} = \frac{1}{34 - s} \cdot \begin{pmatrix} 40 & 50 & 30 \\ 0 & \frac{170 - 5s}{4} & 0 \\ 10 & \frac{25}{2} & \frac{200 - 5s}{4} \end{pmatrix}$$

3

2.3.2 Prüfen Sie, für welche Werte von s innerhalb des vorliegenden Modells jede beliebige Nachfrage befriedigt werden kann. 4

2.3.3 Ermitteln Sie für $s = 14$ den Konsumvektor, wenn sich die Produktionsmenge in Zweigwerk A verdoppelt und die Produktionsmengen in den Zweigwerken B und C unverändert bleiben. 3

Für die Inputmatrix A gilt im Folgenden:
$$A = \begin{pmatrix} 0,2 & 1 & 0,6 \\ 0 & 0,2 & 0 \\ 0,2 & 0 & 0,2 \end{pmatrix}$$

2.4 In der nächsten Produktionsperiode wird ein veränderter Konsum erwartet.

2.4.1 Berechnen Sie die nötigen Produktionsmengen, wenn der Konsum 13 ME für das Produkt aus Werk A, 16 ME für das Produkt aus Werk B und 8 ME für das Produkt aus Werk C beträgt. 4

2.4.2 Berechnen Sie die notwendige prozentuale Steigerung der Produktionsmengen in den drei Werken, wenn sich die Konsumabgabe von A verdoppelt, während B und C weiterhin die gleichen Mengen wie in 2.4.1 an den Markt abgeben. 3

2.5 Laut einer Marktanalyse soll sich die Nachfrage nach den Produkten der drei Zweigwerke längerfristig entsprechend dem folgenden Konsumvektor entwickeln:

$$\vec{y}_k = \begin{pmatrix} 13 - \frac{1}{2}k \\ 16 \\ 18 - 10e^{-0,02k^2} \end{pmatrix}, \quad k \geq 0$$

Dabei steht k für die jeweilige Woche.

2.5.1 Analysieren Sie für die einzelnen Zweigwerke die langfristige Entwicklung der Nachfrage nach den Produkten. 4

2.5.2 In den ersten 26 Wochen werden die Produkte aus Zweigwerk A zu 300 GE/ME an den Markt abgegeben, die Produkte aus Werk B und C jeweils zu 200 GE/ME.
Bestimmen Sie jeweils die Woche (ganzzahlig) mit minimalem und die mit maximalem wöchentlichen Erlös. 6

2.6 Für die nächste Produktionsperiode ist geplant, dass in Werk C gleich viele Mengeneinheiten wie in Werk B produziert werden. In Werk A soll d-mal so viel produziert werden wie in Werk B ($d \in \mathbb{R}, d > 0$).

2.6.1 Berechnen Sie zu dieser Vorgabe die passenden Konsumabgaben in Abhängigkeit von d.

Zur Kontrolle: $\vec{y}_d = \begin{pmatrix} 0,8d \cdot x_2 - 1,6x_2 \\ 0,8x_2 \\ 0,8x_2 - 0,2d \cdot x_2 \end{pmatrix}$ 4

2.6.2 Ermitteln Sie den größtmöglichen, ökologisch sinnvollen Wertebereich für den Parameter d. 4

2.6.3 Bestimmen Sie für d = 3 das Verhältnis der von den drei Zweigwerken für den Konsum zur Verfügung gestellten Mengen.   3

Tipps und Hinweise

Teilaufgabe 2.1

Die Technologiematrix soll zunächst in Abhängigkeit von a, b, c aufgestellt werden. Es würde sogar reichen, sich auf a_{11}, a_{31} und a_{33} zu beschränken, um dann zur Bestimmung der Unbekannten die Lösung heranzuziehen.

Teilaufgabe 2.2

Der Konsum bleibt übrig, wenn von der Gesamtproduktion der Verbrauch aus der gegenseitigen Verflechtung abgezogen wird. Bilden Sie also die Differenz innerhalb einer Zeile der Tabelle.

Teilaufgabe 2.3.1

Gehen Sie von der Verflechtung gemäß der Tabelle der Aufgabenstellung aus, wobei a = s, b = 8 und c = 4 sind. Jetzt kann die Leontief-Inverse mit CAS in Abhängigkeit von s bestimmt werden. Ob das ökonomisch sinnvoll ist, kann bezweifelt werden.

Teilaufgabe 2.3.2

Wenn alle Elemente der Leontief-Inversen nicht negativ sind, dann kann jede beliebige Nachfrage befriedigt werden.

Teilaufgabe 2.3.3

Setzen Sie s = 14 in der Leontief-Matrix $E - A_s$ ein und berechnen Sie den Konsum mit der Leontief-Bedingung $\vec{y} = (E - A_{14}) \cdot \vec{x}$.

Teilaufgabe 2.4.1

Rechnen Sie hier mit der Leontief-Bedingung $\vec{x} = (E - A)^{-1} \cdot \vec{y}$.

Teilaufgabe 2.4.2

Bestimmen Sie mit $\vec{x} = (E - A)^{-1} \cdot \vec{y}$ den neuen Produktionsvektor und berechnen Sie die Mehrproduktion prozentual zur alten Produktion.

Teilaufgabe 2.5.1

Betrachten Sie den Konsum der Produkte der drei Zweigwerke bei steigendem k, wobei Rechnungen nicht nötig sind.

Teilaufgabe 2.5.2

Nutzen Sie die Hilfsmittel der Analysis, indem Sie eine Erlösfunktion E(x) aufstellen (Preis mal Menge bzw. Preis mal Konsumvektor). Mit erster und zweiter Ableitung erhält man Maximum und Minimum. Beachten Sie, dass Randwertbetrachtung und Betrachtung ganzzahliger Werte notwendig sind.

Teilaufgabe 2.6.1

Gehen sie vom Produktionsvektor $\vec{x}_d = \begin{pmatrix} d \cdot x_2 \\ x_2 \\ x_2 \end{pmatrix}$ aus und führen Sie die Rechnung mit der Leontief-Bedingung durch.

Teilaufgabe 2.6.2

Für eine wirtschaftlich sinnvolle Situation müssen alle Elemente des Konsumvektors und des Produktionsvektors größer oder gleich null sein. Es kann von $x_2 > 0$ ausgegangen werden.

Teilaufgabe 2.6.3

Nutzen Sie den Konsumvektor aus 2.6.1 mit d = 3.

Lösung

2.1 Zunächst wird die Technologiematrix in Abhängigkeit von a, b, c bestimmt:

$$A = \begin{pmatrix} \frac{a}{40} & \frac{20}{20} & \frac{12}{20} \\ \frac{0}{40} & \frac{4}{20} & \frac{0}{20} \\ \frac{b}{40} & \frac{0}{20} & \frac{c}{20} \end{pmatrix}$$

Der Koeffizientenvergleich mit der angegebenen Matrix ergibt:

$\frac{a}{40} = 0,2 \Leftrightarrow a = 8$

$\frac{b}{40} = 0,2 \Leftrightarrow b = 8$

$\frac{c}{20} = 0,2 \Leftrightarrow c = 4$

2.2 Der Konsum ergibt sich aus der Tabelle und den Werten aus 2.1.

$y_1 = 40 - 8 - 20 - 12 = 0$

$y_2 = 20 - 4 = 16$

$y_3 = 20 - 8 - 4 = 8$

Also beträgt der Konsum aus Werk B 16 ME und aus Werk C 8 ME. Aus Werk A geht nichts in den Konsum.

2.3.1 Geht man von einer Verflechtung gemäß der Tabelle der Aufgabenstellung aus, in der lediglich der Eigenverbrauch von A verändert ist, so ergibt sich die Technologiematrix

$$A_s = \begin{pmatrix} \frac{s}{40} & 1 & 0{,}6 \\ 0 & 0{,}2 & 0 \\ 0{,}2 & 0 & 0{,}2 \end{pmatrix}$$

Damit ergibt sich die Leontief-Inverse:

$$(E-A_s)^{-1} = \begin{pmatrix} \frac{-40}{s-34} & \frac{-50}{s-34} & \frac{-30}{s-34} \\ 0 & \frac{5}{4} & 0 \\ \frac{-10}{s-34} & \frac{-25}{2 \cdot (s-34)} & \frac{5s-200}{4 \cdot (s-34)} \end{pmatrix} = \frac{1}{34-s} \cdot \begin{pmatrix} 40 & 50 & 30 \\ 0 & \frac{170-5s}{4} & 0 \\ 10 & \frac{25}{2} & \frac{200-5s}{4} \end{pmatrix}$$

Bemerkung: Es erscheint wenig sinnvoll, dass sich der Eigenverbrauch ändern kann, ohne dass dies Auswirkungen auf die Gesamtproduktion bei Beibehaltung aller anderen Verflechtungsabhängigkeiten hat.

2.3.2 Damit jede Nachfrage möglich ist, müssen alle Elemente der Leontief-Inversen nicht negativ sein:

$$\frac{1}{34-s} > 0 \iff s < 34$$

$$\frac{170-5s}{4} \geq 0 \iff s \leq 34$$

$$\frac{200-5s}{4} \geq 0 \iff s \leq 40$$

Für den Parameter s gilt somit $0 < s < 34$.

2.3.3 Für $s = 14$ lautet mit

$$E - A_{14} = \begin{pmatrix} 0{,}65 & -1 & -0{,}6 \\ 0 & 0{,}8 & 0 \\ -0{,}2 & 0 & 0{,}8 \end{pmatrix}$$

der Konsumvektor:

$$\vec{y} = (E-A_{14}) \cdot \vec{x} = \begin{pmatrix} 0{,}65 & -1 & -0{,}6 \\ 0 & 0{,}8 & 0 \\ -0{,}2 & 0 & 0{,}8 \end{pmatrix} \cdot \begin{pmatrix} 80 \\ 20 \\ 20 \end{pmatrix} = \begin{pmatrix} 20 \\ 16 \\ 0 \end{pmatrix}$$

Es werden 20 ME von A, 16 ME von B und 0 ME von C in den Konsum gegeben.

2.4.1 Berechnung des Produktionsvektors mit der Leontief-Inversen:

$$\vec{x} = (E - A)^{-1} \cdot \begin{pmatrix} 13 \\ 16 \\ 8 \end{pmatrix} = \begin{pmatrix} 60 \\ 20 \\ 25 \end{pmatrix}$$

A produziert 60 ME, B 20 ME und C 25 ME.

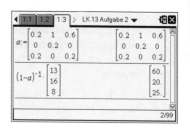

2.4.2 Der neue Konsumvektor lautet:

$$\vec{y}_{neu} = \begin{pmatrix} 26 \\ 16 \\ 8 \end{pmatrix}$$

Zugehöriger Produktionsvektor:

$$\vec{x}_{neu} = (E - A)^{-1} \cdot \begin{pmatrix} 26 \\ 16 \\ 8 \end{pmatrix} = \begin{pmatrix} 80 \\ 20 \\ 30 \end{pmatrix}$$

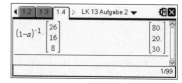

Die Produktion in Werk A muss um 33 % ($\frac{20}{60}$), in Werk C um 20 % ($\frac{5}{25}$) und in Werk B um 0 % gesteigert werden.

2.5.1 Gefragt ist nach der Entwicklung des Konsums bei steigendem k:
y_1: Der Konsum fällt bis auf null, wobei k bis 26 steigen darf.
y_2: Der Konsum bleibt konstant bei 16 ME.
y_3: Der Konsum steigt wegen der Monotonieeigenschaft der Exponentialfunktion bis auf 18 ME.

2.5.2 Bestimmung der Extrema der Erlösfunktion, die sich aus dem Produkt von Preis und Menge ergibt:

$$E(x) = (300 \quad 200 \quad 200) \cdot \begin{pmatrix} 13 - \frac{1}{2}x \\ 16 \\ 18 - 10e^{-0{,}02x^2} \end{pmatrix}$$

$$= -50e^{\frac{-x^2}{50}} \cdot \left((3x - 214) \cdot e^{\frac{x^2}{50}} + 40\right)$$

Bestimmung des Maximums mit der notwendigen Bedingung $E'(x) = 0$:

$$E'(x) = -10e^{\frac{-x^2}{50}} \cdot \left(15e^{\frac{x^2}{50}} - 8x\right) = 0$$

$$\Leftrightarrow x_1 \approx 2{,}04; \quad x_2 \approx 8{,}79$$

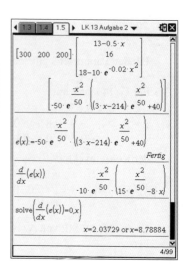

Dazu ist E''(2,04) ≈ 61,40 > 0 hinreichend für ein lokales Minimum und E''(8,79) ≈ –35,67 < 0 für ein lokales Maximum.

Über deren Funktionswerte und die Randwerte erkennt man das absolute Maximum bzw. das absolute Minimum:

E(2) ≈ 8 554   E(3) ≈ 8 579
E(8) ≈ 8 944   E(9) ≈ 8 954
E(0) ≈ 8 700   E(26) ≈ 6 800

In der 9. Woche erzielt man mit ca. 8 950 € den maximalen Erlös und in der 26. Woche mit 6 800 € den minimalen.

2.6.1 Der geplante Produktionsvektor lautet:

$$\vec{x}_d = \begin{pmatrix} d \cdot x_2 \\ x_2 \\ x_2 \end{pmatrix}$$

Mit der Leontief-Bedingung $(E - A)\vec{x} = \vec{y}$ ergibt sich für den zugehörigen Konsumvektor:

$$\vec{y}_d = (E - A) \cdot \begin{pmatrix} d \cdot x_2 \\ x_2 \\ x_2 \end{pmatrix} = \begin{pmatrix} 0,8d \cdot x_2 - 1,6x_2 \\ 0,8x_2 \\ 0,8x_2 - 0,2d \cdot x_2 \end{pmatrix}$$

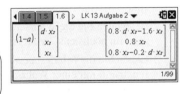

2.6.2 Für eine wirtschaftlich sinnvolle Situation müssen alle Elemente des Konsumvektors und des Produktionsvektors größer oder gleich null sein.
Zudem muss von $x_2 > 0$ ausgegangen werden:

$0,8d \cdot x_2 - 1,6x_2 \geq 0$ ⇔ $0,8d - 1,6 \geq 0$ ⇔ $d \geq 2$
und $0,8x_2 - 0,2d \cdot x_2 \geq 0$ ⇔ $0,8 - 0,2d \geq 0$ ⇔ $d \leq 4$
und $\quad\quad\quad d \cdot x_2 > 0$ ⇔ $\quad\quad d > 0$

Insgesamt liegt d im Intervall [2; 4].

2.6.3 Für d = 3 lautet der Konsumvektor:

$$\vec{y}_3 = \begin{pmatrix} 0,8 \cdot 3 \cdot x_2 - 1,6x_2 \\ 0,8x_2 \\ 0,8x_2 - 0,2 \cdot 3 \cdot x_2 \end{pmatrix} = \begin{pmatrix} 0,8x_2 \\ 0,8x_2 \\ 0,2x_2 \end{pmatrix}$$

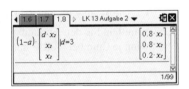

Es ergibt sich ein Verhältnis von 4 : 4 : 1.

> **Berufliches Gymnasium NRW – Mathematik mit CAS (Wirtschaft/Verwaltung)**
> **Zentrale Abiturprüfung 2013 Leistungskurs – Aufgabe 3: Stochastik**

Beschreibung der Ausgangssituation (Gesamtpunktzahl 45 Punkte)
Die *Cylenda AG* ist wichtiger Zulieferer für die *Zayoto Ltd.* und stellt unter anderem in hoher Stückzahl Chips für Mobiltelefone her.
Aufgrund von technischen Problemen wird davon ausgegangen, dass durchschnittlich 4 % der Chips fehlerhaft sind.
Alle produzierten Chips werden in Kartons zu je 75 Stück verpackt und ausgeliefert.

© Abe Mossop – Fotolia.com

	Punkte
3.1 Bei einer Lieferung von Chips wird ein Karton untersucht.	
3.1.1 Bestätigen Sie, dass 3 fehlerhafte Chips in einem Karton zu erwarten sind.	3
3.1.2 Berechnen Sie die Wahrscheinlichkeit dafür, dass die tatsächliche Anzahl um höchstens 2 vom zu erwartenden Wert abweicht.	4
3.1.3 Geben Sie die Mindestanzahl der Chips an, die untersucht werden müssen, damit mit einer Wahrscheinlichkeit von mindestens 0,9 mindestens ein defekter Chip dabei ist.	4
3.2 Für die Chips sind folgende Zahlungsmodalitäten vereinbart: Aus einer Lieferung wird zunächst der Inhalt eines zufällig ausgewählten Kartons mit 75 Chips überprüft. Befinden sich darin höchstens 3 defekte Chips, so wird die gesamte Sendung angenommen und der volle Preis gezahlt. Sind genau 4 Chips defekt, so wird die Ware ebenfalls angenommen, jedoch wird für die gesamte Sendung nur 80 % des Preises gezahlt. Sind mehr als 4 Chips defekt, so wird die gesamte Lieferung abgelehnt und die *Cylenda AG* muss die Kosten für die Entsorgung in Höhe von 0,60 € pro Chip übernehmen. Die Produktion eines Chips kostet die *Cylenda AG* 8,00 €.	
3.2.1 Berechnen Sie die Wahrscheinlichkeit für folgende Ereignisse: A: Die Ware wird zum vollen Preis angenommen. B: Die Ware wird zum reduzierten Preis angenommen. C: Die Ware wird abgelehnt.	7
3.2.2 Ermitteln Sie den Verkaufspreis pro Chip, damit der zu erwartende Gewinn je Chip bei 5,00 € liegt.	7

3.3 Wenn in einer Lieferung von 2000 Chips mehr als 90 fehlerhaft sind, lehnt die *Zayoto Ltd.* die Lieferung ab, da sie mindestens 1910 fehlerfreie Chips benötigt.

3.3.1 Berechnen Sie die Wahrscheinlichkeit, mit der die *Zayoto Ltd.* eine Lieferung annimmt. 3

3.3.2 Um eine Ablehnung der Lieferung zu vermeiden, ist die *Cylenda AG* bereit, jede Lieferung um zusätzliche Chips gratis aufzustocken.
Vorschlag A: Zusätzlich werden k_1 Stück der üblichen Chips mit der Fehlerwahrscheinlichkeit $p=0{,}04$ beigefügt.
Vorschlag B: Zusätzlich werden k_2 garantiert fehlerfreie Chips beigefügt.
Ermitteln Sie die Anzahlen k_1 und k_2, die entsprechend der Vorschläge A und B zusätzlich beigefügt werden müssen, damit jede Lieferung mit einer Wahrscheinlichkeit von mehr als 0,95 mindestens 1910 funktionsfähige Chips enthält. 6

3.3.3 Entscheiden Sie begründet, welcher Vorschlag aus Sicht des Kunden (*Zayoto Ltd.*) vorteilhafter ist, wenn $k_1 = k_2$. 2

3.4 Durch Verbesserungen im Produktionsprozess geht die *Cylenda AG* nunmehr davon aus, dass der Anteil fehlerhafter Chips unter 4 % gesunken ist. Die Geschäftsleitung möchte dies durch einen Signifikanztest mit einem Stichprobenumfang von 250 Chips auf einem Signifikanzniveau von 1 % überprüfen.

3.4.1 Entwickeln Sie für den Test der *Cylenda AG* eine Entscheidungsregel. 6

3.4.2 Es wird behauptet, dass die Qualitätssteigerung bereits dann nachgewiesen ist, wenn die Anzahl der als fehlerhaft erkannten Chips zwischen fünf und zehn liegt. Prüfen Sie diese Behauptung auf der Basis des durchgeführten Signifikanztests. 3

Tipps und Hinweise

Teilaufgabe 3.1.1
Der Erwartungswert einer Binomialverteilung berechnet sich mit $n \cdot p$. Geben Sie bei allen Aufgabenteilen an, was die Zufallsgröße X genau beschreibt.

Teilaufgabe 3.1.2
Sowohl für die Binomialverteilung als auch für die kumulierte Binomialverteilung hat das CAS eigene Funktionen. Letztere ist die wichtigere.

Teilaufgabe 3.1.3
Bei Aufgaben des Typs „mindestens", „mindestens", „mindestens" erfolgt die Lösung über die Gegenwahrscheinlichkeit.

Teilaufgabe 3.2.1

Nutzen Sie die Funktionen des CAS. Die Summe der drei Wahrscheinlichkeiten muss eins ergeben.

Teilaufgabe 3.2.2

Führen Sie eine neue Zufallsgröße Y ein, die den Erlös je Chip angibt. Deren Erwartungswert abzüglich der Kosten soll 5 € betragen.

Teilaufgabe 3.3.1

Das CAS berechnet die Werte der Binomialverteilung auch für große Stichprobenumfänge genau. Es bedarf keiner Näherungsformel.

Teilaufgabe 3.3.2

Bei Vorschlag A wird der Stichprobenumfang erhöht, da die zusätzlichen Chips ungeprüft sind.

Bei Vorschlag B werden fehlerfreie Chips hinzugegeben, sodass überlegt werden muss, wie viele Chips von 2000 mit 95 % Wahrscheinlichkeit vorhanden sind, die dann auf 1910 aufgestockt werden müssen.

Teilaufgabe 3.3.3

Kriterien sind die Anzahl zusätzlich ausgegebener Chips und deren Qualität.

Teilaufgabe 3.4.1

Stellen Sie zunächst die Hypothese H_1 auf, denn diese Hypothese gibt an, was in dem Hypothesentest gezeigt bzw. in der Entscheidungsregel beschrieben werden soll. Bestimmen Sie danach den Ablehnungsbereich von H_0.

Teilaufgabe 3.4.2

Vergleichen Sie den angegebenen Bereich mit dem Ablehnungsbereich aus 3.4.1.

Lösung

3.1.1 X zählt die defekten Chips in einem Karton mit 75 Chips. X ist B(75; 0,04)-verteilt.
Anzahl zu erwartender fehlerhafter Chips:
$E(X) = n \cdot p = 75 \cdot 0{,}04 = 3$

3.1.2 Die Wahrscheinlichkeit für eine Abweichung um höchstens 2 vom Erwartungswert ist $P(1 \leq X \leq 5) = F(75; 0{,}04; 1; 5) \approx 0{,}8734$.
Die Wahrscheinlichkeit beträgt 87,34 %.

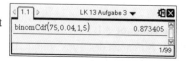

3.1.3 X zählt die defekten Chips in einer Stichprobe vom Umfang n. X ist B(n; 0,04)-verteilt.
$P(X \geq 1) = 1 - P(X = 0) = 1 - 0{,}96^n \geq 0{,}90$
$\Rightarrow n \geq 56{,}4$
Es müssen mindestens 57 Chips getestet werden.

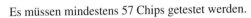

3.2.1 X zählt die defekten Chips in einem Karton mit 75 Chips. X ist B(75; 0,04)-verteilt.
$P(A) = P(X \leq 3) = F(75; 0{,}04; 3) \approx 0{,}6473$
$P(B) = P(X = 4) = B(75; 0{,}04; 4) \approx 0{,}1715$
$P(C) = P(X \geq 5) = F(75; 0{,}04; 5; 75) \approx 0{,}1812$

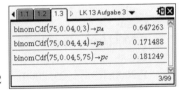

3.2.2 p ist der Preis pro Chip. Y ist die Zufallsgröße, die den Erlös pro Chip angibt.
$5 = E(Y) - 8$
$5 = p \cdot P(A) + 0{,}8 \cdot p \cdot P(B) - 0{,}6 \cdot P(C) - 8$
$\Rightarrow p \approx 16{,}71$
Der Verkaufspreis muss demnach bei 16,71 € pro Chip liegen.

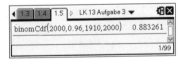

3.3.1 X zählt die Anzahl fehlerfreier Chips in einer Stichprobe vom Umfang 2000. X ist B(2000; 0,96)-verteilt.
$P(X \geq 1910) = F(2000; 0{,}96; 1910; 2000)$
$\approx 0{,}8833$
In ca. 88,33 % der Fälle wird die Lieferung angenommen.

3.3.2 **Vorschlag A**
X zählt die fehlerfreien Chips bei Stichprobengrößen n. X ist B(n; 0,96)-verteilt mit $n = 2000 + k_1$.
Gefordert ist:
$P(X \geq 1910) > 0{,}95$
Sukzessives Einsetzen von Werten für n ergibt:
n = 2004:
$F(2004; 0{,}96; 1910; 2004) \approx 0{,}9461$
n = 2005:
$F(2005; 0{,}96; 1910; 2005) \approx 0{,}9565$

Somit ist $k_1 \geq 5$ und es müssten mindestens 5 der ungetesteten Chips beigefügt werden.

Vorschlag B

X zählt die fehlerfreien Chips bei der Stichprobengröße 2000. X ist B(2000; 0,96)-verteilt.

Da k_2 fehlerfreie Chips hinzugefügt werden, muss die Anzahl fehlerfreier Chips gesenkt werden. Somit ist gefordert:

$P(X \geq 1910 - k_2) > 0,95$

Sukzessives Einsetzen von Werten für k_2 ergibt:

$k_2 = 4$:
$F(2000; 0,96; 1906; 2000) \approx 0,9481$

$k_2 = 5$:
$F(2000; 0,96; 1905; 2000) \approx 0,9586$

Somit ist $k_2 \geq 5$ und es müssten mindestens 5 der garantiert fehlerfreien Chips beigefügt werden.

3.3.3 Da in beiden Fällen jeweils die gleiche Anzahl Chips hinzugefügt werden, gibt es zunächst keinen vorteilhaften Vorschlag. Jedoch werden im Vorschlag B dem Kunden einwandfreie Chips dazugegeben, was im Vorschlag A nicht der Fall ist, sodass Vorschlag B für *Zayoto Ltd.* günstiger ist.

3.4.1 Die Behauptung, die gezeigt werden soll, lautet Qualitätssteigerung $p < 0,04$. X zählt die Anzahl fehlerhafter Chips in einer Stichprobe von 250 Stück. X ist B(250; 0,04)-verteilt.

H_1: $p_1 < 0,04$

H_0: $p_1 = 0,04$

H_1 wird bei linksseitigen Werten unterstützt und H_0 abgelehnt.

Ablehnungsbereich $\overline{A} = \{0; ...; k\}$ mit
$P(X \leq k) \leq 0,01$

$P(X \leq 3) \approx 0,0093$
$P(X \leq 4) \approx 0,0270$

$\Rightarrow k = 3$

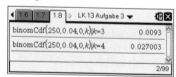

Entscheidungsregel: Bei maximal 3 fehlerhaften Chips in einer Stichprobe von 250 kann mit 99 % Sicherheitswahrscheinlichkeit davon ausgegangen werden, dass die Ausschussquote unter 4 % gesunken ist.

3.4.2 Die Werte „zwischen fünf und zehn" fehlerhafte Chips deuten auf eine Qualitätssteigerung hin, gehen jedoch nicht konform mit der hohen Sicherheitswahrscheinlichkeit des Hypothesentests. Die Nullhypothese kann auf dem geforderten Signifikanzniveau nicht verworfen werden. Es muss weiterhin von einer Fehlerquote von 4 % ausgegangen werden.

Ihre Meinung ist uns wichtig!

Ihre Anregungen sind uns immer willkommen. Bitte informieren Sie uns mit diesem Schein über Ihre Verbesserungsvorschläge!

Titel-Nr.	Seite	Vorschlag

23_VH5

Bitte ausfüllen und im frankierten Umschlag an uns einsenden. Für Fensterkuverts geeignet.

Zutreffendes bitte ankreuzen!
Die Absenderin/der Absender ist:

- [ ] Lehrer/in in den Klassenstufen: _____
- [ ] Fachbetreuer/in
  Fächer: _____
- [ ] Seminarlehrer/in
  Fächer: _____
- [ ] Regierungsfachberater/in
  Fächer: _____
- [ ] Oberstufenbetreuer/in
- [ ] Schulleiter/in
- [ ] Referendar/in, Termin 2. Staatsexamen: _____
- [ ] Leiter/in Lehrerbibliothek
- [ ] Leiter/in Schülerbibliothek
- [ ] Sekretariat
- [ ] Eltern
- [ ] Schüler/in, Klasse: _____
- [ ] Sonstiges: _____

Unterrichtsfächer: (Bei Lehrkräften!)

_____

STARK Verlag
Postfach 1852
85318 Freising

Kennen Sie Ihre Kundennummer?
Bitte hier eintragen.

Absender (Bitte in Druckbuchstaben)

Name/Vorname

Straße/Nr.

PLZ/Ort/Ortsteil

Telefon privat   Geburtsjahr

E-Mail

Schule/Schulstempel (Bitte immer angeben)

Bitte hier abtrennen

Sicher durch das Abitur!

Klare Fakten, systematische Methoden, prägnante Beispiele sowie Übungsaufgaben mit schülergerechten, kommentierten Lösungen zur Selbstkontrolle.

Mathematik

Stochastik	Best.-Nr. 94009
Analysis mit Hinweisen zur CAS-Nutzung	Best.-Nr. 540021
Analytische Geometrie mit Hinweisen zu GTR-/CAS-Nutzung	Best.-Nr. 540038
Analytische Geometrie und lineare Algebra	Best.-Nr. 54008
Wiederholung Geometrie	Best.-Nr. 90010
Wiederholung Stochastik	Best.-Nr. 90008
Analysis – Technik	Best.-Nr. 92408
Lineare Algebra und Analytische Geometrie	Best.-Nr. 92409
Grundwissen Algebra	Best.-Nr. 92411
Funktionenlehre – Lineare Gleichungssysteme Technik und Nichttechnik	Best.-Nr. 92406
Analysis · Stochastik – Nichttechnik	Best.-Nr. 92407
Kompakt-Wissen Analysis, Lineare Algebra und Analytische Geometrie FOS · BOS 12/13	Best.-Nr. 924002
Kompakt-Wissen Analysis und Stochastik FOS · BOS 12	Best.-Nr. 924001

Englisch

Themenwortschatz	Best.-Nr. 82451
Grammatikübungen	Best.-Nr. 82452
Übersetzung	Best.-Nr. 82454
Grundlagen, Arbeitstechniken und Methoden mit Audio-CD	Best.-Nr. 944601
Sprechfertigkeit mit Audio-CD	Best.-Nr. 94467
Sprachmittlung	Best.-Nr. 94469
Englisch Grundwissen 10. Klasse	Best.-Nr. 90510
Klausuren Englisch Oberstufe	Best.-Nr. 905113
Englisch Übertritt in die Oberstufe	Best.-Nr. 82453
Abitur-Wissen Landeskunde Großbritannien	Best.-Nr. 94461
Abitur-Wissen Landeskunde USA	Best.-Nr. 94463
Abitur-Wissen Englische Literaturgeschichte	Best.-Nr. 94465
Kompakt-Wissen Abitur Wortschatz Oberstufe	Best.-Nr. 90462
Kompakt-Wissen Abitur Landeskunde/Literatur	Best.-Nr. 90463
Kompakt-Wissen Kurzgrammatik	Best.-Nr. 90461

Interpretationen Englisch

Mit Informationen zu Autor und Werk, ausführlicher Inhaltsangabe sowie einer systematischen Interpretation des Textes.

Boyle: *The Tortilla Curtain*
Schwerpunktthema Berufliches Gymnasium NRW 2014/15 (LK Wirtschaft und Verwaltung)

■ .... Best.-Nr. 2500131

Deutsch

Gedichte analysieren und interpretieren	Best.-Nr. 944091
Dramen analysieren und interpretieren	Best.-Nr. 944092
Epische Texte analysieren und interpretieren	Best.-Nr. 944093
Erörtern und Sachtexte analysieren	Best.-Nr. 944094
Klausuren Deutsch Oberstufe	Best.-Nr. 104011
Deutsch Übertritt in die Oberstufe	Best.-Nr. 90409
Epochen der deutschen Literatur im Überblick	Best.-Nr. 104401
Abitur-Wissen Erörtern und Sachtexte analysieren	Best.-Nr. 944064
Abitur-Wissen Textinterpretation Lyrik · Drama · Epik	Best.-Nr. 944061
Abitur-Wissen Deutsche Literaturgeschichte	Best.-Nr. 94405
Abitur-Wissen Prüfungswissen Oberstufe	Best.-Nr. 94400
Epochen der deutschen Literatur im Überblick	Best.-Nr. 104401
Kompakt-Wissen Rechtschreibung	Best.-Nr. 944065
Kompakt-Wissen Literaturgeschichte	Best.-Nr. 944066

Wirtschaft

Betriebswirtschaft	Best.-Nr. 94851
Wirtschaft – Wirtschaftliches Handeln im Sektor Unternehmen · Wirtschaftliches Handeln im Sektor Ausland	Best.-Nr. 84852
Abitur-Wissen Volkswirtschaft	Best.-Nr. 94881
Abitur-Wissen Rechtslehre	Best.-Nr. 94882
Kompakt-Wissen Rechnungswesen mit Bilanzanalyse	Best.-Nr. 924802
Kompakt-Wissen Betriebswirtschaft	Best.-Nr. 924801
Kompakt-Wissen Volkswirtschaft	Best.-Nr. 948501

 Alle so gekennzeichneten Titel sind auch als eBook über **www.stark-verlag.de** erhältlich.

(Bitte blättern Sie um)

Abitur-Prüfungsaufgaben

Original-Prüfungsaufgaben des Zentralabiturs an Beruflichen Gymnasien in Nordrhein-Westfalen sowie auf das Zentralabitur abgestimmte Übungsaufgaben.
Mit ausführlichen, schülergerechten Lösungen.

Abiturprüfung Mathematik
Berufliches Gymnasium NRW

Auf das Zentralabitur im Fachbereich Wirtschaft und Verwaltung am Beruflichen Gymnasium abgestimmte Übungsaufgaben für GK und LK sowie Original-Prüfungsaufgaben der Jahre 2012 und 2013, mit und ohne CAS. Alle Aufgaben mit ausführlichen Lösungen. Dazu hilfreiche Tipps zum Ablauf der Prüfung.
■ .... Best.-Nr. 52503

Abiturprüfung Englisch
Berufliches Gymnasium NRW

Auf das Zentralabitur am Beruflichen Gymnasium abgestimmte Übungsaufgaben für GK und LK. Mit Original-Prüfungsaufgaben des Zentralabiturs 2009 bis 2012. Alle Aufgaben mit ausführlichen, schülergerechten Lösungen. Dazu hilfreiche Tipps zum Lösen der Aufgaben, Hinweise zu den Operatoren und zum Ablauf der Prüfung.
Mit Audio-Dateien zum Download.
■ .... Best.-Nr. 52553

Abiturprüfung
BWL mit Rechnungswesen und Controlling
Berufliches Gymnasium NRW

Der Band enthält die offiziellen Prüfungsaufgaben von 2010 bis 2013 sowie Übungsaufgaben zu den Schwerpunktthemen für das Abitur 2014. Mit schülergerechten Musterlösungen und hilfreichen Tipps und Hinweisen.
■ .... Best.-Nr. 52573

Was kommt nach dem Abitur?

Die STARK Ratgeber helfen weiter!
Weitere STARK Fachbücher zur Studien- und Berufswahl finden Sie unter **www.berufundkarriere.de**

■ Best.-Nr. E10485
■ Best.-Nr. E10484
■ Best.-Nr. E10479

Bestellungen bitte direkt an:
STARK Verlagsgesellschaft mbH & Co. KG · Postfach 1852 · 85318 Freising
Tel. 0180 3 179000* · Fax 0180 3 179001* · www.stark-verlag.de · info@stark-verlag.de
*9 Cent pro Min. aus dem deutschen Festnetz, Mobilfunk bis 42 Cent pro Min.
Aus dem Mobilfunknetz wählen Sie die Festnetznummer: 08167 9573-0

Lernen · Wissen · Zukunft
STARK